（第1辑）

法务会计研究

Research on Forensic Accounting

张苏彤　黎仁华　贺三宝　主编

首都经济贸易大学出版社
Capital University of Economics and Business Press
·北京·

图书在版编目（CIP）数据

法务会计研究/张苏彤，黎仁华，贺三宝主编.
--北京：首都经济贸易大学出版社，2021.11
ISBN 978-7-5638-3297-2

Ⅰ.①法… Ⅱ.①张… ②黎… ③贺… Ⅲ.①司法会计学—文集 Ⅳ.①D918.95-53

中国版本图书馆 CIP 数据核字（2021）第224093号

法务会计研究（第1辑）
FAWU KUAIJI YANJIU
张苏彤　黎仁华　贺三宝　主编

责任编辑	王　猛
封面设计	风得信·阿东 FondesyDesign
出版发行	首都经济贸易大学出版社
地　　址	北京市朝阳区红庙（邮编 100026）
电　　话	（010）65976483　65065761　65071505（传真）
网　　址	http://www.sjmcb.com
E-mail	publish@cueb.edu.cn
经　　销	全国新华书店
照　　排	北京砚祥志远激光照排技术有限公司
印　　刷	北京建宏印刷有限公司
成品尺寸	170毫米×240毫米　1/16
字　　数	259千字
印　　张	14
版　　次	2021年11月第1版　2021年11月第1次印刷
书　　号	ISBN 978-7-5638-3297-2
定　　价	56.00元

总　　序

2021年是不寻常的一年。国际上，新冠肺炎疫情蔓延、各类自然灾害频发、社会危机此起彼伏、百年变局骤然来临；在国内，建党百年使命完成、疫情防控成绩斐然、反腐倡廉纵深发展、共同富裕不断推进、“十四五规划”顺利开局。在此背景下，这本《法务会计研究》正式出版，意义重大。

人类的会计行为源远流长，甚至可以追溯到原始社会的岩壁绘画和刻木记事。按照马克思的观点，当人类物质财富的生产和消费过程还局限于个体或家庭劳动的范围时，会计的必要性并未普遍存在。作为单独个体的鲁滨孙在荒岛上的生存虽然离不开会计行为，可他的故事却是虚构的。但是，当独立的个体或群体之间要进行物品交换时，当生产、流通、分配和消费的过程是以群体合作的方式进行时，会计的必要性与重要性便产生了。马克思指出：“过程越是按社会的规模进行，越是失去纯粹个人的性质，作为对过程的监督和观念上总括的簿记就越是必要，因此，簿记对于资本主义生产，比对于手工业和农民的分散生产更为必要，对公有生产，比对资本主义生产更为必要。”（马克思《资本论》第二卷）我国在经历了20世纪50年代后期的“无账会计”干扰及接踵而来的困难时期之后，也已深刻认识到“经济越发展，会计越重要”。历史昭示人们：会计行为结果——凭证、账簿与报表，构成了维系人们之间相互信任的基础。没有信任，人们就形不成分工与协作的关系；没有信任，所有的交易就无法完成；没有信任，社会运行的正常秩序和资源配置的有效性就得不到保障。基础不牢，地动山摇，作为维系人们相互信任基础的会计，其灵魂是真实——真实地反映经济事项的本来面目，而不能恪守真实性的会计必然要被社会无情抛弃。

会计的生命在取信于人，法律的生命则是公平公正，如何取信于人，如何公平公正，唯有诚实。诚实是表述符合事实，立足客观，实事求是。法务会计是会计与法律的结合，是会计职能在司法实践中的扩展。无论是历史还是现实，人们用主观臆想代替客观实际的行为屡见不鲜，用无端的猜测取代事实的现象也比比皆是。疑似之祸，为害甚烈，其根源在于不同事物表象的相似性、事物本质与现象的差异性、人们认识的局限性和利害关系驱使的必然性。法务会计的使命就是帮助人们探究真相、还原真相、显示真相，为司法实践的公平公正提供专业保障。

进入21世纪，伴随着国家经济社会的快速发展，法务会计业务迅速增加，法务会计研究方兴未艾。从2008年起，一年一度的“法务会计研讨会”已举办13届。这本《法务会计研究》汇集了近两年法务会计研讨会的部分优秀研究论文17篇，内容涵盖理论创新、方法创新、诉讼支持证据、企业合规与反舞弊、案例分析等多个方面。

我们衷心地期望《法务会计研究》能够成为助力法务会计事业发展的有效平台，成为法务会计学术思想之花绽放的五彩园地。

目　录

法务会计理论创新探讨

司法会计鉴定创新探讨

（非）诉讼支持的证据探讨

企业合规管理与反舞弊探讨

案例分析

法务会计理论创新探讨

法务会计在中国内地的20年
——回顾与展望

中国政法大学　张苏彤

【摘　要】 本文全面回顾了法务会计在中国内地20年发展的历程，从法务会计的最初出现、法务会计相关学术文献的发表、法务会计学术交流、“四大”及国内会计师事务所提供的法务会计服务以及“司法会计鉴定意见”在诉讼案件审理中的应用等方面对法务会计在内地的发展情况进行了回顾。在此基础上，笔者从内地20年来诉讼制度的变革、司法鉴定管理体制的改革、专家辅助人制度的建立和2012年刑诉法和民诉法的修订四个方面对法务会计得以在中国内地出现并得到发展的法律环境因素进行了分析。笔者认为，法务会计能够在中国内地出现并得到初步的发展不是偶然的，是20年来中国诉讼制度改革，充分借鉴学习英美法系国家诉讼制度的有益经验与先进理念，职权主义与当事人主义诉讼原则相互融合、相互借鉴的必然结果。最后，笔者展望了法务会计未来十年的发展，认为新时代中国的依法治国，是一条实现国家长治久安的正确道路。法务会计以助力法治中国建设为己任，必将伴随新时代依法治国的伟大征程而获得新的、更大的发展。

【关键词】 法务会计，回顾，展望，司法会计，有专门知识的人

源于英美法系国家的法务会计（forensic accounting）自20世纪末进入中国内地以来，已经历了整整20年的发展。法务会计从最初的不为人所知，不为人认可，备受误解与非议，到如今成为会计学的一个新的领域与新的分支，已经在正风反腐的斗争中，在反舞弊、反经济犯罪的斗争中扮演着越来越重要的角色；“四大”会计师事务所及越来越多的会计师事务所拓展了法务会计与司法会计鉴定的服务领域；越来越多的法务会计专业人士作为“有专门知识的人”出现在中国内地的诉讼法庭之上，推动诉讼法庭对作为证据的司法会计鉴定意见进行有效质证，促进司法会计鉴定意见质量的提高，保护当事人合法权益。这有利于维护司法公正，深化依法治国实践，推进以审判为中心的诉讼制度改革等。

2019年是法务会计进入中国的第20年，在这一重要时间节点上，我们共

同回顾总结法务会计20年发展的经验与教训，展望法务会计未来的发展。

一、法务会计在中国内地的最初出现

根据现有资料，我们通过文献资料检索寻找最早发表的“法务会计”相关论文，以追溯法务会计在中国内地最早出现的时间。表1给出了从中国知网检索到的发表在1999年的5篇法务会计相关论文的情况。

表1　1999年我国发表的法务会计论文

序号	题名	作者	来源	年/期
1	适应21世纪的会计人才——法务会计	盖地	财会通讯	1995（5）
2	法务会计理论与实践初探	喻景忠	财会通讯	1995（5）
3	我国会计问题的若干法律思考	李若山	会计研究	1999（6）
4	迎接知识经济挑战 改革高等会计教育	樊文艳	江汉大学学报	1999（4）
5	试论21世纪的新型会计人才法务会计	孙育新	黑龙江财会	1999（10）

天津财经大学会计学院的盖地教授在《财会通讯》1999年第5期发表的论文《适应21世纪的会计人才——法务会计》应该是中国第一篇有关法务会计的论文。盖地教授在该文中指出：“市场经济需要既懂会计又懂法律的会计人才——法务会计人才。随着大陆市场经济的不断发育和确立，法制建设的不断健全和完善，法务会计的环境会越来越好，法务会计的重要性将会日益被社会所承认和被人们所认识，法务会计也必将成为中国21世纪的最热门职业。为适应新世纪的要求，高等会计教育要顺应潮流，培养大批法务会计专业人才。”①

《财会通讯》1999年第5期同时也刊载了中南财经大学喻景忠教授的论文《法务会计理论与实践初探》，文章提到“经济与法律关系的日益紧密而产生了法务会计实践。法务会计的理论结构应该全面吸收会计基本原理和证据法学的基本理论。法务会计必须遵循会计的基本理论；在对各种会计信息的真实性、相关性、有用性的检验和分析时，必须严格按照会计的基本原理操作，在损失计算、财产分割、计价基础、成本核算等方面必须全面吸收会计核算方法和程序。法务会计必须有选择地吸收法学理论，特别是证据法学的基本理论。由于审计学和统计学与会计学的密切相关性和特殊问题解决的独到性，法务会计也应同时吸收审计学中部分审计的技术方法和统计学中的某些统计分析方法。”②

① 盖地．适应21世纪的会计人才——法务会计［J］．财会通讯，1999（5）：7－8.
② 喻景忠．法务会计理论与实践初探［J］．财会通讯，1999（5）：9－11.

复旦大学的李若山教授在论文《我国会计问题的若干法律思考》一文中指出："研究会计与法律问题已成为市场经济较为发达国家的必然要求。借鉴国际上较为成熟的会计法律问题的理论，结合大陆国情，研究国际法务会计的基本理论，是解决大陆会计法律问题的首要方法之一。"①

在源于英美法系的法务会计进入中国之前，其实早在1984年就有学者对法务会计的前身"司法会计"进行了研究并发表了相关的论文，详见表2。

表2　1984年我国发表的司法会计相关论文

序号	题名	作者	来源	年/期
1	应重视司法会计鉴定学的研究	何联升	西北政法学院学报	1984（2）
2	司法会计学初探	许兆铭	会计研究	1985（3）
3	司法会计学	张靖宇	财务与会计	1986（2）
4	司法会计鉴定是同经济犯罪作斗争的有效方法	A. 库兹涅佐夫 薛春秋、李学斌译	国外法学	1986（3）
5	论司法会计鉴定	马肖印	法学杂志	1986（4）
6	贯彻会计法应有行政、司法和教育三项措施	杨时展	财会通讯	1986（9）
7	简论界定法学新学科的标准	徐永康	社会科学	1988（3）
8	法学新学科的命名问题	徐永康	法学研究	1988（5）
9	谈谈司法会计鉴定概念的表述	张捷　罕剑光	法学杂志	1990（5）
10	"疑罪"不疑——谈司法会计鉴定的运用	许兆铭	法学	1991（1）

我国检察机关早在1985年就开展了司法会计鉴定工作。② 目前我们可以查阅到最早被刑事案件裁判文书采信的司法会计鉴定意见是1989年8月24日最高人民法院就"邓安薇、宋顺文贪污、偷越国境、诈骗案"出具的裁定书。该司法会计鉴定意见书确认犯罪嫌疑人邓安薇和宋顺文涉嫌贪污143 328.22元；涉嫌诈骗金额55 000元。最高人民法院于1989年8月24日裁定核准贵州省高级人民法院（89）刑经上字第33号判决书，维持原审。以贪污罪判处被告人邓安薇死刑，剥夺政治权利终身，以偷越国境罪判处其有期判刑一年，决定执行死刑，剥夺政治权利终身；以贪污罪判处宋顺文死刑，剥夺政治权利终身，以偷越国境罪判其处有期徒刑一年，以诈骗罪判处其有期徒刑八年，决定执行死刑，

① 李若山．我国会计问题的若干法律思考［J］．会计研究，1999（6）：16－25.

② 于朝，庞建兵．中国司法会计师执业准则（专家拟制稿）［M］．北京：中国检察出版社，2014：1.

剥夺政治权利终身。①

可见，源于英美法系国家的法务会计是 1999 年进入中国内地的，其标志是天津财经大学的盖地教授为代表的一些学者发表了一系列法务会计相关论文；而作为法务会计的前身，源于大陆法系国家的司法会计早在 20 世纪 80 年代中期就出现在中国内地了。

二、法务会计相关学术文献的发表情况

在这一部分，笔者以中国知网为数据来源，分别梳理学术期刊刊载的法务会计相关论文、与法务会计相关的硕/博士论文以及法务（司法）会计相关的学术著作与教材的发表发行情况。

（一）学术期刊刊载的法务会计相关论文

继盖地教授和喻景忠教授之后，上海复旦大学的李若山教授和他的学生们先后在《会计研究》发表了三篇有相当分量的法务会计相关论文：《我国会计问题的若干法律思考》（《会计研究》1999 年第 6 期）、《论国际法务会计的需求与供给——兼论法务会计与新会计法的关系》（《会计研究》2000 年第 11 期）和《从安然事件看美国法务会计的诉讼支持》（《会计研究》2003 年第 1 期）。大批财经类高校学者的加入拉开了法务会计理论研究热潮的序幕。

图 1 给出了 1999—2018 年中国知网收录的有关法务会计文献数量的年度分布情况。

年份	法务会计相关文献数
1999	5
2000	10
2001	21
2002	22
2003	39
2004	51
2005	68
2006	99
2007	114
2008	112
2009	105
2010	101
2011	82
2012	72
2013	80
2014	61
2015	59
2016	62
2017	47
2018	45
合计	1 255

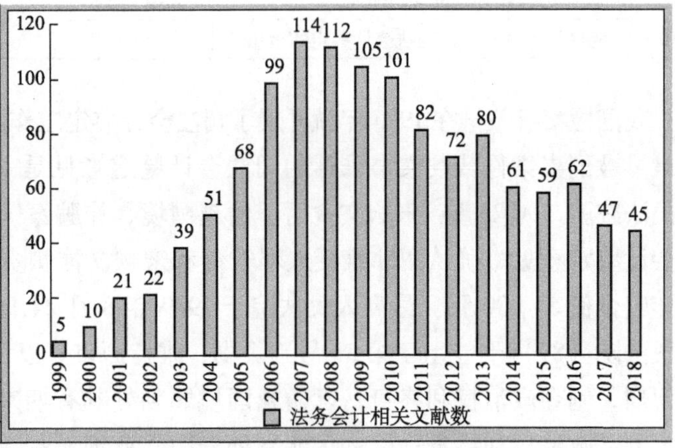

图 1　1999—2018 年法务会计相关文献的数量

① 见《最高人民法院公报》1989 年第 3 期（总 19 期）。

由图1可见，自1999年出现第一篇有关法务会计的学术研究论文以后，法务会计相关论文发布数量逐年增加，2007年达到最大值114篇，随后逐年缓慢下降。

表3列出了中国知网根据用户的下载量和被引用的数量列出的法务会计领域10篇经典文献。其中6篇论文发表于中国会计界最具权威性的刊物《会计研究》。

表3　法务会计领域中国知网下载量前10位经典文献

序号	题名	作者	来源	年/期	下载次数	被引次数
1	法务会计研究评述	盖地、张敬峰	会计研究	2003（5）	2 554	195
2	从安然事件看美国法务会计的诉讼支持	冯萌、李若山、蒋卫平、杨晨光	会计研究	2003（1）	2 332	125
3	美国法务会计简介及其启示	张苏彤	会计研究	2004（7）	1 781	132
4	论国际法务会计的需求与供给——兼论法务会计与新会计法的关系	李若山、谭菊芳、叶奕明、洪剑峭	会计研究	2000（11）	1 763	225
5	法务会计的新领域：为证券民事诉讼提供专家支持	张蕊、谢舜明	会计研究	2004（5）	1 210	84
6	我国会计问题的若干法律思考	李若山	会计研究	1999（6）	992	176
7	法务会计若干基本问题研究	戴德明、周华	贵州财院学报	2001（3）	925	109
8	法务会计理论与实践初探	喻景忠	财会通讯	1995（5）	683	70
9	法务会计——21世纪会计的新领域	李若山	会计之友	2000（1）	577	78
10	适应21世纪的会计人才——法务会计	盖地	财会通讯	1999（5）	552	71
合计					13 369	1 265

（二）硕/博士论文的发表情况

我们通过中国知网检索到2002—2018年179篇有关法务会计的硕/博士论文的发表情况。

由图2可知，2002年中国内地发表有2篇法务会计相关的硕士论文，随后论文的发表数量逐年增加，2007年达到最高值18篇。2005—2015年，每年的硕/博士论文都在10篇以上。

年份	硕博士论文数
2002	2
2003	3
2004	6
2005	11
2006	12
2007	18
2008	16
2009	12
2010	15
2011	14
2012	10
2013	14
2014	14
2015	13
2016	9
2017	6
2018	4
合计	179

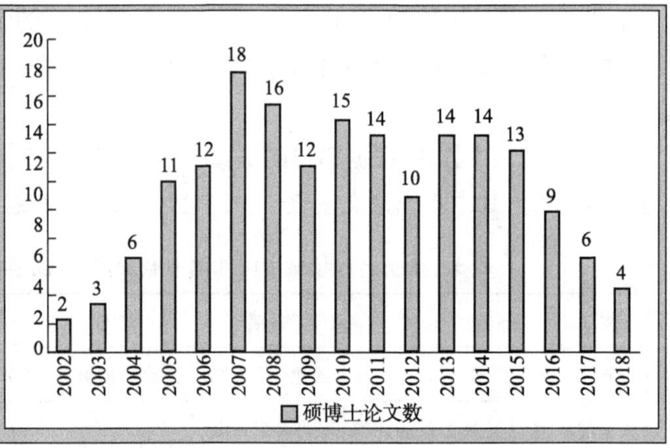

图2　2002—2018年法务会计相关硕/博士论文发表情况

这些硕/博士论文涉及的主题和关键词情况见表4。

表4　与法务会计相关的硕/博士论文的主题词和关键词

主题词	文献数	关键词	文献数
法务会计	99	法务会计	112
诉讼支持	44	司法会计	49
司法会计	31	专家证人	45
会计师事务所	26	财务会计资料	44
司法会计鉴定	20	司法鉴定	43
专家证人	17	司法会计鉴定	33
注册会计师	16	诉讼支持	26
财务舞弊	15	鉴定意见	25
会计鉴定	15	财务舞弊	21
上市公司	12	证据调查	21
北美洲	11	内部控制	17
美国	11	舞弊审计	15
法务会计业务	9	会计师事务所	15
司法会计鉴定人	8	案例分析	13
证明力	8	舞弊问题	12
鉴定意见	8	舞弊案件	12
虚假陈述	8	司法部门	11
会计舞弊	7	鉴定机构	9

显然，“法务会计”“诉讼支持”“司法会计”“会计师事务所”“司法会计鉴定”是法务会计相关硕/博士论文中最常见的主题词。

“法务会计”“司法会计”“专家证人”“财务会计资料”“司法会计鉴定”是法务会计相关硕/博士论文中最常见的关键词。

图 3 给出了以法务会计为论题的硕/博士论文的学位授予情况。

学位授予高校	论文篇数
江西财经大学	17
华东政法大学	16
西南财经大学	12
东北财经大学	12
云南财经大学	10
中国政法大学	9
首都经济贸易大学	8
山西财经大学	5
湖南大学	5
西南政法大学	4
山东大学	4
吉林大学	4
复旦大学	4
重庆大学	3
中南大学	3
湘潭大学	3
兰州大学	3
华中科技大学	3
哈尔滨工业大学	3
东北林业大学	3
重庆理工大学	2
苏州大学	2
沈阳工业大学	2
沈阳大学	2
暨南大学	2
安徽财经大学	1
中国矿业大学	1
郑州大学	1
浙江理工大学	1
浙江工商大学	1
浙江大学	1
长沙理工大学	1
长安大学	1
云南大学	1
延边大学	1
西北大学	1
武汉理工大学	1
武汉大学	1
同济大学	1
天津商业大学	1
天津财经大学	1
太原科技大学	1
四川大学	1
沈阳理工大学	1
上海交通大学	1
山东农业大学	1
厦门大学	1
宁夏大学	1
宁波大学	1
南京师范大学	1
南京理工大学	1
辽宁师范大学	1
吉林财经大学	1
华侨大学	1
华北电力大学(北京)	1
湖南师范大学	1
黑龙江八一农垦大学	1
河南财经政法大学	1
河北大学	1
贵州民族大学	1
福州大学	1
电子科技大学	1
北方工业大学	1
合 计	179

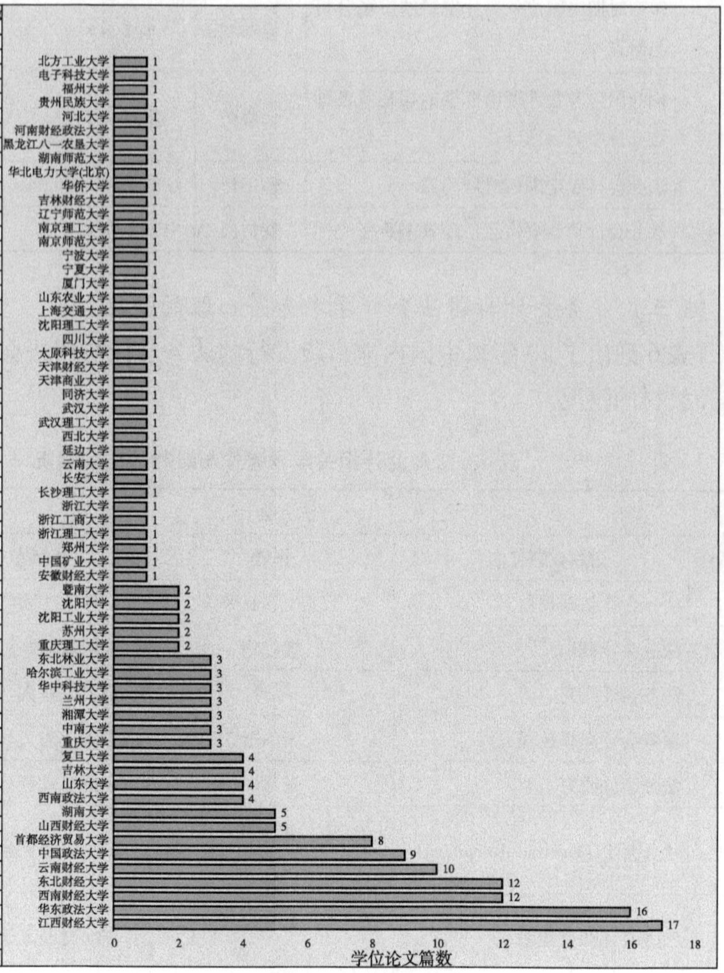

图 3　以法务会计为论题的学位论文授予情况

179 篇法务会计相关的硕/博士论文出自 63 所学位授予高校。这些高校主要包括江西财经大学、华东政法大学、西南财经大学、东北财经大学、云南财经大学、中国政法大学、首都经济贸易大学和山西财经大学。这些高校也是内地法务（司法）会计研究水平较高的院校。

其中法务会计相关的博士论文有4篇，其题目、作者、学位授予单位和学位授予年度如表5所示：

表5　法务会计相关博士论文

序号	中文题目	作者	学位授予单位	学位授予年度	指导导师
1	转型时期中国法务会计发展的市场分析与研究	裘理瑾	复旦大学	2006	李若山
2	论我国法务会计理论框架的构建及在诉讼支持中的运用	金彧昉	复旦大学	2005	李若山
3	法务会计鉴定采信机制研究	杨书怀	江西财经大学	2011	张蕊
4	法务会计功能重构与治理效果研究	董仁周	中国矿业大学	2014	宋学义

（三）法务会计与司法会计学术专著出版的情况

表6列出了20年来中国内地出版发行的法务会计与司法会计相关的学术著作和教材的情况。

表6　法务会计相关学术著作与教材的出版情况

法务会计				
序号	教材/著作名	作者	出版单位	出版年份
1	法务会计基础教程	王卫国、赵荣信	中国政法大学出版社	2003
2	法务会计概论	黎仁华	中国财政经济出版社	2005
3	法务会计研究	陈矜	合肥工业大学出版社	2006
4	法务会计高级教程	张苏彤	中国政法大学出版社	2007
5	法务会计研究	张苏彤	中国时代经济出版社	2009
6	法务会计（Forensic Accounting）	（美）威廉姆·S. 张磊　译	东北财经大学出版社	2009
7	法务会计调查指南	（美）托马斯·W. 张磊　译	东北财经大学出版社	2009
8	法务会计（Forensic Accounting）	（美）霍普伍德 张苏彤　改编	东北财经大学出版社	2009
9	法务会计与舞弊调查	（美）西尔佛斯通 陈红　译	东北财经大学出版社	2011
10	法务会计学	齐兴利、王艳丽	中国财政经济出版社	2011

续表

序号	教材/著作名	作者	出版单位	出版年份
11	法务会计证据学基础理论	刘爱龙、胡玉霞	中国财政经济出版社	2011
12	法务会计的诉讼支持研究	张苏彤	中国政法大学出版社	2012
13	法务会计鉴定的采信机制研究	杨书怀	经济科学出版社	2014
14	法务会计本土理论与应用研究	董仁周	湖南人民出版社	2015
15	法务会计：案例解析与应用	（美）罗伯特·J. 鲁弗斯 杨书怀　译	北京大学出版社	2017
16	法务会计：理论、案例与习题	张苏彤	首都经济贸易 大学出版社	2019
17	法务会计	张苏彤	高等教育出版社	2019

司法会计

序号	教材/著作名	作者	出版单位	出版年份
1	司法会计鉴定学	何联升	中国人民公安 大学出版社	1990
2	司法会计学概要	法学教材编辑部	法律出版社	1992
3	司法会计概要	谢次昌	法律出版社	1992
4	司法会计基础教程	顾洪涛	中国政法大学出版社	1995
5	司法会计鉴定实务全书	王君亭	中科多媒体电子出版社	2003
6	司法会计学概要	王建国	立信会计出版社	2003
7	司法会计学	于朝	中国检察出版社	2004
8	司法会计	王森全、 孙书洁、虢光辉	中国人民公安 大学出版社	2005
9	司法会计学	聂志毅	法律出版社	2005
10	司法会计原理与实务	袁泉	中国政法大学出版社	2005
11	司法会计鉴定基础	赵如兰、陈红	中国财政经济出版社	2011
12	司法会计鉴定理论与实务	王业可、于友达	中国金融出版社	2011
13	司法会计实务	俞敏	中国法制出版社	2012

续表

序号	教材/著作名	作者	出版单位	出版年份
14	司法会计鉴定实务操作指南	北京注册会计师协会	经济科学出版社	2013
15	司法会计概论	于朝	中国检察出版社	2014
16	司法会计检查实务	于朝	中国检察出版社	2014
17	司法会计鉴定实务	于朝	中国检察出版社	2014
18	中国司法会计师执业准则：专家拟制稿	于朝、庞建兵	中国检察出版社	2014
19	司法会计鉴定实务问题研究	于友达、王业可	浙江大学出版社	2015
20	司法会计鉴定证明机理研究与实践	郑谊英	湘潭大学出版社	2015
21	司法会计理论与实务	牟文华	中国言实出版社	2015
22	司法会计：理论、实务与发展（论文集）	白岱恩、曲伶俐	山东人民出版社	2016
23	司法会计简明教程	白岱恩、于朝	中国政法大学出版社	2017
24	司法会计学	范伟红	高等教育出版社	2017
25	司法会计原理与实务	庞建兵	中国检察出版社	2017

王卫国教授等主编的《法务会计基础教程》（2003年）是内地出版发行最早的法务会计教材。

仲伟国的《司法会计与鉴定》（东北财经大学出版社，1987年）是内地出版发行最早的司法会计著作。

黎仁华教授的《法务会计概论》（2005年）是内地出版发行最早的法务会计学术著作。

于朝是撰写出版司法会计相关著作最多的作者。

张苏彤是撰写出版法务会计相关著作最多的作者。

三、法务会计学术交流的情况

我们在此依次回顾历届法务会计学术研讨会的召开情况、海峡两岸法务会计的学术交流情况以及法务会计的国际交流情况。

（一）历届法务会计学术研讨会的召开情况

我国已经举行了10余届全国性的法务会计学术研讨会，研讨会的详细情况如表7所示。

表7　中国内地历届法务会计学术研讨会的情况

序号	全国性的法务会计学术活动	会议主题	举办地	举办时间	主办单位	参会人数	会议论文数
1	首届法务会计学术研讨会	建立中国法务会计行业交流和沟通的平台	北京	2006年8月19日	国际法务会计网	85	—
2	第二届法务（司法）会计学术研讨会	探索司法会计鉴定的理论与实务问题	杭州	2007年11月17—18日	浙江财经学院法学院	95	61
3	第三届法务（司法）会计学术研讨会	法务会计对诉讼支持的研究	锦州	2009年6月27—28日	渤海大学会计学院	100	29
4	中国法务（司法）会计2010年研讨会	司法会计的理论与实务发展	福州	2010年12月	福建国龙会计师事务所	50	11
5	第四届司法（法务）会计学术研讨会	司法会计理论与实践新趋势	重庆	2011年4月9—10日	西南政法大学管理学院	70	43
6	第五届法务（司法）会计学术研讨会	中国法务会计在司法实践中的运用与创新	南京	2013年10月12	南京审计大学法学院	75	29
7	第六届法务（司法）会计学术研讨会	创新法务（司法）会计理论，提升腐败治理水平，服务法治中国建设	长沙	2014年11月8日	湖南财政经济学院会计系	200	34
8	第七届法务（司法）会计学术研讨会	推进法务会计的法治化发展	赣州	2015年11月15日	江西理工大学经济管理学院	50	35
9	第八届法务（司法）会计学术研讨会	推动我国法务会计理论与实践创新，提升法务会计研究与实务水平	淮安	2016年11月5日	江苏威来法务会计师事务所	60	27
10	第九届法务（司法）会计学术研讨会暨海峡两岸理论创新与职业发展论坛	海峡两岸法务会计理论创新与职业发展	福州	2017年7月28—30日	福建省法务会计促进会	200	46

续表

序号	全国性的法务会计学术活动	会议主题	举办地	举办时间	主办单位	参会人数	会议论文数
11	第十届法务（司法）会计学术研讨会	中国法务会计的职业市场及其发展趋势	成都	2018年7月	成都久慧源教育咨询有限公司	132	29
12	首届法务会计国际研讨会	法务会计与反舞弊反经济犯罪	北京	2019年6月13—14日	中国政法大学	156	28

全国性的法务会计学术交流活动始于2006年，当年8月首届法务会计学术研讨会在北京人民大会堂举办，由此开启了法务会计在中国内地学术研究的序幕。2010年，一批热衷于法务会计理论与实务研究的学者自发组织起来成立了“中国法务会计研究会筹委会”，在该筹委会的领导下，全国性的法务会计学术研讨活动始终没有间断（除2008年以外）。截至2019年，共成功举办了10余届法务会计学术研讨会，累计参会人数1 273人次，会议论文集累计收录论文372篇。

（二）海峡两岸学术交流的情况

海峡两岸最早致力于两岸法务（鉴识）会计交流的学者是我国台湾博智会计师事务所合伙人施博文先生。施先生在中国政法大学取得法学硕士学位，是中国注册会计师。他致力于海峡两岸的法务会计交流，通过参加培训和考试成为第一位取得中国法务会计师（CFA）资格的台湾同胞。施博文先生参加了在福州举办的第九届法务会计学术研讨会，在会议上报告了题为“台湾地区鉴识会计的研究与发展”的论文。在施博文先生的推介下，以台湾政治大学马秀如教授为代表的台湾法务（鉴识）会计学者开始了与内地法务会计学界的学术交流。马秀如教授率团队参加了在福州和成都举办的第九届和第十届法务会计学术研讨会。

最先跨越海峡到台湾地区进行法务会计学术交流的内地学者是西南财经大学会计学院的黎仁华教授。2017年7月，黎仁华教授率团访问台北，与我国台湾地区的法务会计学者以及台湾舞弊防治与鉴识协会的同仁在著名的台北圆山饭店进行了交流。

笔者于2018年12月受马秀如教授之邀访问了我国台湾的政治大学和东吴大学，先后在台北做了三场学术演讲：2018年12月20日在东吴大学东会讲堂发表“法务会计及其在舞弊调查中的运用”；在2018年度评价与鉴识会计论坛上，发表“评价与鉴识会计于才智侵权损害赔偿之运用”“司法会计专家意见在大陆庭审中的运用”；2018 年 12 月 25 日在台湾地区第十二届舞弊防治与鉴识圆桌论坛上发表“鉴识会计（法务会计）在两岸司法程序的现况及发展——如何对鉴识会计（法务会计）鉴定发表质证意见”。

（三）法务会计的国际交流情况

我国内地的法务会计国际交流活动开展得仍不够充分，少数几次交流活动都是我们去国外参与国际法务会计学术活动。

2004 年郭耀伟先生率先加入全球最大的反舞弊职业组织“注册舞弊审查师协会（ACFE）”，并积极倡导与资助开展法务会计学术活动。在郭耀伟先生的推动下，目前 ACFE 在我国已经设立了北京、广州、上海、深圳、台湾和香港分会。目前内地已有 452 名 CFE 会员，内地的四个分会经常组织会员交流活动，很好地促进了我国反舞弊事业的发展。

2008 年笔者赴美国波士顿参加了 ACFE 第 19 届年会，这应该是我国内地第一次派员参加 ACFE 的学术交流活动。2019 年 6 月 23—28 日，ACFE 年会在美国得克萨斯州的奥斯汀举办，ACFE 北京分会会员邓莹先生参加了该次会议。

2019 年 6 月，中国政法大学商学院举办研讨会，这也是内地举办的首届法务会计国际研讨会。

四、“四大”会计师事务所及国内会计师事务所提供法务会计服务的情况

法务会计的业务主要由会计师事务所及注册会计师来开展，包括“四大”会计师事务所和内资会计师事务所。

（一）“四大”提供法务会计服务的情况

“四大”国际会计师事务所都在中国内地建立了分支机构，无一例外地提供全面的法务会计服务。“四大”提供法务会计的情况见表 8：

表 8　“四大”会计师事务所提供法务会计服务的情况

四大（Big Four）	法务会计服务（Forensic Accounting Services）
普华永道（PWC）	反腐败服务（Anti – corruption Services） 网络安全（Cyber Security） 舞弊风险缓解（Fraud Risk Mitigation） 政府承包商的服务与出口管制（Government Contractor Services & Export Controls） 调查服务（Investigation Services） 保险索赔（Insurance Claims）

续表

四大（Big Four）	法务会计服务（Forensic Accounting Services）
毕马威（KPMG）	舞弊风险管理（Fraud Risk Management） 调查服务（Investigation Services） 重大项目咨询（Major Projects Advisory） 执法监管与合规（Regulatory Enforcement & Compliance） 合同合规服务（Contract Compliance Services） 法证技术服务（Forensic Technology Services） 反洗钱和贸易制裁服务（Anti – money Laundering and Trade Sanctions Services） 纠纷咨询服务（Dispute Advisory Services） 反贿赂和腐败服务（Anti – bribery and Corruption Services）
安永（EY）	反舞弊（Anti – fraud） 企业合规（Corporate Compliance） 纠纷服务（Dispute Services） 计算机取证技术和证据开示服务（Forensic Technology and Discovery Services） 舞弊调查（Fraud Investigations）
德勤（DTT）	数据分析（Data Analysis） 反贿赂/反腐败咨询（Anti – bribery/Anti – corruption Counseling ） 商业情报服务（Business Intelligence Service ） 电子取证与证据发现（Electronic Forensics and Evidence Discovery ） 企业调查（Enterprise Survey） 纠纷解决（Dispute Settlement） 反洗钱与制裁咨询（Advice on Anti – money Laundering and Sanctions） 舞弊风险管理（Fraud Risk Management）

可见，舞弊调查、舞弊风险管理、计算机取证和反腐败咨询四类业务是“四大”会计师事务所提供的主要法务会计业务。“四大”由注册会计师和会计师事务所提供的法务会计服务，代表了法务会计服务的潮流与趋势。

（二）内资会计师事务所提供法务会计业务的情况

为了解内资会计师事务所提供法务会计业务的情况，笔者以 2018 年业务收入排名前 100 位的内资会计师事务所为调查对象，通过访问其网站了解会计师事务所提供法务会计的情况。表 9 列出了这些百强会计师事务所开展法务会计业务的情况。

表9　内资会计师事务所开展法务会计业务的情况

序号	排位名次	事务所名称	是否开展法务会计业务（Y/N）	业务名称	法务会计业务内容
1	7	天健会计师事务所	Y	司法会计鉴定服务	天健承办的一系列票据专案审计、经济贪污案件鉴定、资产评估司法鉴定、工程造价鉴定等司法鉴定业务项目，受到有关部门的好评，在同行中拥有良好声誉。具体业务范围主要包括： • 司法会计鉴定 • 资产评估司法鉴定 • 工程造价纠纷鉴定
2	9	致同会计师事务所	Y	法证、调查和争端解决服务	经济环境变幻莫测，日益严格的监管环境意味着企业必须采取更为严格的监管及合规流程。业务全球化使得企业需要面对跨境调查、诉讼及争端解决，需要处理网络攻击带来的威胁，同时还需要注意保护企业的价值。在名誉维护及监管执法的背景下，现代数字化企业生成的大量数据导致对关键信息的快速识别难度增加。 其服务包括： • 舞弊调查 • 监管及合规调查 • 争端解决方案，专家证人，司法鉴定 • 电子数字取证 • 保险舞弊和损失评估方案 • 资产追踪和追回服务 • 反洗钱合规调查和审查服务
3	12	天职国际会计师事务所	Y	法务与清算服务	对司法案件中的财务会计问题进行检验、鉴别和判断，提供真实、可靠、合法的财务会计相关证据

续表

序号	排位名次	事务所名称	是否开展法务会计业务（Y/N）	业务名称	法务会计业务内容
4	16	北京兴华会计师事务所	Y	司法会计鉴定	
5	20	中汇会计师事务所	Y	司法会计鉴定	司法会计鉴定，是指受司法机关或当事人委托，对司法案件所涉及的会计问题相关的会计凭证、会计账簿、会计报表和其他会计资料等进行检验、鉴别和判断，并提供书面鉴定结论的活动。鉴定的主要内容有会计核算资料的鉴定、实物资产鉴定、货币资金鉴定、往来款项鉴定、长短期投资鉴定、银行借款鉴定、成本费用鉴定、利润鉴定等
6	22	广东正中珠江会计师事务所	Y	诉讼事项审计	具体审计范围包括：上市公司审计、金融公司审计、三资企业审计、国有企业审计、合并和收购审计、清产核资审计、清算审计、离任审计、诉讼事项审计、特别事项的专题审计
7	24	天衡会计师事务所	Y	司法鉴定审计	
8	25	上会会计师事务所	Y	法务与清算	
9	27	中勤万信会计师事务所	Y	司法鉴定	参与司法诉讼、仲裁、经济纠纷的咨询和评估，包括财产纠纷、损失鉴定等
10	28	希格玛会计师事务所	Y	司法鉴定	司法鉴定、清产核资等其他相关专项服务
11	35	立信中联会计师事务所	Y	司法会计鉴证	
12	36	中准会计师事务所	Y	司法会计鉴定	
13	39	北京大地津泰会计师事务所	Y	司法鉴定审计	

续表

序号	排位名次	事务所名称	是否开展法务会计业务（Y/N）	业务名称	法务会计业务内容
14	42	四川华信（集团）会计师事务所	Y	司法鉴定审计	
15	44	天津中审联会计师事务所	Y	司法鉴证审计	就企业的财务纠纷、合同履行情况、财务数据的正确性以及财务成果分配等事宜出具客观专业的审计意见
16	45	北京中路华会计师事务所	Y	司法会计鉴定	
17	46	北京中瑞诚会计师事务所	Y	司法鉴定	拥有北京市司法局颁发的司法鉴定许可证，是全国唯一同时具备司法会计鉴定资格及企业破产管理人资格的会计师事务所。董事长何培刚先生被评为“资深司法鉴定人”，拥有多名司法会计执业人员。服务客户涵盖众多行业的优秀企业，拥有丰富的项目经验，为委托人避免或挽回了巨额损失。可为国家机关、企事业单位及社会团体和个人提供如下法务会计鉴证服务： • 担任破产管理人 • 提供诉讼支撑 • 参与协助公安、检察院、法院及纪检委、反贪局等部门工作
18	49	上海公信会计师事务所	Y	司法会计	司法会计，包括刑事、民事及行政案件中涉及各类财务资料的司法鉴证

续表

序号	排位名次	事务所名称	是否开展法务会计业务（Y/N）	业务名称	法务会计业务内容
19	50	广东诚安信会计师事务所	Y	司法鉴定	
20	51	上海玛泽会计师事务所	Y	法证服务	法证服务团队拥有丰富的个案处理经验，并在金融问题调查中有良好记录（服务分类很详细）
21	54	山东天元同泰会计师事务所	Y	会计司法鉴定	
22	56	四川中衡安信会计师事务所	Y	司法会计鉴证	
23	61	江苏华星会计师事务所	Y	法律及司法鉴定	
24	64	恒信弘正会计师事务所	Y	司法鉴定	
25	67	北京兴中海会计师事务所	Y	司法鉴证	
26	71	上海财瑞会计师事务所	Y	司法鉴证	
27	74	上海上审会计师事务所	Y	司法鉴证	
28	79	江苏天宏华信会计师事务所	Y	工程造价司法鉴定	
29	80	上海琳方会计师事务所	Y	司法会计类服务	
30	82	湖南建业会计师事务所	Y	司法鉴定	具有司法会计鉴定、建筑工程司法鉴定中的工程造价纠纷司法鉴定、涉税鉴定、资产评估、土地评估、房地产价格评估鉴定资质，可从事上述范围内的司法鉴定业务
31	90	北京天正华会计师事务所	Y	经济案件鉴定	

续表

序号	排位名次	事务所名称	是否开展法务会计业务（Y/N）	业务名称	法务会计业务内容
32	91	祥浩会计师事务所	Y		司法会计鉴定、司法评估、建筑工程造价纠纷鉴定
33	95	浙江同方会计师事务所	Y	司法鉴定评估	
34	98	山西天正会计师事务所	Y	司法会计鉴定	持有国家司法部门颁发的司法会计鉴定资格，拥有足够的专业胜任能力，接受司法机关及民间委托对司法案件中财务会计问题提供相关的真实、可靠、合法的财务会计证据。业务范围包括：经济案件鉴定、财务纠纷审计以及其他司法会计鉴定业务等

由表9可知，在内地2018年排名前100位的会计师事务所中，只有34家会计师事务所提供与法务会计或司法会计相关的业务。在这34家会计师事务所中，除了致同会计师事务所提供了类似“四大”较为全面的法务会计业务之外，其余的33家会计师事务所只是提供单一的司法会计鉴定业务。

由此可见，内地会计师事务所的法务会计业务还有很大的发展空间。我们的会计师事务所应该借鉴“四大”的有益经验，在舞弊调查、舞弊风险管理以及计算机取证等非诉讼领域拓展新的业务类型。

五、司法会计鉴定意见在诉讼案件审理中的应用——来自北大法宝案例库的数据

为了解司法会计鉴定意见在内地诉讼案件审理中的运用情况，笔者以“司法会计鉴定”为关键词，检索1994—2020年“北大法宝案例库”收录的运用到司法会计鉴定意见的案例。下面就检索到的数据展开分析：

图4给出了北大法宝案例库中运用到司法会计鉴定意见的案例数量在不同年份的分布情况。在2013年以前，在样本案例中，运用到司法会计鉴定意见的情况较少，1994—2013年，检索到3 491个案例运用到司法会计鉴定，占样本

总数的 9.25%。从 2014 年起，除了 2020 年由于新冠疫情的影响有所下降之外，其余年份的司法会计鉴定意见的运用案例数量都在快速增长，2014—2019 年末，年平均增长率达到 42.89%。2014—2020 年，检索到 34 263 个案例运用到司法会计鉴定意见，占样本总数的 90.75%。由此我们可以看出，2014 年以后，中国内地的诉讼活动中运用到司法会计鉴定的案例较之前有了大幅度的提高。笔者认为其中原因有三：①经济案件大量出现，查办经济案件需要司法会计鉴定；②2012 年刑诉法修订，将“鉴定结论”改为“鉴定意见”；③以审判为中心的刑事诉讼制度改革深入推进。

审结年份		运用了司法鉴定意见的案例数	百分比
1	2004	40	0.11%
2	2005	70	0.19%
3	2006	52	0.14%
4	2007	75	0.20%
5	2008	124	0.33%
6	2009	336	0.89%
7	2010	495	1.31%
8	2011	546	1.45%
9	2012	677	1.79%
10	2013	1 076	2.85%
11	2014	2 664	7.06%
12	2015	3 467	9.18%
13	2016	4 162	11.02%
14	2017	5 029	13.32%
15	2018	6 260	16.58%
16	2019	7 151	18.94%
17	2020	5 530	14.65%
	合计	37 754	100.00%

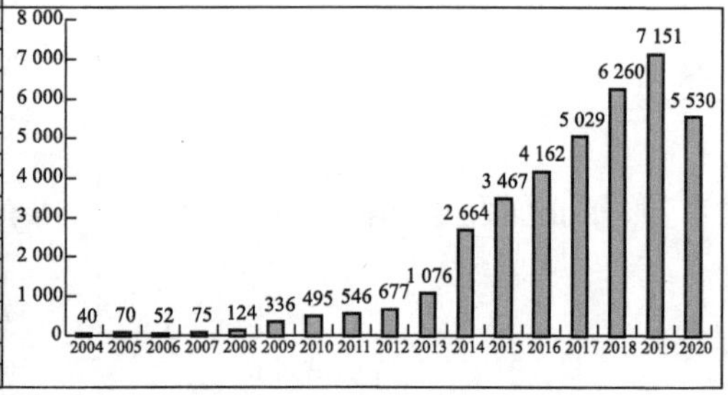

图 4　运用司法会计鉴定意见的案例数量分布

六、法务会计得以在中国内地出现与发展的法律环境因素分析

众所周知，源于英美法系国家的法务会计是从 20 世纪末才开始进入中国内地的，历经 20 年的发展，如今已初步得到业界的认可。法务会计为什么能够在中国出现？法务会计为什么有如此强大的生命力，得到较大程度的发展？

笔者认为，法务会计之所以能够进入中国并得到较好的发展，主要是由四个方面的法律环境因素促成的。

（一）诉讼制度的变革为法务会计提供了适宜的外部环境

法务会计之所以能够得到认同和发展与中国的诉讼制度自 20 世纪末开始从传统的职权主义向职权主义与当事人主义相互融合的转变密不可分。

当事人主义是英美法系国家解决纠纷的诉讼原则。在这种模式下，诉讼请求的确定，诉讼资料、证据的收集和证明主要由当事人负责，注重发挥原告和被告、控辩双方的诉讼主体作用，让他们在诉讼中积极主动地提供证据、调查证据并相互对抗争辩；法官超然其间，作为严格的中立者居中裁判，就事实做出法律上的判断。

而职权主义是大陆法系国家的诉讼原则，这种诉讼模式注重充分发挥侦查、检察和审判机关在诉讼中的职能作用；在法庭审判中，法官不是消极仲裁者，而是指挥者，法官要讯问被告人、询问证人和调查核实证据。

改革开放以来，我国的诉讼立法取得了有目共睹的成就，诉讼制度改革呈现出两方面的趋势：一是职权主义与当事人主义相互融合；二是追求最大限度上实现惩罚犯罪与保障人权的统一。比如，1991年修订颁布的《民事诉讼法》标志着我国在计划经济体制下形成的法院包揽诉讼的职权主义诉讼制度开始向尊重当事人权利的诉讼制度转变。与1982年颁布的《民事诉讼法（试行)》相比较，1991年《民事诉讼法》在起诉、上诉及再审等方面均注意了当事人的处分权，扩大了当事人的诉讼权利；将原先《民事诉讼法（试行)》第五十六条规定的“人民法院全面负责收集和调查证据”，修改为“人民法院在法庭上主要负责审查审核证据”，从而强化了当事人的举证责任。从法院包揽诉讼到扩大当事人的处分权，以当事人举证为主，法院只审查核实证据，这是我国在诉讼制度改革过程中借鉴英美法系的有益经验与做法的结果。

再比如，2012年3月14日十一届全国人大五次会议表决通过的《刑事诉讼法》也在较大程度上体现了职权主义与当事人主义相融合的特点。《刑事诉讼法》这次修改最为重要的是将“尊重和保障人权”明确写入了总则。这一亮点主要体现在律师制度、证据制度、强制措施、辩护制度、侦查措施、审判程序、执行程序、严禁刑讯逼供机制构建等方面，充分体现了尊重和保障人权的原则。

事实上，我国在1996年《刑事诉讼法》中所体现的“无罪推定精神”“疑罪从无原则”，以及2012年《民事诉讼法》所体现的“非法证据排除规则”“不得强迫自证其罪”等原则，无一不是来自英美法系当事人主义的诉讼原则与证据规则，充分体现了我国诉讼制度与国际规则的接轨。

在这种学习和借鉴英美法系国家诉讼制度的大背景下，源于英美法系的法务会计进入我国就是顺理成章、水到渠成的事情了。

（二）司法鉴定管理体制的改革为法务会计在中国的发展提供了适宜的土壤

长期以来，我国传统的司法鉴定管理体制存在的“自侦自鉴”“自诉自鉴”“自审自鉴”“多头鉴定”“重复鉴定”“虚假鉴定”等弊端，一直是理论界和实务界口诛笔伐的焦点。为了根除司法鉴定制度的固有弊端，完善对鉴定人和鉴定机构的管理，实现诉讼的实体公正和程序公正，2005年2月28日第十届全国人民代表大会常务委员会第十四次会议通过了《全国人民代表大会常务委员会关于司法鉴定管理问题的决定》（以下简称《决定》），自2005年10月1日起施行。《决定》的出台标志着我国司法鉴定管理体制改革取得重要成果。最引人注目的是第七条明确规定了人民法院和司法行政部门不得设立鉴定机构，而侦查机关根据侦查工作的需要虽然可以设立鉴定机构，但不得面向社会接受委托从事司法鉴定业务。

《决定》的出台标志着我国司法会计鉴定业务长期由“公、检、法、司”垄断的终结，从制度上铲除了“自侦自鉴”“自诉自鉴”“自审自鉴”的弊端，为法务会计人员参与诉讼活动、向司法人员提供来自会计专业的诉讼支持服务创造了必要的条件。

尽管改革以后的我国司法鉴定体制依然带有深深的大陆法系的烙印，但是这样的改革改变了多年沿袭的多头管理体制，解决了长期困扰人们的问题，进一步解放了思想，更多的人开始有机会深入思考我国诉讼制度改革的深层次问题，为法务会计在我国的发展提供了适宜的土壤。

（三）专家辅助人制度的建立助推了法务会计在我国的发展

我国专家辅助人制度的确立以 2002 年最高人民法院发布的两个关于诉讼证据规定的实施为标志。

2002 年 4 月 1 日起实施的《最高人民法院关于民事诉讼证据的若干规定》第六十一条规定：“当事人可以向人民法院申请由一至两名具有专业知识的人员出庭，就案件的专门性问题进行说明。人民法院准许其申请的，有关费用由提出申请的当事人负担。审判人员和当事人可以对出庭的具有专门知识的人员进行询问。经人民法院准许，可以由当事人各自申请的具有专门知识的人员就案件中的问题进行对质。具有专门知识的人员可以对鉴定人进行询问。”

2002 年 10 月 1 日实施的《最高人民法院关于行政诉讼证据的若干规定》第四十八条规定：“对被诉具体行政行为设计的专门性问题，当事人可以向法院申请由专业人员出庭进行说明，法庭也可以通知专业人员出庭说明。必要时，法庭可以组织专业人员进行对质。当事人对出庭的专业人员是否具备相应的专业知识、学历、资历等专业资格有异议的可进行咨询，由法庭决定其是否可以作为专业人员出庭。专业人员可以对鉴定人进行咨询。”

2002 年，最高人民法院的这两个规定颁布实施之后，专家辅助人制度开始逐渐被引入到我国传统的司法鉴定制度之中，形成了以司法鉴定制度为主，辅之以专家辅助人制度的混合模式。在此模式下，当事人双方可以根据需要自行聘请专家辅助人出庭就诉讼案涉及的专业性问题做出说明，法庭也可以根据需要指派或聘请司法鉴定人员出庭就案中涉及的会计专业问题给予说明。

专家辅助人制度的建立，助推了法务会计在我国的发展，为法务会计及法务会计专家证人制度在我国的进一步发展奠定了制度基础。

（四）2012年《刑事诉讼法》《民事诉讼法》的修订为法务会计在我国的发展进一步创造了良好的法律环境

2012年《刑事诉讼法》涉及司法鉴定制度的条款包括：第四十八条（法定证据形式）、第六十二条（对鉴定人的保护措施）、第一百八十七条（鉴定人出庭）、第一百四十四条、第一百八十九条（鉴定人参与法庭质证）、第一百九十二条（有专门知识的人出庭）。

2012年《民事诉讼法》涉及司法鉴定制度的条款包括：第六十三条（法定证据形式）、第七十六条（司法鉴定的启动模式）、第七十八条（鉴定人出庭）、第七十九条（有专门知识的人出庭）、第一百一十一条（对鉴定人的保护措施）。

从上述条款我们可以归纳出以下涉及司法鉴定制度改革的亮点：

第一，将法定证据形式由原先的“鉴定结论”改为“鉴定意见”。这样的改动彰显了立法者证据理念的重大转变，为克服司法实践中对“鉴定结论”的盲从，为构建司法鉴定人出庭制度奠定了重要的概念基础。所谓“结论”是指“对人或事物所下的最后的论断”。采用“鉴定结论”的称谓会给人这样一种印象，即通过鉴定所得的最后论断是科学证据，是准确无误、不容置疑的，是值得信赖的。在这种印象之下，人们会认为鉴定人出庭就鉴定结论接受质证是可有可无的，鉴定人没有必要浪费时间和精力出庭接受质证。而将“结论”改为“意见”，看似简单的二字改动，其实质内涵颇为深刻。所谓“意见”，是指“对事情的一定的看法或想法”。“意见”具有强烈的主观性，对同一事物，不同的人会有不同的看法或想法，当属一家之言，存在仁者见仁，智者见智，有妥当与否、真伪之分。“鉴定意见”是鉴定人的个人看法，并非最后的结论，其真实性、合法性、相关性需要在法庭上接受审查和质证，经过进一步查证后才能作为定案的根据。两部诉讼法如此修订，实际上提高了对司法鉴定意见的质量要求，使得司法鉴定人从此再也不能一份鉴定结论定乾坤，不用出庭接受质证便坐享其成。

第二，民事诉讼活动中的司法鉴定启动模式发生变革，法律赋予当事人启动司法鉴定的权利，形成了当事人和法院均可启动司法鉴定的混合模式。《民事诉讼法》第七十六条规定：“当事人可以就查明事实的专门性问题向人民法院申请鉴定。当事人申请鉴定的，由双方当事人协商确定具备资格的鉴定人；协商不成的，由人民法院指定。当事人未申请鉴定，人民法院对专门性问题认为需要鉴定的，应当委托具备资格的鉴定人进行鉴定。”这样的变革标志着我国的司法鉴定制度在考虑我国诉讼惯例的情况下，将国家宪法和法律赋予诉讼双方当事人的权利落到实处，维护了诉讼程序的正义性。

第三，强化了我国司法鉴定人的出庭制度。两部诉讼法都明确规定了鉴定人应当出庭作证的两种情形，即：当事人对鉴定意见有异议以及法院认为有必要。除此以外，法律还对鉴定人如果不出庭应承担的责任给出了明确的规定：鉴定意见不得作为认定事实的根据；支付鉴定费用的当事人可以要求返还鉴定费用。相比之前的诉讼法，2012 年的修订改变了原先对鉴定人出庭含混、自相矛盾的规定，改变了原先鉴定人仅有出庭的义务，而没有出庭责任的制度设计，用法律的强制力保证鉴定人履行出庭义务，明确了鉴定人如果不出庭作证所应承担的法律责任。

第四，进一步明确了鉴定人在法庭上就鉴定意见接受质证的法定义务。2012 年《刑事诉讼法》第一百八十九条规定："……公诉人、当事人和辩护人、诉讼代理人经审判长许可，可以对证人、鉴定人发问。审判人员可以询问证人、鉴定人。"按照上述条款的规定，鉴定人应与其他诉讼参与人一样出庭作证并接受双方当事人、辩护人、诉讼代理人以及法官、检察官的交叉询问。如此一来，一方面通过对鉴定人进行询问，帮助法官认识并解决专门性问题；另一方面也可以使当事人了解鉴定意见的形成过程，使其他诉讼参与人对鉴定意见产生信任感。

第五，通过设置保护性条款对出庭的鉴定人提供保性措施，解除了鉴定人出庭的后顾之忧。2012 年《刑事诉讼法》第六十二条就鉴定人因在诉讼中作证，本人或者其近亲属的人身安全面临危险时提供了诸如"不公开个人信息，不暴露外貌、真实声音，禁止特定的人员接触，对人身和住宅采取专门性保护"等多项保护措施。《民事诉讼法》第一百一十一条规定，如果对鉴定人进行侮辱、诽谤、诬陷、殴打或者打击报复，法院可以根据情节轻重予以罚款、拘留，构成犯罪的，依法追究刑事责任。

第六，在高阶位法律层面首次提出了有专门知识的人的概念，并赋予有专门知识的人可以就鉴定人做出的鉴定意见提出自己意见的权利。2012 年《刑事诉讼法》第一百九十二条第二款规定："公诉人、当事人和辩护人、诉讼代理人可以申请法庭通知有专门知识的人出庭，就鉴定人做出的鉴定意见提出意见。""有专门知识的人出庭，适用鉴定人的有关规定。"《民事诉讼法》第七十九条规定，"当事人可以申请人民法院通知有专门知识的人出庭，就鉴定人做出的鉴定意见或者专业问题提出意见"。两部诉讼法均赋予有专门知识的人出庭参与诉讼程序的权利，并可以就鉴定人做出的鉴定意见提出意见。笔者认为，有专门知识的人实际上可以理解为某一领域的专家。这样的专家实际上扮演了英美法系国家的专家证人的角色。他们既可以受聘从事司法鉴定（《刑事诉讼法》第一百四十四条），也可以由当事人向法院申请，出庭就鉴定人做出的鉴定意见提出意见。尽管法律并没有对有专门知识的人的诉讼地位、选任资格、权利义务等做出明确规定，但是可以明显感到立法者已经为在我国实行专家证人制度留下了法律空间，其寓意深远，意义非同一般。

2012年刑诉法和民诉法的颁布实施，对我国的司法鉴定制度带来的影响重大而深刻。作为法定证据形式之一的“鉴定结论”改成“鉴定意见”，表面上看只是字面上的简单改动，实际上却折射出我国证据理念的重大转变，为完善我国司法鉴定人出庭制度奠定了统一的概念基础；赋予民事诉讼案当事人司法鉴定启动权，司法鉴定启动模式由过去单纯由司法机关启动的单一模式转变为当事人和司法机关均可启动的混合模式，这样的转变使得司法鉴定人员的服务对象由过去的单纯为司法机关服务转变为为当事人和司法机关服务；法律明确了司法鉴定人出庭就其出具的鉴定意见参与质证的法定义务及其相应的法律责任，进一步完善了我国鉴定人出庭制度；在高阶位法律层面明确了有专门知识的人的出庭制度，为法务会计专业人士参与诉讼活动，为专家辅助人制度逐步向规范的专家证人制度转变奠定了基础性法律框架。

总之，法务会计能够进入我国并得到初步的发展绝不是偶然的，是20年来我国诉讼制度改革，充分借鉴学习英美法系国家诉讼制度的有益经验与先进理念，职权主义与当事人主义诉讼原则相互融合、相互借鉴的必然结果。

七、法务会计在中国未来发展的展望

当今之中国，已经进入了承前启后、继往开来的新时代。新时代中国必将走依法治国的道路，这是一条历经艰辛探索出来的道路，也是国家实现长治久安的必由之路。以助力法治中国建设为己任的法务会计，必将伴随新时代依法治国的伟大征程而获得新的生命力和更大的发展。

对于法务会计事业在未来十年间的发展，我们有理由做出如下展望：

第一，法治中国的建设必将给法务会计的创新发展提供更为有利的外部环境。三大诉讼法会进一步完善鉴定人的出庭制度和有专门知识的人的出庭制度①，越来越多的法务会计专业人士会以有专门知识的人的身份出具司法会计

① 我国现行刑诉法第一百九十二条对鉴定人出庭设置有两个前置条件：公诉人、当事人或者辩护人、诉讼代理人对鉴定意见有异议；人民法院认为鉴定人有必要出庭的。这一条款有望在业界专家的呼吁下得到修订，只要公诉人、当事人或者辩护人、诉讼代理人对鉴定意见有异议，鉴定人就应该无条件出庭。

鉴定意见，并出庭接受其他诉讼参与人对其出具的鉴定意见的质证；越来越多的会计专业人士会以有专门知识的人（或专家辅助人）的身份接受委托出庭质证庭审中作为证据的司法会计鉴定意见；越来越多的会计师事务所会拓展法务会计业务和司法会计鉴定业务，满足市场对会计服务的新需求；越来越多的注册会计师和各类会计专业人员会变身成为新时代法务会计专业人员，通过提供特有的法务会计的诉讼支持业务活动而获得更大的市场资源与发展空间。

第二，伴随着司法鉴定管理体制改革的进一步到位，作为“四大类”司法鉴定之外的司法会计鉴定机构和司法会计鉴定人，由于不再需要司法行政管理部门的准入登记，会迎来更大的市场空间和更为激烈的市场竞争，在优胜劣汰法则的作用下，司法会计鉴定业务会逐步集中到数量不多的有竞争力和实力的鉴定机构手中。长期困扰人们的司法会计鉴定意见质量低下的问题会得到大大改观，司法机关对经济案件审理的质量会大幅度提高。

第三，司法会计鉴定行业长期缺失技术规范与准则的局面会得到有效的改变。由于司法行政管理部门不再对司法会计鉴定行业实施所谓的准入登记制度，长期以来对司法会计鉴定行业实行的司法部与财政部双重管理将改为由财政部单方管理，“两个和尚抬水吃”的被动局面将得到有效改善。在财政部、中注协和中国会计学会有关领导的正确领导与关心下，在司法会计鉴定理论与实务界众多专家的积极参与下，相信中国的司法会计鉴定技术规范一定会出台，鉴定人在做司法会计鉴定时无章可循、“跟着感觉走”的局面一定会得到改变。

第四，以舞弊风险管理（fraud risk management）为核心内容的法务会计非诉讼业务会在中国深入人心并得到进一步发展。舞弊风险管理是指社会组织或者个人用以降低舞弊风险以及减轻舞弊的负面结果的一系列管理过程。舞弊风险管理主要研究舞弊的识别与侦测、舞弊风险的评估、舞弊的防范对策、反舞弊政策的制定、舞弊风险防控制度的设计与运行。其主要目标为预防舞弊、发现舞弊、应对舞弊，降低舞弊风险，减少舞弊带来的损失。舞弊风险管理被认为是我国各类公司企业“最需要得到改进”的领域。中国将会出现舞弊风险管理师职业队伍，并成为最受业界推崇的新职业之一。

第五，社会对具有会计与法律复合知识结构的法务会计专业人才的需求会进一步加大，以“法商融合”为特征的法务会计的学历教育和职业培训的市场规模会越来越大，将有越来越多的学生热衷于法务会计相关专业的学习，成长为新一代具有跨学科知识结构的法务会计专业人才。

第六，中国目前唯一的法务会计学术组织——中国法务会计研究会（筹）有望找到归属，正式成为中国会计学会下的“法务会计专业委员会”。相信在未来我国的法务会计学术研究会更上一层楼，涌现出更多更好的学术研究成果，为法务会计在中国的健康、稳健发展贡献力量。

总之，经济越发展，社会经济活动就越复杂，与之相伴而生的经济犯罪和形形色色的舞弊活动将难以杜绝，而以打击经济犯罪和反舞弊为己任的法务会计也将越来越重要。

新时期下健全《会计法》的三维审视①

中国政法大学商学院财务会计系　何　顶　杨世忠

【摘　要】《会计法》是会计规制的统领，被喻为完善市场经济的奠基石和社会公众利益的守护神。修订《会计法》应当结合会计实务、会计法制实践和会计理论研究，预先理顺完善《会计法》的逻辑框架。本文在回顾我国《会计法》颁布和修订历程的基础上，结合我国在新时期的经济政治特征，从价值观、利益关系和法际关系三个维度对我国现行《会计法》进行审视，并提出健全《会计法》的基本思路。

【关键词】会计法，价值观，利益关系，法际关系

一、引　言

《中华人民共和国会计法》（以下简称《会计法》）是我国经济领域的一部基础性法律，是国家干预（监督管理）会计工作的最高法律依据和构建会计规范体系的基础。

1985年《会计法》的颁布是我国会计法制建设一块重要的里程碑。此后，《会计法》一直发挥着完善市场经济、统领会计规制建设、守护公众利益的基础性作用。自颁布以来，我国《会计法》先后于1993年和1999年进行了两次较大修订。1999年修订后，我国社会经济环境不断变化，《会计法》难免出现一些不适应环境变化要求的情况。为此，2015年，国务院立法工作计划将《会计法》修订列入立法研究项目，2016年，财政部正式启动了《会计法》修订的研究工作，2017年《会计法》就会计从业资格证书问题做了小范围修订。2018年，财政部发布了《关于就〈中华人民共和国会计法〉修订重点问题征询社会意见的通知》，号召社会各界专业人士对《会计法》修订提出具体意见和建议。2019年10月，财政部起草了《中华人民共和国会计法修订草案（征求意见稿）》，向社会公开征求意见。

《会计法》具有上承宪法下辖其他会计法律规范（许家林、张华林，2005）

① 本文受中国政法大学青年教师资助项目（10819026）资助。

的重要地位，对《会计法》进行修订当慎之又慎。结合会计实务、会计法治实践和会计理论研究，构建好修订《会计法》的逻辑框架是提高修法效益和质量的前提。笔者认为，首先应明确《会计法》的价值准则，为修订《会计法》提供总体价值指引；其次回应改革需求，理顺亟待调整的利益关系；此外，还应厘清《会计法》与其他法律法规之间的纵向和横向关系，为法际协调打好基础。总而言之，应以会计价值观为导向，以理顺利益关系为经脉，以协调法际关系为路径，科学地修订《会计法》。

已有的研究侧重于讨论会计法律法规的总体建设，主要从产权理论（郭道扬，2004；龚翔、许家林，2008）、投资者保护理论（蔡宁等，2008）、政府治理（李连军，2007；杨丹等，2009）和法理层面（张华林，2009）等角度总结我国会计法律法规的总体建设经验，提出会计法律制度体系整体优化设计（曹越等，2014，2015）。近几年比较系统的分析论文如下：王昌锐等（2017）通过问卷调查来获取有关《会计法》修订的建议和意见；唐国平等（2018）依据会计科学理论、法学理论对《会计法》修订的重要问题进行了梳理。其他专门讨论《会计法》修订问题的文献，大多局限于对《会计法》的具体法条或《会计法》规范的某项具体会计活动进行讨论，缺乏对《会计法》修订逻辑的框架性分析。

本文在回顾我国《会计法》颁布和修订历程的基础上，结合新时代的经济政治特征，拟从会计价值观指导、利益关系调整和法际关系梳理三个维度，对我国现行《会计法》进行全面审视，提出健全《会计法》的基本思路。

二、我国《会计法》的形成和发展

（一）《会计法》的颁布

1978 年，党的十一届三中全会决定把全党工作重点转移到经济建设上来，并提出了健全社会主义民主和加强社会主义法制的任务。在此背景下，财政部于 1979 年恢复了作为全国会计工作最高主管机构的会计司（当时为会计制度司）。由于“业务性的部门规章”已经不能满足当时经济发展对会计工作的客观要求，财政部于 1981 年成立了《会计法》起草小组，着手制定《会计法》。经过几轮修改讨论，我国于 1985 年颁布了《会计法》，在构建会计法制体系方面迈出了关键性的一步（郭道扬，1999）。

1985 年颁布的《会计法》全文共六章 31 条，对我国会计的主要问题都予以了明确和说明，在法律层面明确了会计在经济发展过程中的重要地位，指明了会计工作未来的发展方向。1985 年的《会计法》主要遵循“国家利益观”，

第一条就将立法宗旨界定为“维护国家财政制度和财务制度、保护社会主义公共财产、加强经济管理、提高经济效益中的作用”，且将法律适用范围限于“国营企业事业单位、国家机关、社会团体、军队”等国有性质的企事业单位。此外，1985年的《会计法》提出了“统一领导、分级管理”的会计管理体制，对我国规范会计行为、统一会计信息标准、改革会计制度都产生了重要影响。

（二）1993年《会计法》第一次修订

1992年初，邓小平“南方谈话”和党的第十四次全国代表大会后，我国确立了建立社会主义市场经济体制的改革目标，开启了从计划经济转向市场经济的征程。在市场经济导向下，经济管理对会计工作提出了许多新的要求，因此我国于1993年对《会计法》进行了首次修订。此次修订总共修改了17处，幅度不大，但影响深远（高一斌，2005）。此次《会计法》修订主要有以下几个变化：

一是在立法目的（第一条）中增加了“维护社会主义市场经济秩序”，着重体现公共利益而非国家利益，不再强调“维护国家财政制度和财务制度、保护社会主义公共财产”。

二是将《会计法》的适用范围由原来的“国营企业事业单位、国家机关、社会团体、军队”扩大到“国家机关、社会团体、企业、事业单位、个体工商户和其他组织”，这意味着《会计法》所规范的主体扩大到了社会主义市场经济的各类单位。

三是将企业会计行为的责任主体，由会计人员扩大到了单位负责人，要求单位负责人对企业会计行为和会计信息的完整性、真实性负直接责任，在一定程度上减轻了会计人员的责任，加强了单位负责人的责任。

四是增加了“资本”的核算内容，明确企业的产权关系，以适应市场经济的发展需要。

（三）1999年《会计法》第二次修订

自党的十四大以后，我国开始全面建设社会主义市场经济，通过深化产权改革、发展资本市场。20世纪90年代末，我国所有制结构开始多元化，企业投融资活动逐渐活跃，会计信息因其决策相关性和治理属性引起了各利益主体和政府部门的重视。与此同时，多元利益主体的利益冲突之下，会计信息失真问题和会计造假丑闻层出不穷。在此背景下，国务院1998年立法工作安排中提出，为了防止和惩罚各种做假账的行为，维护经济秩序，要借鉴国外经验，明确规定会计记账基本规则，修订《会计法》。会计秩序混乱、会计信息严重失真是1999年《会计法》修订的主要原因（项怀诚，2001）。

1999年《会计法》的修改幅度很大，共7章52条，与修订前相比，修改了21条，增加了30条，删除或合并了8条，未作修改的仅1条。《会计法》的第二次修订，在观念、制度和理论上进行了一系列重要创新，许多方面实现了重大突破，对会计工作发展产生了积极而深远的影响。

一是在立法宗旨中增加了“规范会计行为，保证会计资料真实、完整”的表述，强调《会计法》保障会计信息质量的中心任务。

二是将企业会计行为的责任主体直接确定为单位负责人，明确规定“单位负责人对本单位的会计工作和会计资料的真实性、完整性负责”，要求单位负责人对企业会计信息的质量负责。

三是细化了企业会计核算的确认和计量方面的规定，强调会计核算过程中应该遵循谨慎性原则。

四是强调企业要建立健全本单位的内部监督机制，加强内部控制制度的建设。这一规定克服了原有法规存在的单位内部监督机制弱化、外部监督不健全的缺陷，保证了会计信息的质量，树立了会计信息在法律上的权威性（郭道扬，2005）。从此，我国单位内部会计监督、注册会计师监督以及政府部门监督的“三位一体的会计监督体系”基本形成。

五是对会计违法行为的法律责任等做出了新规定，修订后的《会计法》进一步细化了有关会计违法责任的法律条文，提高了违法追责的操作性和约束力。

六是首次对会计职业道德问题作出规定，要求“会计人员应当遵守职业道德”，充分体现了立法机关对会计人员特殊工作性质的深刻理解和准确把握，对会计队伍诚信建设的高度关注。

七是强调会计工作人员的执业资格和资质，要求从事会计工作的人员，必须取得会计从业资格证书。担任单位会计机构负责人（会计主管人员）的，除取得会计从业资格证书外，还应当具备会计师以上专业技术职务资格或者从事会计工作3年以上经历。

（四）2017年《会计法》第三次修订

此次修订距1999年修订已有18年。其间，我国于2001年加入了世界贸易组织，与世界经济全面接轨；经历了2008年因美国次贷引发的金融危机；2010年我国成为世界第二大经济体；2012年党的十八大召开，提出要让市场在资源配置中起决定性作用，通过深化经济体制改革，推进经济结构战略性调整，实现经济发展方式转变，建设生态文明；通过党和国家机构改革，建设国家治理体系和实现治理能力现代化。这一时期，会计准则体系及其相关制度不断建立与更新，会计作为经济和社会运行的基础性制度发挥了不可替代的作用。然而作为所有会计规制的根本大法，《会计法》却一直未变，直到2015年，国务院立法工作计划将《会计法》修订列入立法研究项目。2017年8月，财政部召开《会计法》修订工作领导小组第一次会议，全面部署《会计法》修订工作，《会计法》修订工作再次启动。

2017年11月，第十二届全国人民代表大会常务委员会第三十次会议修正了现有的《会计法》。但此次修订范围很小，主要内容是顺应政府“放管服”改革方向，删除关于从事会计工作人员必须取得会计从业资格证书等规定，强调了会计人员的专业能力和职业道德。2017年的修订只是本轮《会计法》修订的序幕。2018年，财政部发布了《关于就〈中华人民共和国会计法〉修订重点问题征询社会意见的通知》，号召社会各界专业人士结合会计审计实务、会计法制实践和会计理论研究，对《会计法》修订提出具体意见建议。2019年10月，财政部形成了《中华人民共和国会计法修订草案（征求意见稿）》，向社会公开征求意见。这意味着我国正在酝酿《会计法》新一轮修订。

三、会计价值观指导下的《会计法》修订思路

法律是价值观的体现（张文显，2018），法律保护什么，促进什么，以及制裁什么均离不开一定的价值观。《会计法》的建立与修订同样离不开会计价值观的指引。会计价值观是会计职业群体行为的规范之本，也是《会计法》之魂。

（一）会计价值观与《会计法》

会计价值观是会计从业者行为动机形成的基础。人们一念之差，结果天差地别，或是悔恨终身，或是受益不尽。究其根源，所谓“念”之差异，实质是不同价值观对行为者的影响。会计职业群体的价值观是在长期的社会实践中逐渐培育和养成并得到社会认同的是非判断标准和道德观念。它是会计职业群体赖以生存和发展的根本。根据相关文献统计，会计价值观要素包括诚实守信、实事求是、勤勉尽责、独立客观、公平公正、坚持原则、忠于职守等，亦称会计职业道德。其中的核心是诚信，即诚信观是会计的核心价值观。诚信的内在要求是“诚于实，至于信”，即唯有如实反映会计事项方可取信于人。朱镕基总理曾对会计人员题词“不做假账”，这触及了会计的实质——做真账才能取信，做假账必然失信。“不做假账”代表了社会公众对会计诚信价值观的认可与期待。1999年版的《会计法》之所以长期未改，除了各项法律条文对会计实践具有较好的适应性之外，其将会计人员诚信标准确认为提供会计资料是否“真实、完整”，不能不说是抓住了要害。

我国《会计法》的立法和历次修订都在一定程度上体现了会计价值观的要求，如限制性条款、奖励条款、保护条款、倡导性条款和处罚条款等。

如《会计法》在立法之初，就规定了与会计职业道德相关的奖励条款和保护条款。奖励条款明确“对认真执行本法，忠于职守，做出显著成绩的会计人员，给予精神的或者物质的奖励”。该条款在《会计法》中一直得以原文保留。此外，1985 年的《会计法》还设置了会计人员忠于职守、坚持原则的保护条款，规定“任何人不得对会计人员打击报复”，明确规定应对单位负责人对会计人员的打击报复依法追究行政责任和刑事责任，对受打击报复的会计人员，应当恢复其名誉和原有职务、级别。该保护条款在《会计法》的历次修订中都得以保留。1999 年，新修订的《会计法》首次明确提出“会计人员应当遵守职业道德”这一倡导性条款，确立了会计职业道德的法律地位，并延续至今。

此外，《会计法》通过规定处罚条款来明确会计人员应遵守的职业道德底线。《会计法》对会计人员的处罚形式，一是取消会计执业资格，二是追究法律责任。在取消会计执业资格方面，《会计法》在立法之初就对“玩忽职守，丧失原则，不宜担任会计工作的”会计人员规定，“主管单位应当责成所在单位予以撤职或者免职”。1999 年修订进一步明确了玩忽职守和丧失原则的具体行为，将范围限定为被依法追究刑事责任的“提供虚假财务会计报告，做假账，隐匿或者故意销毁会计凭证、会计账簿、财务会计报告，贪污，挪用公款，职务侵占等与会计职务有关的违法行为”。1999 年的《会计法》要求会计人员须取得会计从业资格证，惩罚后果也改为“不得取得或者重新取得会计从业资格证书”。2017 年修订取消了会计从业资格证书要求，该条款惩罚后果改为“不得再从事会计工作”。

对会计人员突破职业底线的违法行为追究法律责任方面，《会计法》立法之初就明确应对会计人员的三类行为追究行政责任和刑事责任：①伪造、变造和故意毁灭会计资料；②受理明知不真实、不合法的原始凭证；③办理明知违反国家统一的财政制度、财务制度规定的收支。在后续的历次修订中，《会计法》不断增加和细化应追究会计人员法律责任的违法行为。尤其是 1999 年《会计法》修订，在伪造、变造会计资料和隐匿、故意销毁会计资料两类违法行为之外，还补充了“不依法设置会计账簿”、“私设会计账簿”和“未按照规定填制、取得原始凭证或者填制、取得的原始凭证不符合规定的”等 10 项违反会计核算和会计监督规定的会计行为。若会计人员负有直接责任，可在吊销会计从业资格之外处以罚款，构成犯罪的可依法追究刑事责任，属于国家工作人员的依法进行行政处分。

（二）基于价值观视角的《会计法》修订思路

作为会计工作的主体，会计人员的职业道德水准会直接影响会计信息的质量，进而影响国家、投资者、债权人及社会公众的利益（冯卫东、郑海英，2003）。《会计法》作为会计职业群体的规范之本，修订时需要考虑会计职业道德入法的问题。会计职业道德入法有助于会计职业道德的认知和践行，可以为会计职业道德建设提供法律保障。但与此同时，会计职业道德入法要讲究立法原则、立法技术和立法策略。

1. 应围绕“诚信”这一会计职业价值观核心修订《会计法》

会计的逻辑就是诚信的逻辑，诚信应当成为我国会计职业群体核心价值观（杨世忠，2017）。会计信息是商业语言，会计正是为取信于各利益相关者而存在和发展，所遵循的内在逻辑就是“诚信”。“诚信”二字包含了“不做假账”的社会期许和行业自律的道德底线。为突出“诚信”要求，一是可以在《会计法》中通过倡导性条款直接提出“诚信”要求；二是将“诚信”要素融进具体的工作方法与流程表述之中。尤其是在列举各种违规现象的表述里，增加对违反“诚信”职业道德行为的处罚，同时也增加对模范遵循“诚信”职业道德的奖励。

2. 修订《会计法》，应为构建会计职业道德监督机制提供法律基础

《会计法》自立法以来，除了对突破职业道德底线的行为进行法律规制外，一直未建立起会计职业道德的监督体系。2017 年《会计法》修订规定，财政部门对各单位实施监督时，要监督会计人员是否具备专业能力、遵守职业道德，第一次就会计职业道德的监督机制进行了规制。但是 2019 年《会计法修订草案（征求意见稿）》却取消了该条规定。对此本文建议在《会计法》的正式修订中，分别从财政部、会计主体和行业自律协会三个层次明确会计职业道德监督管理职责，为我国构建会计职业道德监督管理体系提供法律依据。

3. 会计职业道德入法要把握好道德与法律的界限

富勒在《法律的道德性》中将道德划分为愿望的道德和义务的道德：愿望的道德是以人类所能达到的最高境界作为出发点，义务的道德则是最低出发点。法学家们一般赞成将义务的道德上升为法律义务，但往往反对在法律中对行为人提出难以达到的美德义务，因为一旦法律泛道德化，其可执行性与权威性则大打折扣。因此，《会计法》修订须处理好会计职业道德入法的尺度问题，主要通过奖励条款和倡导性条款来鼓励和奖励会计人员遵循职业道德，通过设置保护条款来降低会计人员遵循职业道德的成本，只对违背职业道德底线（即富勒

所言的“义务的道德”）设置处罚条款。

四、利益关系调整视角下的《会计法》修订思路

法律的本质是调节社会各方利益关系、维护社会运行的秩序。因此，法律的立、改、废、释要与社会利益关系的发展变化相适应。具体到《会计法》，就要面对会计活动和会计信息的内外部利益相关者的利益诉求，通过合理的决策规则与程序，调和不同利益，在公平公正的前提下，服务于国家经济社会建设。

（一）《会计法》和利益关系调整

《会计法》需要考虑两大类利益相关者群体：一类是会计信息的使用者，即单位管理层、权益投资者人、债权人、税务机关、国家经济管理机关等；另一类是会计信息的生产者，包括单位管理者、会计人员、注册会计师、政府监管部门等①。回顾《会计法》的颁布和三次修订，均体现了我国不同经济社会发展时期会计信息使用者之间、会计信息生产者之间以及会计信息使用者与会计信息生产者之间利益关系的变化。

20 世纪 80 年代，我国经济改革主要围绕国家与企业的利润分配关系展开，让企业在服从国家计划和管理的前提下逐步扩大经营自主权。当时主要的会计信息使用者是政府管理部门，看重的是会计工作的核算职能和监督职能（杨纪婉，1985），《会计法》应运而生，但适用范围仅限于国有性质的企事业单位，立法宗旨上明确“会计工作要为宏观经济管理服务”，并提出“各单位的会计机构、会计人员对本单位实行会计监督”。

随着我国经济的发展，非国有经济如城乡集体企业、私营企业、外资企业和私营的事业组织得到了很大发展。一方面非国有经济合法权益的保护诉求日益凸显，另一方面国家经济管理部门对私营经济进行引导、监督和管理的需求也逐渐增加。相应地，1993 年《会计法》修订将适用范围扩大到了包括非国有经济在内的“社会主义市场经济的各类单位”，且不再强调“维护国家财政制度和财务制度、保护社会主义公共财产”，而提出“维护社会主义市场经济秩序”。

20 世纪 90 年代末，随着国有企业股份制改造推进，政府的公共管理职能与国有资产所有者职能相分离，随之而来的是国有出资人的权益保护诉求，要

① 从狭义来说，会计信息的生产者单指会计人员；但从广义来说，单位管理层、注册会计师、政府监管部门均可影响最终会计产品的质量，因此，本文认为，他们也属于会计信息的生产者范畴。这也与吴联生（2001）和杨世忠（2007）的基本思想一致。

求会计信息既能保护独立法人财产权，又能体现国有出资人的产权主体身份（蔡宁等，2008）；同时，我国证券市场开始发展，20 世纪 90 年代中后期，爆发了“琼民源”等系列财务舞弊案件，中小投资者的利益保护问题凸显。这些利益诉求都和会计信息质量紧密相关。只有向利益相关者或会计信息使用者提供具备了一定质量特征的会计信息，如真实、及时、完整、合规等，才能使利益相关者或会计信息使用者的知情权和话语权得以实现（杨世忠，2007）。1999 年，《会计法》修订正是以提高会计信息质量为出发点，从立法宗旨、会计核算、会计责任主体、内部监督机制和违法责任等方面进行修改完善，以保障会计信息的真实完整。

（二）基于调整利益关系视角的《会计法》修订思路

当前，我国会计活动和会计信息中有待进一步调整的利益关系，一是外部信息使用者和内部信息生产者之间有关会计信息质量的利益冲突；二是新时代新经济下出现新的会计需求亟待纳入《会计法》规范范围。

1. 修订《会计法》以调节外部信息使用者和内部信息生产者之间有关会计信息质量的利益冲突

当前我国证券市场蓬勃发展，但会计信息的真实性仍然是困扰投资者和监管者的主要问题。2019 年以来，上市公司财报频频爆雷，康美药业、康德新和奥瑞德等上市公司财务造假事件更是引人侧目，广大中小投资者因此损失惨重。对于中小投资者等外部会计信息使用者，影响会计信息质量的大股东和内部管理者等内部会计信息生产者，以及注册会计师等外部会计信息质量检验者，这三者之间的利益冲突亟待法律规制和引导。

（1）建议在《会计法》中引入会计民事法律责任。《会计法》目前只对会计违法当事人的行政责任和刑事责任认定与处罚做出规定，未对当事人由于会计违法行为造成的民事侵权责任做出规定。这是现行《会计法》在法理上的缺陷，也是《会计法》自实施以来未能有效抑制与打击会计违法活动的重要原因之一。建议修订《会计法》，应在强化对会计违法者的行政责任与刑事责任追究的基础上，明确会计民事侵权责任的认定标准和法律责任，构建一个明确责任主体及对象，结合因果关系密切程度确定赔偿数额的会计民事法律责任体系。

（2）建议加重对会计违法行为的处罚力度。《会计法》目前对会计违法行为处罚力度较轻，这也是《会计法》颁布实施 30 年，会计造假屡禁不止的主要原因之一。比如现行《会计法》第四十二条对 10 种会计违法行为的处罚规定是“对单位并处三千元以上五万元以下的罚款；对其直接负责的主管人员和其他直接责任人员，可以处二千元以上二万元以下的罚款；属于国家工作人员的，还应当由其所在单位或者有关单位依法给予行政处分”。一方面，下限二千元和上限五万元之间有25倍的自由裁量空间，具体实施时难以操作；另一方面，就目前的物价水平，对一个单位处罚二千元，哪怕是最高五万元远远不够，与美国、英国对会计违法行为行政罚款高达到百万美元、千万英镑相比更是微不足道。如此轻描淡写的处罚力度，致使造假者在侥幸心理和利益驱使下无所顾忌，知法犯法。建议修订《会计法》，在解决会计违法的民事赔偿机制问题的同时，加大对会计违法行为的行政处罚力度，增加会计违法成本，以有效震慑会计违法行为。

（3）建议《会计法》进一步明确各层级会计责任主体的法律责任。现行《会计法》中规定的会计责任主体包括会计人员、会计机构负责人、单位负责人和单位等。在单位负责人层面，现行《会计法》在第四条、二十一条规定了单位负责人对会计资料的真实性和完整性负责，但并未将单位负责人明确列为责任承担主体。在现行《会计法》第六章中“会计责任”部分的第四十二到四十四条，有关会计法律责任主体的表述为“直接负责的主管人员和其他直接责任人员”。建议在《会计法》“法律责任”部分将“单位负责人”这一表述单列，明确其会计法律责任主体的身份。此外，应进一步将法律责任分出领导责任、主管责任和直接责任三个层次，分别对应单位负责人、财务负责人和一般会计人员。

2. 将新时代新经济下出现的新的会计需求纳入《会计法》调整范畴

自党的十八大以来，我国提出要转变经济发展方式，实现经济持续健康发展。在企业微观个体方面，要实现高质量健康发展，一方面依赖于会计信息对内的管理支持功能和监督功能，另一方面对企业社会责任信息和环保信息披露也提出了要求。在政府部门层面，提出要构建国家治理体系和实现治理能力现代化，对政府事业单位的预算和会计核算活动提出了新的要求；在社会层面，我国着力建立生态文明，寻求环境和经济的协同发展，有关政府资产负债表的设计和使用已进入议程。因此，当前的会计工作不只停留在核算和监督层面，已更多地向管理会计、法务会计、政府会计等领域拓展。此外，会计不能仅仅局限于为会计主体核算资本投入产生的相关利益，还应关注生态文明，反映社会责任的履行，形成一个既包括财务会计又包括管理会计、法务会计，既包括微观又包括宏观的“大会计”的概念。这些新时代新经济下出现的新的会计需求应纳入《会计法》调整范畴，具体可包括：

（1）在现有《会计法》适用范围中增加各级政府。如上文所述，我国计划未来推出政府资产负债表，从区域主管角度向人民代表大会提交资产资源报告，形成国家治理新格局。政府资产负债表将不同于国家机关自身的会计报告，不再局限于国家机关所有的财产和负债，而着眼于中央政府和各级地方政府所能动用的经济资源、环境资源、偿债能力以及应对金融危机的能力等。此时，其会计主体不是国家机关，而应是各级政府。

（2）在《会计法》中拓展财务会计报告的内涵，使其包含更多元化的会计工作成果。为满足利益相关者的需求，会计工作形成的成果性资料不再局限于财务会计报表及附注等反映会计主体财务状况、经营成果和现金流量的财务会计报告，还涵盖了内部控制报告、行政事业单位财务报告、决算报告、环境成本报告、社会责任报告、综合报告等内容。现行《会计法》第二十条规定“财务会计报告由会计报表、会计报表附注和财务情况说明书组成”。为了体现“大会计”思想，更广泛地包含会计工作成果，应当增加对各类非财务会计报告的会计工作成果的表述条款。

五、法际关系梳理视角下的《会计法》修订思路

对《会计法》进行修订时，要将《会计法》置于整个法律制度框架体系中考虑，保持《会计法》与上位法和下位法之间的一致性与统一性。只有这样，才能建构出符合中国国情的、有效的会计法律制度体系。

（一）《会计法》的法际关系

在市场经济环境下，一国范围内的产权会计法律制度体系，尽管在不同法系下各有特点，但也形成了广受认同的基本模式（郭道扬，2002A，2002B，2013），即由五个基本层次构建的法律制度体系：①本国宪法中确立的“权利法案”构筑了对所有者权益的根本性保障；②以“权利法案”为依据所建立的民法与商法，通过民商法理在原则上对所有者权益的确认与保护；③依据上述法理的根本精神所建立的各类经济法；④在以上三个层次法律规范统驭之下，相应建立的各专业法律，如《会计法》《审计法》等；⑤全面体现上述法律精神所建立的统一会计、审计制度，包括会计、审计准则与各行业会计制度。

具体到我国，对应的法律体系分为五个层次（郭道扬，2004；曹越等，2014）。第一层次是我国的“社会主义权利法案”《中华人民共和国宪法》；第二层次是在宪法原则与根本精神指导下确立和形成的民商法和经济法，包括《物权法》《公司法》《破产法》《证券法》等；第三层次是会计专门法律，包括《会计法》《注册会计师法》《审计法》等；第四个层次是会计、审计专门法律细化形成的会计行政法规，包括《企业财务报告条例》和《审计

法实施条例》等；第五个层次是会计部门规章，包括会计准则体系和审计准则体系。

（二）基于法际关系梳理视角的《会计法》修订思路

《会计法》修订应注意保持法律法规之间纵向和横向关系的协调一致。

1. 协调衔接好《会计法》与《公司法》《证券法》《税收征收管理法》等其他法之间的关系，系统性解决同类法系之间的竞合性问题

会计法律制度体系除了包括专门会计立法中的会计法律制度外，还包括广泛分布在《公司法》、《证券法》、财税法、金融法以及其他市场主体法中有关财务会计和会计信息披露的相关规定。因此，《会计法》在修订时，要注意《会计法》与同类法系之间的竞合性问题。法条的竞合性是指“一个行为同时符合数个法条规定的违法构成，但从数个法条之间的逻辑关系来看，只能适用其中的一个法条，自然排除适用其他法条的情况”。

《会计法》第四十二条、四十三条和《公司法》第二百零一条、二百零二条对同一类违法行为的行政处罚存在显著差别就体现了竞合性的问题。《会计法》第四十二条对“不依法设置会计账簿的”和“私设会计账簿”的违法行为的处罚规定是“由县级以上人民政府财政部门责令限期改正，可以对单位并处三千元以上五万元以下的罚款”。而《公司法》第二百零一条中对公司在法定的会计账簿以外另立会计账簿的处罚是“由县级以上人民政府财政部门责令改正，处以五万元以上五十万元以下的罚款”。两部法律对同一种违法行为的罚款金额上限差异高达10倍。《会计法》第四十三条中对伪造、变造会计凭证、会计账簿，编制虚假财务会计报告的违法行为的行政处罚是“由县级以上人民政府财政部门予以通报，对单位并处五千元以上十万元以下的罚款”。而《公司法》第二百零二条对“公司在依法向有关主管部门提供的财务会计报告等材料上作虚假记载或者隐瞒重要事实的，由有关主管部门对直接负责的主管人员和其他直接责任人员处以三万元以上三十万元以下的罚款”。两部法律罚款的下限差额为6倍，上限的差额为3倍。

此次《会计法》修订，应该协调好《会计法》与其他相关法律之间的关系，明确《会计法》在经济活动领域中的基础性地位，从机制和内容上实现与《公司法》《证券法》《税收征收管理法》等其他各相关法律之间的协调和衔接，系统性解决同类法律体系之间的竞合性问题。

2. 协调衔接好《会计法》与现行会计行政法规、部门规章之间的关系，优化我国会计规范体系结构

到目前为止，我国已经建立了结构较为完整的会计规范体系。在这个体系

中，处于最高层次的是会计法律，即《会计法》；其次是国务院颁布的行政法规，如《企业财务会计报告条例》；再次是部门规章，如《企业会计准则》体系、《小企业会计准则》体系、《事业单位会计准则》体系和《政府会计准则——基本准则》体系；第四是地方政府颁布的区域性会计管理制度；最后是基层单位的内部会计管理制度。

《会计法》由全国人大审议通过并颁布，属于法律层面的规范，是统领我国会计规范体系的“基本法”。同时，《会计法》也是制定其他各种会计规范的法律依据，是所有会计规范的上位法。此次《会计法》修订，应通过顶层设计，优化我国会计法规体系结构，进一步强化《会计法》作为我国会计法规体系中上位法的地位。具体而言，要摆正《会计法》与其他会计法律法规的关系，全面剔除现行《会计法》中有关具体操作层面的规定和教条式、口号式的文字表述，将主要篇幅用来解决《会计法》各相关主体的权利义务、法律责任以及与其他相关法律衔接等关键问题。比如《会计法》第十五条要求会计账簿必须按照连续页码登记，不能有隔页、缺页，还规定了会计凭证如何修改等。这些基于纸质材料形成的具体会计业务处理和操作方法已不能涵盖现有信息技术的操作，应从《会计法》中删除，而选择放在会计准则、会计制度和会计基础工作规范等法规文件中进行具体规范。《会计法》一般只提操作质量要求，如在不同环节提出构成真实性要素的要求。

此外，《会计法》修订应明确我国“统一的会计制度”的具体体系构成。现行《会计法》第八条规定“国家实行统一的会计制度”，在附则中解释“国家统一的会计制度，是指国务院财政部门根据本法制定的关于会计核算、会计监督、会计机构和会计人员以及会计工作管理的制度”。这个解释比较含糊，容易造成歧义。建议在《会计法》中明确我国统一的会计制度包括《企业会计准则》体系、《小企业会计准则》体系、《事业单位会计准则》体系和《政府会计准则——基本准则》体系等。这既可体现出我国会计标准建设成果，也势必会使会计准则获得更高层级法律的认可，有利于提高其整体执行效果。

参考文献

［1］蔡宁，魏明海，路晓燕．投资者保护变迁与会计改革的共生互动性［J］．会计研究，2008（3）：19－26，95.

［2］曹越，伍中信，张肖飞，等．两大法系会计法律制度：架构、特征与适应性效率［J］．会计研究，2014（10）：13－19，96.

[3] 曹越，伍中信，张肖飞．会计法律制度体系优化研究［J］．会计研究，2015（12）：17－23，96.

[4] 冯卫东，郑海英．论会计职业道德建设的实施机制与制度创新［J］．会计研究，2003（9）：43－45

[5] 龚翔，许家林．会计法规变迁与产权保护机制演进［J］．会计研究，2008（10）：9－17，96.

[6] 郭道扬．论两大法系的会计法律制度体系［J］．会计研究，2002（8）：3－9，65.

[7] 郭道扬．论两大法系的会计法律制度体系（续）［J］．会计研究，2002（9）：7－18

[8] 郭道扬．论产权会计观与产权会计变革［J］．会计研究，2004（2）：8－17.

[9] 郭道扬．会计制度全球性变革研究［J］．中国社会科学，2013（6）：72－90，205－206.

[10] 高一斌．我国《会计法》的制定与发展［J］．会计研究，2005（8）：3－14，95.

[11] 李连军．会计制度变迁与政府治理结构［J］．会计研究，2007（6）：33－40，95.

[12] 唐国平，吴德军，黎江虹，等．论《会计法》修订的理论依据与现实选择［J］．会计研究，2018（8）：3－11.

[13] 吴联生．企业会计信息违法性失真的责任合约安排［J］．经济研究，2001（2）：77－85，94.

[14] 项怀诚．深入贯彻《会计法》为发展社会主义市场经济服务［J］．会计研究，2001（7）：3－6.

[15] 许家林，张华林．试论我国会计环境变迁与《会计法》的完善：兼评《会计法》几个基本问题［J］．中国工会财会，2005（8）：7－9.

[16] 杨丹，陈旭东，逯东，等．中国会计改革30年：经济和会计互动的中国路径［J］．会计研究，2009（1）：43－47，96.

[17] 杨纪琬．充分发挥会计的核算和监督职能：学习《会计法》的一点体会［J］．财务与会计，1985（3）：3－4.

[18] 杨世忠．企业会计信息供需博弈关系分析［J］．会计研究，2007（4）：34－40

[19] 杨世忠．诚信的价值：兼论会计职业群体的核心价值观［J］．会计

之友，2017（1）：2－6.

［20］张华林．刍论会计法制建设的法理基础［J］．财会月刊，2009（30）：28－29.

［21］张文显．法理学［M］.5版．北京：高等教育出版社，2018.

法务会计的学科建设与职业化发展的研究

西南财经大学会计学院　黎仁华
审计署驻重庆特派员办事处行政事业与资源环保审计处　张　明

【摘　要】 法务会计的职业化是中国法务会计发展的职业趋势，其学科建设是推动法务会计职业化的专业基础。本文通过分析法务会计的国际理论研究与职业发展影响的基础上，全面梳理了我国法务会计专业方向（学科）建设模式，及其在政法类大学、财经类大学、工程类大学的本科专业设置情况和课程构成情况，分析了以会计鉴定职业化的发展思路，推动我国法务会计职业化的发展对策。

【关键词】 法务会计，学科建设，会计鉴定，职业化发展

法务会计在我国引进与研究已经有20年的历史了，随着法务会计职业发展的不断推进，法务会计的学科建设与职业化发展等专业问题为了法务会计研究领域的重要内容。根据国外现有的法务会计研究资料进行分析，对法务会计的职业定位与学科建设的研究，主要偏重于对法务会计业务操作方面的思考，比如会计舞弊调查、会计事件的证据收集及其在庭审上的诉讼支持等。国际上法务会计的职业发展，引导了法务会计在我国的市场化延伸，推动了我国法务会计职业化发展，并由此带动了法务会计专业实质性地进入中国高等教育的国民教育专业系统与学科建设的理论研究中，因此，研究法务会计的学科建设与职业化发展，对于全面推广法务会计具有重要的意义。

一、法务会计理论影响与国外职业化发展的分析

首先，法务会计的影响因子特别是理论影响在逐步攀升，职业市场化研究从发达国家为主导，研究视野逐步转向发展中国家甚至是贫穷国家，反映了法务会计的国际认知及其职业影响正在不断扩大。从全球范围内来看，法务会计在经济交易活动中的作用日益受到重视，认知度与职业影响在稳步持续提高，各国的学者不仅研究法务会计的理论内涵，还关注法务会计应用与普及。比如：Emmanuel Charrier & Jérôme Pélisse（2012）探讨了法国的法务（会计）专家在会计、金融和商业领域的鉴证和作用；2013 年的《国际财务与会计期刊》

(International Journal of Finance and Accounting) 刊登了乌干达学者 Jones Orumwense 的研究成果，该文全面探讨了司法会计在鉴定和防止舞弊发生方面的有效性，并以尼日利亚为例，探讨了发展中国家的司法会计师面对阻碍他们专业胜任能力进步的案件，可以在何种程度上完成调查案件，如何提升证据认定效率；Abd lkadir Pehlovan & Adem Dursun（2012）通过对土耳其法务会计教育所进行的问卷调查，发现土耳其并不存在一个完善的法务会计学科基础结构，在相关学科领域的建设中，很少涉及法务会计的课程内容；Ivam Ricardo Peleias & Martinho Maurício Gomes de Ornelas（2011）阐述了巴西圣保罗市的会计硕士课程中的法务会计教育情况，反映并揭示了巴西立法过程所反映出来的法务会计教育的历史进程。巴西立法制度的改革推动了法务会计的诞生，这与北美法务会计由于社会和市场的需求推动而产生完全不一致；Kosmas Njanike，Thulani Dube & Edwin Mashayanye（2010）关注了法务会计在发现、调查和阻止银行舞弊方面的有效性，以来自津巴布韦的13家商业银行、4个建筑协会和4家会计师事务所的30名法务会计师为样本，调查发现，法务会计部门面临众多挑战，如缺少物质资源、技术条件，管理层的干预以及专业行为的不可辨认性等。其论文还鉴定了银行舞弊的典型案例及其基本分类形式，分析得出法务会计师必须从物资设备和技术水平方面提高自己的职业能力。不仅仅是上述这些方面的变化，更多的国外研究学者关注着法务会计一些新兴的职业领域，以及法务会计在发展中国家的应用与推广。

其次，国外对法务会计职业市场的关注，使得全球范围内对法务会计的研究从理论方法、职业内容逐步转为法务会计职业市场领域与职业技术方法的应用分析。从法务会计职业研究内容的变化趋势分析，早期关注的焦点为其理论内涵、职业重要性、职业内容等，现在则更加关注法务会计在法庭诉讼中发挥的证据支持作用，以及对具体实务领域应用技术方法上的探讨。这已拓展到离婚诉讼案件、足球舞弊案件，以及医疗医护保障系统、金融商业保险领域等。对于法务会计师所能应用的技术方法，则从传统的查阅资料发展到利用计算机等信息技术以及红旗标识法和相关数理统计分析方法进行证据搜集、舞弊行为调查。比如：Bruce R. Neumann，Maggie Crowdes & David Neumann（2014）探讨了法务会计师如何对长期医护系统进行审查，从而判断每天所统计的护工工作时长数据及病人数量是否准确。Stan Clark，Charles Jordan & Mike Dugan（2011）利用数据分析方法来检测公允价值计量属性下的关键数据分布是否符合“奔福德定律”的预期值，从而判定在公允价值计量模式下，可能存在着重大的数据操纵，由此对公允价值列报的可靠性提出了质疑。Adrian C. van Wyk & Johan Vorster

(2012) 探讨了信息技术对公司内控制度的影响，以及计算机技术的正面利用可以作为调查计算机犯罪与收集合法证据的有效手段；而在南非共和国，检查计算机犯罪的合法性与法律法令的要求以及国际法的条款规定相关，相关论文同时提出了制定有关信息技术法律的建议。Avi Rushinek & Sara Rushinek (2013) 研究了一种控制集体诉讼中性别歧视的方法，他们以会计信息系统中员工晋升的法律诉讼案件为例，通过统计数据研究后发现：在高校，会计信息系统的员工晋升主要依靠发表文章的数量，而与性别没有显著关系，样本数据结果显示更偏向于女性；该文章还提到，红旗标志法[①]可以用于调查反映晋升决策的不公平性。

最后，国外法务会计的职业市场研究显示，法务会计的业务推动及其发展趋势呈现出几个方面的特征：①以国际“四大”为代表的大型会计师事务所，均普遍设置了独立的法务会计业务部门。法务会计的业务内容已从传统的诉讼调查收集证据等，拓展到诉讼支持、会计鉴定等经济业务相关领域专家证人[②]服务。②国际上越来越多的经营机构，特别是大型企业、非银行金融机构及其政府管理部门，设立单独的法务（会计）部门，成为指导（引导）法务会计职业发展的专业机构。③国外法务会计的学历教育与职业教育日益受到重视，学科方向建设与课程内容体系建设得到了广泛的关注，并不断发展。以美国为例，目前至少有30多所大学或学院开设了与法务会计相关的课程，其中包括会计、法律、审计、犯罪与社会、计算机信息、网络、逻辑学、电子商务、侦察技术等独立或相互交叉的课程。④法务会计的操作技术与现代信息技术的发展同步并进。随着高科技的发展，法务会计的调查技术也从传统的手工收集资料发展到利用计算机技术反舞弊等，这使得法务会计能充分收集证据，形成可靠、客观、独立的证据支持。

二、法务会计学科建设的发展情况

（一）早期设立法务会计专业的学校及其课程设计

河北职业技术学院在2001年设置了普通高职专科法务会计专业，可以说是国内最先开设法务会计专业（方向）的，但2004年，在河北职业技术学院并入廊坊师范学院后，没有继续开设法务会计专业方向及其课程。南京审计学院

---

① 红旗标志法，也称舞弊风险因素法，是寻找和分析舞弊信号的一种重要方法。这种方法以一整套文字表达的方式，指出在该条件下舞弊发生概率会比较高，而标志是在总结以往舞弊的基础上得出的。

② 国外的专家证人在我国人民法院的庭审活动中被称为“专家辅助人”，我国专家辅助人的基本功能与国际上的专家证人是类似的。

（现南京审计大学）在法学院法学专业设置了法务会计专业本科（方向），应该是我国最早实质性开设法务会计本科专业的学校之一；其课程由三大板块构成，包括法学类课程、法务会计类课程与会计（审计）类课程①。湖南财政经济学院设置了法律事务（法务会计）专业本科，开设的主要课程有经济类、法学类、管理类与法务会计相关课程②。江西财经大学法学院在法学专业中开设有法务会计本科专业（方向），主要课程包括三个大类③：即法学专业课程、会计基础课程、法务会计特色课程。淮南师范学院在会计学专业下设公司会计和法务会计方向，其课程包括：高等数学、财务会计、审计学、会计电算化、会计模拟实验、资产评估学、预算会计、基建审计、财务分析，早期课程设置没有从名称上反映出“法务会计”的内容。云南财经大学会计学院会计学专业设置了法务会计专业，核心课程主要有中级财务会计（CPA）、中级财务管理（CPA）、审计学（CPA）、管理会计、会计信息系统、司法会计概论、司法会计检查、司法会计鉴定、证据法学等，司法会计课程特征体现得更为明显。渤海大学曾经在会计学院设有法务会计系，招收法务会计本科生与研究生，其法务会计研究生专业方向包括：法务会计技术方法的研究、法务会计理论体系的研究、国际法务会计的研究、法务会计对诉讼的支持等。后来由于内部院系调整，会计学院并入管理学院，之后就没有继续设置法务会计方向。

2004年我国国务院学位办推出了会计学科的专业硕士学位MPAcc项目，复旦大学在开设的MPAcc专业学位中专门设立了“舞弊审计与法务会计”研究方向，这也是我国高等学校在研究生教育等高学历国民教育层次中正式设置法务会计人才培养的开端。随后，2005年中国政法大学民商经济法学院举办了法务会计专业的在职高级进修班。另外，一些商业机构积极筹划并引进

---

① 南京审计学院（现南京审计大学）当时的本科主干课程包括；会计学基础、财务会计（中级和高级）、会计信息系统、财务管理、审计（CPA）、法务会计学、舞弊审计、经济犯罪调查、法务会计鉴定、法务会计证据学基础理论、法理学、宪法学、行政法与行政诉讼法学、刑法学、刑事诉讼法学、民法学、民事诉讼法学、商法学、知识产权法学、经济法学、劳动与社会保障法学等。

② 湖南财政经济学院曾经的法律事务（法务会计）专业设置的课程主要有：会计学、审计学、财务管理、企业战略与风险管理、法理学、民法与民事诉讼法、行政法与行政诉讼法、经济法、法务会计、企业财务风险评价与控制、会计假账法律治理、司法会计调查与鉴定、税法与税收风险防范等。

③ 江西财经大学的法务会计专业主要课程包括三个大类：①法学专业课程：法理学、宪法学、民法学、刑法学、经济法、民事诉讼法学、刑事诉讼法学、行政法与行政诉讼法学、商法学、合同法、企业与公司法、知识产权法、国际经济法、国际法、劳动法与社会保障法等法学类核心基础课程，对学生进行厚实的基础理论、基本知识和基本方法教育，培养学生的整体法律修养。②会计基础课程：会计学原理、财务管理、中级财务会计、高级财务会计、成本管理会计、审计学、公司财务学、财务报表分析、会计信息系统等会计专业基础课程。③法务会计特色课程：法务会计、经济犯罪侦查、舞弊审计等特色课程。同时开设法律文书、速录技能训练、司法考试培训、会计电算化等实践性课程。

美国注册法务会计协会资格认证的课程内容与模式，2006 年 9 月我国首期国际注册法务会计师培训班在北京举办，进行“国际注册法务会计师”培训与资格认证的学习。这次培训的人数不多，资格认证方式与课程体系设置也不算完备，但是我国首次开展的以“法务会计”命名的职业教育培训项目，开了我国法务会计专业培训的先河，推动了中国法务会计的职业教育发展。就目前的整体情况而言，我国法务会计教育起步晚，起点低，规模小，教育水平仍落后于先进国家。

（二）高校开设法务会计专业（学科）方向的情况与课程设置特征

为了梳理目前我国高等学校中开设法务会计（专科、本科）专业课程的情况及其课程设置特征，我们通过相关学校的官网等渠道，收集了部分学校法务会计专业方向及其开设的相关课程，并分别按照政法类、财经类、工科类院校对代表性高校进行了分类汇总，见表 1。

表 1　我国高校法务会计专业开设情况

1. 政法类大学				
代表学校	学科层次	设置学院	研究机构	主干课程
中国政法大学	会计学法务会计专业方向（本科）、专业学位研究生与高级研修班	商学院、民商经济法学院	法务会计研究中心	法务会计、经济法、合规与风险管控等
华东政法大学	会计学（司法会计方向）本科	商学院	司法会计鉴定中心	司法会计、司法会计检查、司法会计鉴定等课程
甘肃政法大学	（会计学）科学硕士设法务会计与审计研究；（会计硕士）专业硕士设法务会计与审计方向	经济管理学院		专业方向课：会计理论与研究方法，高级财务会计研究，高级财务管理研究，法务会计与审计研究
2. 财经类大学				
代表学校	学科层次	设置学院	研究机构	主干课程
南京审计大学	法务会计学科	法学院	法务会计研究中心	法务会计、税收会计、经济法、合规与风险管控
江西财经大学	本科：法学专业有法务会计方向	法学院	校外实验教育基地等	法务会计、经济犯罪侦查、法务审计、舞弊审计等

续表

代表学校	学科层次	设置学院	研究机构	主干课程
云南财经大学	本科生招生中有会计学专业（法务会计方向）	会计学院		专业方向课：高级财务会计、审计案例分析、司法会计概论、司法会计检查、司法会计鉴定、证据学等
湖南财政经济学院	法律事务（法务会计）本科（已关闭）	公共管理学院（法学系）	法务会计研究所、法务会计研究基地	曾经设置会计假账法律治理、司法会计调查与鉴定、税法与税收风险防范等
3. 工科类大学				
代表学校	学科层次	设置学院	研究机构	主干课程
沈阳建筑大学	法务会计学科建设	管理学院	法务会计研究中心	法务会计、税收会计、经济法、合规与风险管控等
福建工程学院	法学Ⅱ——法务会计（本科）方向	法学院		法务会计原理、法务会计模拟实训、舞弊审计、经济犯罪调查，以及会计类、法学类、工程法类

依照上述不完全的统计，反映出我国法务会计在普通高校的设置情况及其课程建设状态，呈现出以下几个特征：

1. 我国高等学校法务会计专业的设置情况

我国高校设置有法务会计专业（包括专业方向）的包括政法类、财经类、工程类三大类院校，早期（即2012年前），政法类院校的法务会计（本科或者是专科）专业多设置在民商法（学科）学院，现在主要设置在商学院或者管理学院。随着政法类院校经济类学科及其专业的发展规模不断扩大以及学科配比的提高，法务会计专业普遍设置在经济类专业学院中，而财经类与工程类院校则大多设置在法学院及其相关的法律学科之中。这也充分反映出法务会计对法学与会计学的融合性，以及专业的交叉性特征。

2. 课程建设与专业内容的构成情况

国内设置法务会计（本科、硕士）专业方向的院校，其专业内容主要依据学校专业方向与学科特征及其拥有的师资力量来配置、政法类院校设置法务会计课程主要是增补财经专业（会计学等）的专业知识；财经类院校设置法务会计课程主要是增补法学（民法、经济法与证据学等）的专业知识；工程类院校设置法务会计主要是增补财经专业知识。这体现了学校的核心专业方向及其优势学科发展的需要。比如，沈阳建筑大学进行法务会计学科建设中，课程内容就充分体现了房地产建筑与造价的学科特征及其优势专业发展的需要；福建工程学院设置法务会计（法学Ⅱ）方向的课程内容充分反映了工程建设项目投资与融资、知识产权法等专业优势与学科优势。这也反映了法务会计方向及其课程内容的“暂补功能”，各院校发挥自身专业方向及其优势学科的优势，与法学与会计学进行有机的融合。

3. 主干课程与核心课程的建设情况

从现有设置法务会计方向的院校来看，其主干课程与核心课程并没有统一规范，主要依据院校的专业方向特征及其所拥有的师资力量进行配置，课程名称特别是课程内容并未完全反映法务会计专业的学科特征与内容实质，更谈不上符合国际惯例及其标准，亟待我们深入研究；课程设置、课程内容具有随意性，主要是将经济类、法学类课程以及冠以“法务会计”名称的课程组合而成，对法务会计专业核心内容、专业方向与职业发展等考虑得并不太多，这也是我们进一步研究中需要特别关注的问题。

三、我国法务会计的学科建设的理论内容

（一）法务会计专业学科内容的理论要素

依据法务会计的专业本质，法务会计职业是一种职业化的会计专业行为。我国法务会计职业内容可以归纳为两个显著特征：

1. 从法律诉讼程序的视角分析，法务会计是提供专家证据，属于人证的范畴

站在法律诉讼的视角分析，法务会计的诉讼支持是一种专业取证与收集证据的专业行为，即通过会计专家的技术手段取得处理诉讼案件或涉案经济纠纷的会计业务证据，这种会计专业证据由会计专家提供，仍然属于人证的范畴。但专家证据与一般证人证言不同之处在于，它不是会计专家对亲身体验的事实的描述，而是根据有关会计资料和文件等对会计事项做出的一种专业推断，是法务会计专家的专业认定与主观推断的结论，它是一种专业意见。

2. 法务会计执业的性质决定了法务会计职业内容，体现了法律服务性的其根本属性

在国内外的法务会计执业机构中，基于中介机构的职业特征分析，提供法务会计服务的主要是会计师事务所、财务咨询公司、资产评估公司等中介机构，由中介专业机构提供的法务会计服务，是一个主体对另一个主体提供的平等互惠的

职业行为。平等互惠的专业服务与司法行为是完全不同性质的职业行为，法律服务性自然成为其根本属性。法务会计的职业行为决定了它的学科属性，我们将法务会计学科的理论内容归结为三个层次：第一层次是理论基础与理论特征，主要包括学科基础理论及其学科理论特征，比如法理学、会计学、审计学及制度经济学等，这些是支撑法务会计学科发展的基础，呈现出一种基石性的特征；第二层次是主体理论，包括三个部分，即学科理论、业务理论与基本理论，这是法务会计理论内容的主干，是统驭学科定位、市场推广与理论结构的指导性内容；第三层次属于技术层面，包括了专业定位与学科发展内容，职业市场与职业推广内容，理论要素与理论结构等，反映了其技术规范及应用理论的特征。其理论内容及其层次关系见图1：

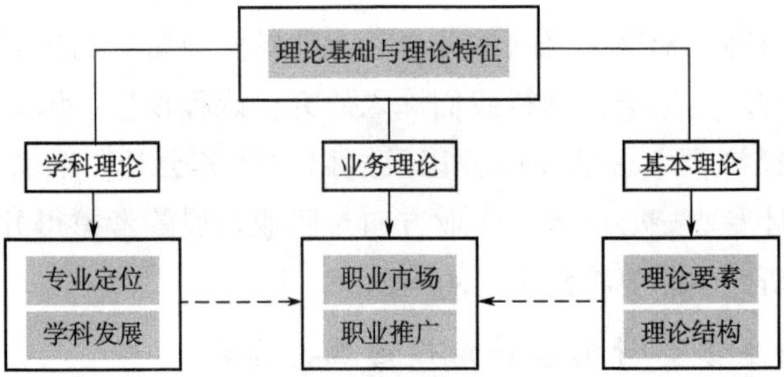

图1　理论内容及其层次关系

理论要素是专业理论的构成基础，是理论研究与指导实践的基本思想，规范法务会计的理论要素对法务会计的专业定位与学科发展、职业发展及其职业推广都具有重要意义。我们的研究将在界定法务会计内涵的基础上，构建法务会计的执行主体、执行客体、执行标准、实现形式、体现本质等五项理论要素，形成法务会计的概念体系。限于篇幅，这里用一个简表（见表2）来反映。

表2　课程内容构想

基础理论	经济学理论、法学理论、会计学理论
核心理论	法务会计原理、会计调查原理、诉讼支持原理、会计鉴定理论与技术、证据认定技术等
发展理论	计算机技术、大数据分析与程序设计、工程造价技术、工程评估技术等

（二）法务会计的理论结构

理论结构是法务会计研究的基本理论问题，它决定了法务会计的理论特征与行为目标，是法务会计专业理论的构成基础。法务会计理论结构是由法务会计的各种理论要素，通过其内生逻辑关系而组成的相互关联、互相制约的有机整体，主要包括四个系统：①外部系统，即法务会计环境，是其赖以存在的客观条件与外在因素。②决定系统，即本质与目标，法务会计目标决定法务会计本质，法务会计本质反映法务会计目标，本质为目标服务。③理论保证系统，即要素、假设、规范、原则。法务会计目标决定了法务会计本质，进而通过本质决定法务会计要素、假设、原则、规范，作为法务会计理论结构的要素，它们都从不同角度来保证法务会计目标的实现。④运行系统，即技术、程序与报告构成法务会计的执行系统，是法务会计最终实现其目标的手段，是法务会计目标的最终体现。

（三）法务会计职业市场的理论推广

依照法务会计的专业发展方向，确立法务会计的市场定位与职业推广模式有利于推进我国法务会计事业的发展。职业推广是职业市场的发展策略与具体规划。我国目前还没有法务会计的行业管理机构，仅有的一些研究机构也大多是大学里的科研型学术机构，因此职业推广是必须要考虑的问题。职业推广可带动职业市场发展，以此助推行业管理及其管理模式的优化。本文认为职业推广的具体措施可以包括：①建立全国性的法务会计研究会，利用研究会来推动法务会计的理论研究，引导学科的建设与规范，推动人才培养与人力资源储备；②成立区域性的法务会计促进会，作为本地区的行业管理促进机构，比如福建省 2015 年 10 月 18 日成立了“福建省法务会计促进会”，山西省 2018 年 3 月成立法务会计促进会，这也是中国首批“法务会计业务”促进机构；③建立职业联盟，并以区域性职业联盟为基础，逐步形成全国行业联盟，以此推动法务会计的职业发展，并规范会计鉴定市场，提升会计鉴定的市场占有率。

四、会计鉴定的职业分析与法务会计的职业化发展

（一）会计鉴定的职业发展分析

1999 年我国引入法务会计（forensic accounting）的理论研究后，会计鉴定的管理体制、人员技术构成及其社会需求都发生了重大变化，其特征表现为以下几个方面：①会计鉴定与社会需求发生了根本性的变化，过去以检察系统为主导力量的主导地位在不断变化。依照全国人大 2005 年的规定，人民检察院只能对检察系统自身侦办的案件进行鉴定，即不得接受社会委托及检察系统以外的会计鉴定工作委托，也不能再像过去一样进行鉴定收费。检察系统的技术（会计）鉴定机构的会计鉴定工作量相对于全社会的诉讼支持证据需求，已经不占主导地位。②2018 年我国成立了监察委员会系统，检察院的反贪、渎职与职务犯罪侦查等

工作职责转隶到监察委机关，其中检察院的（会计）技术鉴定的工作人员绝大部分都去了各级监察委，而依照《监察法》的规定，各级监察委是不具有“会计技术鉴定”工作职责的，检察院系统的“会计鉴定”工作必将进一步弱化，这部分工作只能由社会机构（中介机构）等来完成。③会计鉴定的职业化与行业统一管理是大势所趋。2005年，全国人大颁布的《关于司法鉴定管理问题的决定》终结了完全由司法机关设立的鉴定机构充当主要鉴定人的历史，并在一定程度上减少了“自审自鉴”“自诉自鉴”“自侦自鉴”的现象；2016年10月财政部印发了（财会2016年19号）《会计改革与发展十三五规划纲要》，明确将“法务会计（会计鉴定）”列入“十三五”会计领域新兴发展的业务内容；2017年检察院开始执行员额制，过去作为司法会计师的鉴定技术岗位基本上成了员额制检察官，技术鉴定工作的身份淡化了；2018年检察机关完成转隶，大部分会计鉴定人员转职。这一系列现象表明，随着当前诉讼证据对会计鉴定需求的增大、会计市场的扩张，只有通过会计鉴定的职业化发展才能满足审批程序中的诉讼支持要求。

（二）会计鉴定职业化推动法务会计的职业化

在现实的司法程序中，影响司法公平的主要因素并不是法律的适用依据，而在于对案件事实（法律真实）的认定，而认定案件事实的基础是证据。会计鉴定是查明案件事实的一种基本技术手段，在证据形式中居于核心地位，通过会计鉴定的职业化发展去推动会计鉴定的法治化建设，顺应我国司法鉴定改革的方向。目前我国的司法会计鉴定管理是多头并行，包括检察院系统的内部管理、司法部系统的任职资格与业务准入、中注协的行业管理等，只有通过会计鉴定的职业化，形成会计鉴定行业的独立，其管理体制才能理顺，也才能实现业务管理与组织管理的协调，并避免因多头管理所形成的不规范局面。

我国会计鉴定的职业化发展应在探究会计鉴定的市场特征、发展规律的基础上，反映会计鉴定职业化的功能定位，探索会计鉴定的职业化管理模式，并反映会计鉴定职业化的法制建设、人才储备、职业规范与职业保障。其发展思路框架见图2：

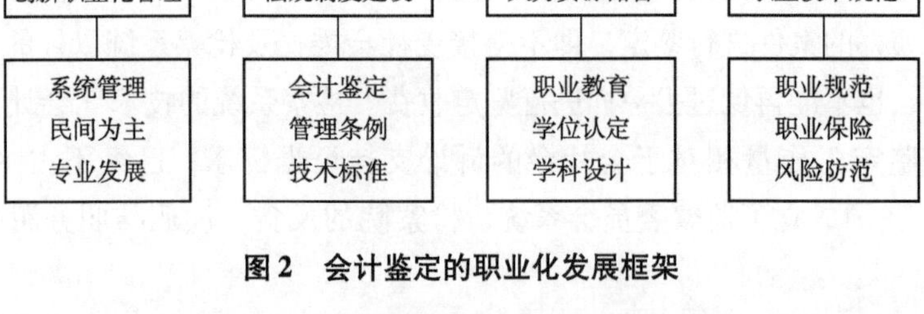

图2 会计鉴定的职业化发展框架

1. 创新司法会计鉴定的管理体制是推动会计鉴定职业化的首要内容

对于会计鉴定的职业化而言，目前的首要工作是创新司法会计鉴定的管理体制，如果不在体制上有所突破，其他事项包括法制建设都可能无法真正推进，这也是当前我国会计鉴定面临的当务之急。我国现行的司法会计鉴定体制是依据司法机关侦查经济案件的需要，通过内部鉴定制度逐渐演变发展而形成的，2005 年以前不少地区的公检法机构内部鉴定机构（包括司法会计鉴定部门）也在不同程度地接受社会的民事、经济等诉讼当事人的委托出具司法会计鉴定意见的现象。20 世纪 80 年代后期，我国司法界特别是检察系统的研究者提出了“司法会计内容构成的一元论、二元论、三元论”等理论观点①，这在司法会计界形成了重要的影响。这种在检察系统内部保留司法会计鉴定并与社会专业鉴定机构相结合的现状，司法（检察系统）部门会计鉴定机构和社会专业鉴定机构继续各自分设，无法从根本上解决“自侦自鉴”“自检自鉴”“自审自鉴”等问题，并形成对公检法系统的一种依附，既不符合会计鉴定的国际发展趋势，也不利于会计鉴定的职业化发展，甚至可能从根本上影响司法鉴定意见的独立性与科学性的基础。这种模式就如同我国曾经将会计师事务所挂靠在财政部门，审计事务所在政府审计部门下管理一样，只能视为特定历史条件下的一种过渡形式。“内外两张皮”的司法会计鉴定管理模式必将随着经济体制改革的全面推进，司法制度特别是诉讼制度的改革完善而创新发展。

当前，我们必须依照国际司法鉴定体制的发展趋势，并结合我国会计鉴定市场的实际，将我国的会计鉴定体制向“系统管理，民间为主，专业发展”的管理体制发展，也就是将我国检察院系统的司法会计中的“司法会计鉴定”业务内容，从检察院技术部门的司法会计岗位中分离出来，将其融入国际上通行的法务会计中，成为法务会计中的会计鉴定的业务内容（这里以二元制为例说明），其基本思路如图 3 所示：

图 3 反映的思路是将传统司法会计的二元制进行分离，即检察机关的司法会计岗位（本身也检察官岗位）只从事司法会计检查，以检察官身份开展案件侦查，侦查结果通过公诉行为进入法庭审判；而司法会计鉴定则从检察院分离出来与法务会计融为一体，亦可以称为会计鉴定或者是法务会计鉴定，并通过专家证据与专家证人的方式直接参与到法庭审判中，作为诉讼支持，这与国家

① 在我国的司法会计研究中，对司法会计的内容有许多讨论，有“一元制理论”“二元制理论”“三元制理论”等观点：“一元制理论”认为司法会计的内容就是司法会计鉴定；二元制理论认为司法会计包括了司法会计检查和司法会计鉴定；三元制理论认为司法会计包括司法会计审查、司法会计检查和司法会计鉴定三个部分。对此，国内检察系统及其相关学者都有明确的论述。

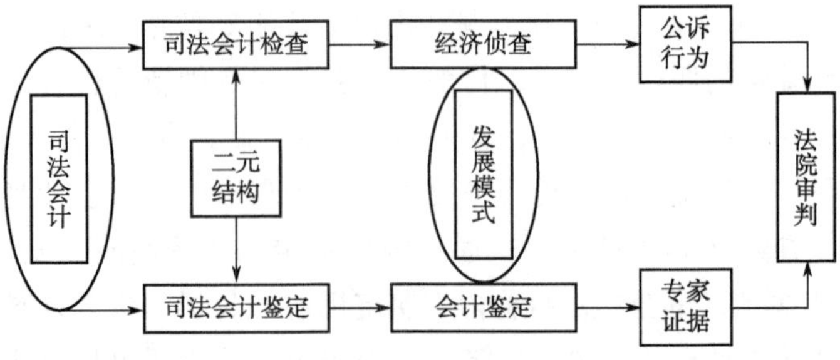

图 3　会计鉴定发展模式

司法鉴定体制的发展趋势是吻合的。

2. 积极推动会计鉴定职业化的法制建设

推动法治化建设，制定专项管理会计鉴定的法律法规，以确立会计鉴定执业主体的法律地位。法律手段是现代社会最有效的社会调整机制，会计鉴定所提供的专业服务，无不反映了会计鉴定的法治专业精神，也是规范经济行为循法为据的调节机制，更体现了会计鉴定及其方法与技术在推进我国依法治国发展进程中所彰显的职业贡献。为此，我国司法部门应当积极推动会计鉴定的职业化法治建设进程：一是制定《会计鉴定法》专项法规，或者是修订《会计法》的有关条款与内容，增加反映会计鉴定的业务内容，或者是直接制定一部专项管理我国会计鉴定的《会计鉴定管理条例》；二是积极推动研究并制定符合中国会计鉴定市场发展的会计鉴定技术准则，以改变现阶段司法会计鉴定没有专业准则，导致在会计鉴定过程中借用企业会计准则或审计准则等而带来的尴尬局面，避免影响鉴定意见在诉讼程序中的可采信与权威性。

3. 会计鉴定职业化的人才储备

我国可以通过强化会计鉴定的职业教育，积极培养专业人才，储备技术资源，为推动会计鉴定的全面发展，奠定坚实的人才基础。我国会计鉴定（法务会计）人才的储备，要与普通高等学校的专业教育及其学历认定结合起来，本文建议：①教育部门要在专业目录认定方面进行改革调整，对于法务会计（会计鉴定）等一些新兴本科专业与专业方向，通过创新专业目录加以鼓励，充分反映社会、市场对会计鉴定等新兴专业人才的需求；②高等学校应当鼓励学生选修这些新兴专业课，并在学分认定与学位授予方式上适度认可与反映；③鼓励具有一定条件与研究资源的大学成立法务会计（会计鉴定）的学术研究机构，借以活跃法务会计（会计鉴定）的学术氛围，全面深化会计鉴定的学术研究，以标志性的学术研究成果引导会计鉴定的职业化发展。

4. 会计鉴定职业化的保障

建立职业规范，实施职业推广，引导职业保障是发展会计鉴定职业化的基本内容。当前职业规范的研究，首要的是制定《会计鉴定的技术规范》，进而研究会计鉴定的职业规范体系，包括职业管理规范、行为技术规范、资格管理规范、教育发展规范等。职业推广是会计鉴定职业化市场发展的策略性规划，通过职业推广引导会计鉴定职业化的市场发展，目前的职业推广措施包括：①批准注册成立全国性的法务会计研究会，成立区域性的法务会计促进会，以完善法务会计（会计鉴定）的职业化管理；②建立法务会计的职业联盟，通过整合各个区域性职业联盟的专业资源优势，逐步形成法务会计的全行业联盟，以此推动法务会计（会计鉴定）的职业化市场发展。

利用法规规范会计鉴定的法律责任，与职业定位，确定会计鉴定行为人的法律责任，特别是民事责任的合理分摊，是会计鉴定职业化发展中控制职业风险与完善职业保障的主要内容。过去，在司法界及其诉讼程序中，对鉴定报告的法律责任及其承担的民事责任没有明确规定，因为我国司法启动机制的特殊性，即我国现阶段会计鉴定的绝大多数还是采用司法机关启动模式，司法判例上会计鉴定的鉴定意见是诉讼证据而不是民事、商事主体，不能构成诉讼主体，不具有被起诉的资格，由此不承担直接责任或者是民商事的连带责任①。

2017 年出现一个典型案例：上诉人万谦因与上诉人河南司法警院司法鉴定中心医疗损害责任纠纷一案②。当事人针对鉴定机构做出的鉴定意见向法院申请重新鉴定，重新鉴定意见与原鉴定意见不一致的情况下，当事人以鉴定机构的鉴定意见对自己造成了损失而提起诉讼。对此，法院判决原鉴定机构的鉴定行为有过错，应承担相应的民事责任。这个判例可以说在我国的司法鉴定史上具有开创性的典型意义，司法会计鉴定机构首次因鉴定意见被判赔偿十万元。

因此，我们必须充分重视会计鉴定者的职业操守及其职业责任的研究，推动会计鉴定职业实现科学、合理的法律责任界定及其民事责任分担。特别是现阶段的会计鉴定管理方式下，会计鉴定行为人的业务收费与鉴定标的金额尚无法实现等效匹配，这给会计鉴定行为人带来了极大的心理及民事风险。对此，有必要研究制定并购买会计鉴定保险产品，以防范会计鉴定误判的风险损失，

---

① 代表案例：四川省自贡市自流井区国有资产经营投资有限责任公司起诉四川廉正工程咨询有限公司的判例。参考判例（2011）成都市金牛民初字第 547 号。

② （2017）豫 01 民终 3964 号。

化解部分民事责任，并提升会计鉴定职业的风险控制能力。

参考文献

［1］WATERHOUSE COOPERS. The SMU football recruiting scandal：a primer on compliance auditing and forensic investigations［J］. Journal. of Accounting，2012，30：233－247.

［2］张苏彤．法务会计的目标、假设与对象［J］．会计之友，2006（1）．

［3］张苏彤．面向法学本科生开展法务会计教育的探索与思考［J］．中国法学教育研究，2006（3）．

［4］黎仁华，付国民．从系统论角度论法务会计理论结构框架的构建［J］．审计与经济研究，2009（5）：70－76.

［5］黎仁华．中国法务会计的职业定位与发展分析［J］．会计之友，2009（11下）：11－13.

［6］黎仁华．论法务会计的行为边界及其职业领域［J］．南京审计学院学报，2010（1）．

［7］黎仁华．论我国司法鉴定体制的发展模式［J］．会计之友，2011（2）．

［8］黎仁华．中国法务会计的创新思维与发展研究：第九届中国法务会计学术研讨会综述［J］．财务与会计，2017（23）．

复合型法务会计人才培养变革：逻辑、反思与路径

董仁周　董沿岑

【摘　要】市场经济发展急需培养具有法律、会计、税务等多元专业知识结构的复合型法务会计人才，增强大学生的就业与创业能力。国外大学开设有法务会计专业教育，国内尚没有独立的法务会计专业教育。基于民生干预视角，高校教育应探索复合型法务会计人才培养变革的逻辑依据、实践和路径，促进法务会计职业发展，提高大学生的就业水平与创业能力、提升大学生的市场价值。

【关键词】复合型，法务会计人才，培养，变革

1994 年国务院发布的《中国教育改革和发展纲要》首次提出高等教育系统要重视培养复合型人才；《国家中长期教育改革和发展规划纲要（2010—2020年）》与 2018 年教育部等三部委印发的《关于高等学校加快“双一流”建设的指导意见》强调培养能力突出的高层次复合型人才；2019 年 2 月党中央、国务院印发《中国教育现代化 2035》再次强调加大复合型人才培养比重，以适应市场经济发展需要；2020 年 11 月 3 日教育部新文科建设工作会议发布《新文科建设宣言》，提出“推动融合发展是新文科建设的必然选择，进一步打破学科专业壁垒，推动文科专业之间深度融通、文科与理工农医交叉融合，融入现代

---

① 本文系湖南省普通高等学校哲学社会科学重点研究基地湖南省法务会计研究基地成果，2019 年度湖南省教育厅创新平台开放基金项目“大数据背景下法务会计监控高校官员财产路径研究”（编号：19K014）、2019 年度湖南省社会科学成果评审委员会课题“大数据视域下法务会计监控官员财产制度建构研究”（编号：CYP22023）阶段成果，2020 年10 月召开的第十二届中国法务（司法）会计学术研讨会大会主题报告。

作者简介：董仁周，法律硕士、会计学博士，三级法学教授、一级律师（正高），注册会计师、资产评估师，入选湖南省新世纪 121 人才工程，湖南省普通高校哲学社会科学重点研究基地湖南省法务会计研究基地主任，湖南财政经济学院法务会计研究所所长，湖南省第十三届人大常委会立法工作咨询专家，长沙市仲裁委员会仲裁员；主要研究方向：经济法、会计法、税法和法务会计。

董沿岑，美国康奈尔大学约翰逊管理学院 2021 级会计学硕士研究生，致力于法务会计、财富管理、税法、金融法研究与实务。

信息技术赋能文科教育，实现自我革故鼎新”。法务会计起源于美国，20世纪80年代以来在美国、英国等得到空前发展，并被预测为21世纪20大热门职业之首（董仁周，2012）。法务会计是特定主体运用法律、会计、审计、评估等工具处理和解决主体财产被非法侵占、损害赔偿、保值增值等问题的社会专业活动，其特定功能为防范舞弊、损失计量、诉讼支持等，使命则在于维护主体财产安全、保护市场主体财产利益，与民生具有直接联系（董仁周，2011）。法务会计人才属于市场急需的具有法律、会计等多元专业知识结构的复合型人才，法务会计本质是民生干预（董仁周，2012），致力于增强大学生的就业与创业能力。国外大学开设有法务会计专业教育，国内尚没有独立的法务会计专业教育，仅少数高校在法学、会计学、财务管理专业设有法务会计方向，培养复合型法务会计人才。2021年7月，江西财经大学向教育部申报了独立的法务会计专业。本文基于民生干预视角，即高校教育应致力于增强大学生的生存技能、提高大学生的就业水平与创业能力、提升大学生的市场价值，探索复合型法务会计人才培养变革的逻辑、实践反思和路径，促进法务会计职业发展。

一、复合型法务会计人才培养的逻辑：社会急需

（一）市场逻辑：企业风控能力的提高急需培养复合型法务会计人才

目前，企业尤其上市公司的会计报表虚假现象十分严重，严重损害了投资者、债权人等利益相关者的合法权益，导致大量的财务、会计、法律、经营等企业风险，而风险防控能力的提升是企业健康发展的关键环节。国内小微企业平均寿命只有2.9年（赛迪网，2013），其根本原因在于企业风险防控能力很弱。一般地来说，大型企业设置以防范法律、财务、会计、经营风险为主要职责的法务部或风险控制部门，中小企业则设置风险防控岗位，对合同等法律文书进行风险管理，解决经营纠纷，防范财务隐患、会计漏洞、经营风险，提升风险防控能力，确保企业发展安全有序。当前高校培养的单一型法律或会计专业人才，难以适应企业风险防控需要，急需具有法律、会计等多元专业知识结构的复合型法务会计人才，提升企业风险防控能力。

（二）服务逻辑：中介竞争能力的加强急需培养复合型法务会计人才

合同审查、公司上市、证券基金、企业并购、破产清算等业务快速增长，不仅要求律师等专业人员具备扎实的法学知识，更需要具备财会知识与审计技能，而目前国内懂财务、会计、审计专业知识的律师数量稀少。《中共中央关于全面推进依法治国若干重大问题的决定》提出“各级党政机关和人民团体普遍设立公职律师，企业可设立公司律师，参与决策论证，提供法律意见，促进依

法办事，防范法律风险。明确公职律师、公司律师法律地位及权利义务，理顺公职律师、公司律师管理体制机制。构建社会律师、公职律师、公司律师等优势互补、结构合理的律师队伍”。这就对律师综合素质和律所竞争能力提出了更高的要求。而学前注册会计师普遍不熟悉法律，导致会所因执业过错承担赔偿责任的案件日渐增多。随着国内法律、会计等中介服务市场的全面开放，中介机构的核心竞争力提升成为首要任务，目前对复合型法务会计人才的需求十分强烈，以快速提升中介机构的核心竞争力。

（三）防弊逻辑：纪检反腐能力的提升急需培养复合型法务会计人才

2020 年 1 月 15 日中纪委十九届四次全会公报提出“构建一体推进不敢腐、不能腐、不想腐体制机制”，致力于运用高效工具全面监控官员财产。腐败的本质在于运用公权和假账侵占国家、集体和个人资产，谋取私利。随着市场经济的快速发展，腐败官员贪污受贿和利用职权占有的财产日趋庞大，犯罪手段不断翻新并显现出高科技化的特征，采用的会计犯罪方式非一般会计或法律专业人员所能识别和判断。法务会计人才必须具备法律、会计复合的知识结构才能调查、鉴别、固定犯罪证据，有效打击官员腐败。纪检监察机关需要具备复合知识结构的办案人员，面对日趋繁重的反腐败任务，提升纪检监察机关反腐败能力的核心在于培养大量懂法律、懂会计的复合型法务会计人才。

（四）公正逻辑：司法办案能力的增强急需培养复合型法务会计人才

尽管我国司法队伍具有较高的法律专业素质，但会计、审计专业知识与经验相对缺乏，而市场经济领域的犯罪不断出现，尤其大数据时代金融、财税、证券等领域的犯罪不断翻新，民商事案件呈现出新的变化。企业破产、债权逃废、会计假账、财务欺诈、滥用企业资产、侵占公司财产、国有集体资产流失现象大量出现，法律问题呈现复杂化、多样化、综合化特点。这对公安、检察、法院的司法办案能力提出了更高更新要求，即司法队伍应具备深厚的法律素养与扎实的会计、审计等司法技能，而培养复合型法务会计人才顺应了这一紧迫需要。

（五）治理逻辑：政府法治能力的建设急需培养复合型法务会计人才

贯彻落实依法治国基本方略需要建设法治政府。以法治社会、法治政府、法治国家一体建设为原则，我国致力于完善以规则公平、机会公平、权利公平为核心的法律制度，确保公民人身权、财产权、基本政治权利等权利不受侵犯，改善和保障民生，帮扶困难群众。为此，财政、税务、审计、金融、市监、海关、国资等经济监管部门的执法水平需要快速提高，不断加强政府法治能力建设。经济监管部门执法人员需要懂法律、会计等，大量培养具备法律、会计等专业知识的复合型法务会计人才，有利于强化政府法治能力建设。

（六）民生逻辑：会计与法律危机的克服急需培养复合型法务会计人才

传统法学、会计学专业教学强调本专业理论知识的灌输，专业人才跨学科的知识、跨专业的技能普遍不足，法学专业对会计学、审计学知识知之甚少，会计学专业不懂法律，这就无法满足社会对复合型人才的需求。法务会计技术性很强，法律、会计、管理等多元专业交叉，能够适应法律与会计职业市场服务的需要。另外，培养复合型法务会计人才，还有利于解决法学与会计学专业的招生、就业和发展困惑，推动法律与会计职业协同有序发展。

二、复合型法务会计人才培养的实践：发展瓶颈

20世纪90年代末，法务会计引入中国，1999年天津财经大学盖地教授和中南财经政法大学喻景忠教授在国内首次发表法务会计论文，此后会计学界掀起法务会计研究热潮，法学界以中国政法大学张苏彤教授为代表的专家学者，则以法律会计相结合视角研究法务会计。近年来，国内少数几所高校在法学、会计学、财务管理专业下设法务会计方向，探索培养复合型法务会计人才，积累了经验。但由于各种因素制约，法务会计人才培养发展缓慢，仍处于试点起步阶段，招生数量极少，难以满足社会对复合型法务会计人才的需要。比如，云南财经大学会计学院、浙江财经大学法学院、渤海大学管理学院等较早探索培养法务会计人才，具有一定影响，但已停止招生。中国政法大学、江西财经大学、南京审计大学、湖南财政经济学院、铜陵学院等在法学专业招收法务会计硕士或开展本科教育。中国政法大学2004年起在经济法专业招收法务会计方向硕士；南京审计大学2008年9月开始招收法务会计专业方向本科生，招生人数累计超过千人，成为国内招生规模最大的高校；湖南财政经济学院自2009年8月开始招收法务会计专业方向本专科学生，至2012年招收了4届7个班法律事务（法务会计方向）专科学生，2013年招收会计学（法务会计方向）本科1个班，已全部毕业，法务会计专业方向毕业生超过400人；2018年8月至今招收法学（法务会计方向）8个本科班学生，（2018年1个班、2019年2个班、2020年2个班、2021年3个班）。在目前法学专业招生规模普遍萎缩的背景，2020年法学（法务会计）录取分数线首次超过学校历年最高的会计学专业；2021年计划招收法学（法务会计）2个班，后因报考人数、分数均很高，学校临时决定增录1个班，分数线依然超过会计学专业，出现了根本性转变。目前，招收法务会计专业本科生和硕士生的高校有复旦大学、南开大学、沈阳建筑大学、中国政法大学、北京城市学院等。复旦大学、南开大学2005年开始在会计

专业招收舞弊审计与法务会计方向硕士；沈阳建筑大学2017年开始在会计专业招收法务会计方向硕士；中国政法大学自2020年开始招收法务会计专业方向本科生。

法务会计专业前景广阔，能够形成特色专业和学科增长点，为高校、社会、学生创造价值，但面临困难也不小，需要投入大量人力、物力和财力。法务会计专业建设效果取决于教育主管部门、高校专业创新的决心与发展战略选择。

（一）独立专业瓶颈

国内高校培养法务会计人才一般在法学、会计学、财务管理专业设置法务会计方向招生，没有独立的法务会计专业，与法务会计跨越法学、会计学、管理学、经济学等多学科交叉复合的性质相冲突，导致一直存在“培养懂法律的会计专业人才”与“培养懂会计的法律专业人才”两大人才培养理念之争（丁宇峰、王艳丽，2018）。法务会计人才培养定位、发展力度普遍依赖于法务会计专业所在二级学院负责人或高校负责人对法务会计的认知程度。

（二）培养体制瓶颈

法务会计跨越法学、会计学等多门学科，涉及法律、会计等多元专业，人才培养过程需要较长时间积淀才能完成。国内高校目前在法学、会计学、财务管理等专业设置法务会计方向招生，采用本科四年或专科三年的方式，教育的时间太短，影响人才培养质量。由高校法学或会计学等专业院系跨法学、会计学等多门学科承担法务会计专业建设任务，力不从心，难以确保健康发展。

（三）师资队伍瓶颈

师资队伍直接决定法务会计人才培养质量，影响法务会计专业建设成败。法务会计属于复合学科，需要大量人力、物力、财力投入，通过艰苦努力才有可能完成教学转型。国内高校目前对法务会计专业建设重视不够、投入不多，教师队伍不稳，相关教师个人投入成本较高，难以获得直接回报，影响法务会计教学科研。从事法务会计专业教学的高校教师难以全身心投入，而具有会计、法律专业丰富教学和实务经验的教师更难以转入法务会计师资队伍，影响复合型法务会计人才培养质量。

（四）学生素质瓶颈

实践证明，通过高考招收直接法务会计专业学生，易造成学生对专业认识不一、学习兴趣不同、努力程度各异，一定程度上影响学生学习与教师教学质量，最终影响法务会计人才培养质量。

（五）培养方案瓶颈

目前国内设置法务会计专业的高校除开设一门或数门法务会计、司法会计核心课程外，其他全部为法律、会计课程，专业建设和人才培养需要一个长期的完善过程。虽然相关高校普遍制定了法务会计人才培养方案，但课程设置、人才定位、市场契合等方面仍需要不断完善。

（六）专业教材瓶颈

教材建设作为法务会计人才培养的关键，目前国内外尚没有一套得到公认的法务会计专业教材，不能满足专业教学需要。根据法务会计人才培养要求，应组织国内法务会计、司法会计专家，编写一套统一的法务会计专业教材，供高校使用。但编写教材没有现成模式、缺乏资料参考，从学术研究视角建设适合教学需要的专业教材，难度很大。

（七）科研支持瓶颈

任何一门专业建设都离不开科研支持，没有科研成果的专业建设终将成为无本之木、无源之水。国内法务会计目前科研成果有限，档次较低，离不开高校科研政策和专业团队的支持、投入，以取得高水平科研成果，促进法务会计专业发展。

（八）建设经费瓶颈

法务会计专业是一门全新复合专业，缺乏基础，需要投入。目前国内高校普遍面临经费压力，更加不利于法务会计专业建设和人才培养。

三、复合型法务会计人才培养的路径：联盟共生

复合型法务会计人才培养应定位于为纪检反腐、检察侦查、刑事侦查、司法诉讼与行政执法服务；企业经营管理提供假账治理、舞弊防范、风险防控服务；培养目标是：掌握会计、法律、审计、税务、管理、大数据、英语等跨界专业知识，熟悉法务会计专业系列技能，具备反舞弊调查、识别舞弊能力和多元语言运用能力，具有独立、客观、公正、保密、自律等职业道德。国内开设或筹备开设法务会计方向的高校可共同联合监察、检察、法院、公安等实务机构，坚持联盟共生、合作共赢、资源共享、人才共济、成果共有的基本理念，采取共同路径，克服单打独斗，实现复合型法务会计人才培养跨越式发展。

（一）共设独立专业，共建培养机制

国内开设法务会计专业方向教育的高校，可建立常态联络机制，论证设置法务会计专业的社会价值与具体方案，联合会计师事务所、律师事务所等实务机构向教育部申请设立独立的法务会计专业（崔征，2018）。可借鉴医学人才培养模式，专业学制采取本科 5 年、本硕连读 7 年、本硕博连读 8 年的人才培养时序，推动复合型法务会计人才培养。高校可考虑设立独立的法务会计二级

学院，将法务会计作为全新试点专业直接管理，解决专业建设、招生就业、教学科研等问题。国内法务会计专家可共同向党中央、全国人大、国务院、全国政协等反映培养复合型法务会计人才的价值，提出具体路径与政策建议。

（二）共制培养指南，共用师资队伍

建议培养法务会计人才的高校共同制定学生招生、培养、就业等人才培养指南，采取自愿报名、笔试初选和综合面试考核的方式，每年9月从新入学本科新生中招收法务会计专业学生，确保学生具备较高的综合素质、较强的学习能力、较好的承压能力。制定各种优惠政策，吸引具有专业兴趣、具备一定法律与会计素质的教师加入法务会计师资队伍，给予特殊津贴等倾斜政策。定期安排教师到国内外法务会计专业建设较好的高校进行访学、培训，或者到知名会计师事务所短期工作掌握实务操作，提升教学水平。高校应大力引进具有复合专业背景、一定学术成果、较强研究能力、乐于专业创新的法务会计高端人才，高校之间、高校与实务部门之间人才共济，但求所用、不求所有，加强法务会计师资队伍交流和建设。

（三）共编专业教材，共同开展科研

国内培养法务会计人才的高校可联合制订法务会计人才培养方案，明确专业核心课程，教材编写应给予适当资助。高校、实务部门可联合编写专业教材，由国家级出版社出版发行，逐步推广成为全国法务会计专业教材。鉴于法务会计涉及多元学科，课题论证和成果发表难，应采取特殊政策支持申报省部级、国家级课题，加大科研经费支持力度，对发表在国家权威期刊、专业权威期刊的法务会计论文给予奖励，法务会计专家之间互相支持，共同开展科研活动。

（四）共议培养方案，共投建设经费

建议邀请公安、检察、法院、司法、财政、审计、证券、金融等部门，以及会计师事务所、律师事务所、评估事务所等中介组织和上市公司、大型企业，定期召开法务会计专业建设座谈会，或者到国外法务会计专业建设较好的高校考察，了解国外法务会计专业建设情况，或者到实务部门调研，掌握政府、司法部门、企业、中介组织对法务会计人才的需求，以市场为导向，完善法务会计人才培养方案。建议教育主管部门定期听取法务会计专业建设情况汇报，帮助高校解决法务会计专业建设相关问题，制定专业建设优惠政策，每年安排专业建设经费，形成上下配合、良性互动的建设格局，推动法务会计尽快成为国内特色专业和学科增长点。

（五）共推课程教育，共开在职培训

高校会计专业人才培养方案应增设法律、法务会计课程，法律专业人才培养方案应增加会计、财务、审计课程，实行会计和法律专业交叉学习，构建复合知识结构。全面支持不同专业学生攻读法律、会计、税务、审计、评估等多元学历、学位：确保法学专业学生能够辅修会计、审计、财务管理、税务、资产评估等专业或参加前述专业自学考试，确保会计专业学生能够辅修法律、管理、金融、税务、风险管理等专业或参加前述专业自学考试。面向律师、注册会计师、资产评估师、注册税务师等中介机构人员和检察官、法官、警察、纪检监察人员、会计人员、行政执法人员等各类在职人员全面系统进行法务会计技能培训；对现有法务会计职业人员，针对其专业知识薄弱环节开展专业知识技能培训教育，持续提升法务会计人员的专业水平和执业能力。

（六）共享培养平台，共有硕士博士

国内法务会计人才培养发展缓慢的根本原因在于法务会计硕士、博士等高层次人才少，法务会计师资队伍难以稳定壮大，造成法务会计人才培养受到极大限制。建议正在培养法务会计人才且具有法学（法律）或会计学硕士、博士培养资格的高校，聘请国内外法务会计、司法会计学专家、实务专家作为法务会计硕士生导师或博士生导师，共同指导培养法务会计硕士、博士，确保复合型法务会计人才培养的星星之火可以燎原。

参考文献

[1] 董仁周．法务会计职业机制建构研究［J］．审计与经济研究，2012(1)：67.

[2] 董仁周．法务会计的概念与特征探析［J］．南京审计学院学报，2011(2)：56－64.

[3] 董仁周．民生干预视角的法务会计功能与职能［J］．新华文摘，2012(2)：164.

[4] 盖地．适应21世纪的会计人才：法务会计［J］．财会通讯，1999(5)：7－8.

[5] 喻景忠．法务会计理论与实践初探［J］．财会通讯，1999（5）：9－11.

[6] 张苏彤．法务会计研究［M］．北京：中国时代经济出版社，2009：1－38.

[7] 丁宇峰，王艳丽．高校法务会计人才培养的若干争议及其解决［J］．安徽警官职业学院学报，2018（1）：31.

[8] 崔征．民办财经院校法务会计本科人才培养模式的选择［J］．法制博览，2018（4）：27.

法务会计提升审计与税收差异化服务的专业水平

重庆汇博烨煜税务师事务所　张承建

东北财经大学投资工程管理学院　付国民

【摘　要】具有注册会计师（审计师）或税务师执业资质的法务会计师，在从事审计业务与税收专业服务过程中，充分利用法务会计知识和技能，凸显审计业务和税务专业服务的差异化特征，可以全面提升会计师事务所或税务师事务所等执业机构的核心竞争力。本文明确提出了具有法务会计思维的专业人员参与审计、税务专业服务，充分体现法务会计的差异化专业服务，全面实现财、税、法的一体化融合，拓展法务会计职业市场的专业功能。

【关键词】法务会计，审计与税收，服务差异化，专业服务

在审计和税务专业服务过程中，传统的注册会计师（或审计师）、税务师通常仅具备审计思维、税务思维，缺乏法务思维，遇到法务问题只好求助律师。但受专业学科领域影响及其延伸思维模式限制，经常出现专业语言不通的情况，交流困难，导致专业服务质量可能会大打折扣。现代法务会计融会计、审计、法学知识于一体，其专业服务及专业思维能够较好地解决这些专业阻隔及其思维藩篱的问题。法务会计师参与审计、税务等专业服务，特别是兼具注册会计师（或审计师）或税务师执业资质的法务会计师，在提供审计、税务专业服务时，可以充分反映差异化专业服务的思维，促进审计和税务专业服务的差异化，提升法务会计师拓展职业市场的水平。

一、法务会计实施注册会计师业务中的差异化思维

法务会计是指接受委托的法务会计师依据会计学理论和法学基本原理作为理论基础，以法律法规及其财经制度作为行为标准，对经济业务运行过程中的会计纠纷、诉讼证据和会计事件的司法鉴定实施专业鉴定并发表专业意见的一种会计专业行为。法务会计的职业领域界定在中介服务范围内，是平等市场主体之间的有偿服务行为，这种行为必须遵守契约性、信用性与竞争性等规则。法务会计如何反映这些特征？本文认为可以通过各种专业服务的差异性去实现法务会计的市场服务目标。

我们先通过一项国家审计委托的业务实例来分析说明：

2020 年，某会计师事务所和其他 5 家事务所同时接受某省 A 县审计局委托，对该县 2016—2019 年期间的 60 个“国家扶贫项目”进行专项自查，每家分别负责 10 个具体项目，全都要求在 80 天内完成全部审计业务。当地政府部门是为即将接受审计署扶贫专项审计前，通过聘请外部会计师事务所等专业机构实施预诊预查，从而做到心中有数，以便查漏补缺，争取顺利通过国家审计并完成项目验收。A 县县委、县政府及其审计局领导高度重视，要求尽可能找出项目运行中存在的问题，以便抓紧时间整改，对发现的重大违法、违纪人员及其相关事项也一并移交司法机关。项目进行到第六天，审计局分别到各项目组实地了解项目审计工作的进展情况，随后在审计局会议室召开了审计工作汇报及工作推进会，会上仅有该事务所的审计工作得到了审计局领导的充分认可。审计局领导对其他事务所的评价是：审计不深入，没有发现有价值的问题，证据不充分。究其原因，大部分事务所都是按年度财务报表审计的程序及其思维模式统计数据。审计局要求他们转变思维，对于审计结果或进度达不到要求的事务所，将考虑让该所承接原来分派给他们的项目。最终，该所在规定时间内完成了 15 个扶贫项目审计，超计划 5 个，受到审计局的通报表扬及充分肯定。

在 6 家事务所中，该所为什么会脱颖而出呢？秘密武器就是法务会计思维在审计项目中的运用，或者说是获得充分认可的差异化专业水平。该所内有法务会计师专业人员，事务所在内部培训和项目组执业过程中，一直给执业人员灌输法务会计思维，特别在扶贫项目审计开始前的项目组培训中，明确要求项目组做到：①站位要高。必须转换角色，要站在国家审计的角度思考问题，决不能仅以中介机构的角度考虑问题，否则审计工作会被动。②以查找问题作为目标。查找问题，一定要运用法务会计思维，不能停留在传统的审计思维，否则找不出有价值的问题线索。③证据一定要充分、准确、有说服力，并要有证据固定的方法与痕迹。运用证据学知识，去伪存真，提高效率，否则很难在规定时间内完成任务。

二、法务会计在审计专业服务过程中的差异化体现

（一）发现异常情况，锁定、收集问题证据

也就是说，在审计过程中捕捉异常迹象，确定关注重点，并研判分析数据。对于如何发现异常，传统的审计思维是进行账表分析，发现疑点。但在上述项目的专项审计中，该事务所的项目审计小组把账表分析作为辅助的审计方法，更多地关注非财务信息，运用法务会计知识进行疑点分析与排查，具体体现在

以下几个方面：

1. 专项询问谈话

询问谈话是有技巧的，不能直接问。根据经验判断，乡镇、村社为了争取更多的扶贫资金，对审计事项等内容，基本上都会提前给贫困户打好招呼，告知如何回答审计组可能的询问。贫困户为了获得一定利益或迫于压力，有时候是不敢说实话的。项目审计小组一般是通过“拉家常”的方式，现场或电话询问，从交谈中寻找突破口。例如，审计小组在了解一家农户光伏发电效益的过程中，通过设计的询问谈话方案在现场发现，回答2019年光伏发电政府补贴和发电收入金额时，女主人表现犹豫、含糊，在旁的丈夫马上抢过话，回答的金额与审计组所持表册上的金额完全一致，甚至具体到元。一般的贫困户不可能回答得如此准确，通过分析判断，这家可能存在疑点，很可能有问题。但继续问下去，肯定没有实际效果，反而增加他们的戒备心理，于是审计小组按正常程序请村民确认询问记录，并记下女主人的电话号码后离开。审计组判断，后续从女主人那里应该能获取有价值的信息。三天后，审计小组以了解该村“五保”老人、房屋搬迁等情况的名义故意路过他们家，礼节性地向女主人打招呼后，从了解该村“五保”老人、房屋搬迁情况过渡到她家的光伏发电项目，谈话间有意地询问每月发电量等信息，结果真相大白：他们的发电量根本没有上报的多，村干部让多报发电量，获取政府补贴，村里截留一部分，贫困户也得一部分。在获取到确凿证据后，审计小组约谈了村干部，在事实面前，村干部不得不承认骗取政府补贴的事实。

2. 重视举报线索

扶贫项目涉及农民切身利益，乡镇、村社不可能做到让所有人都满意，难免有分配不公的情况发生。审计小组通过信访办提供的数据以及在现场询问过程中发现的9条举报线索，经走访、核实，3条线索属实，成功锁定了村干部为亲戚虚报贫困户1件、房屋搬迁质量问题1件、“五保”老人未按规定安置1件。

3. 实地查看分析

实地查看，对于了解工程质量、工程量等信息非常有用。通过实地查看、测量，审计小组发现了以下问题：1条乡村公路偷工减料，路基宽度不达标，错车点设置数量不够；6家贫困户蓄水池高度未达到设计要求；11家水管直径未达到设计要求等。

4. 资料交叉比对、核查

通过对油橄榄扶贫项目资料进行交叉比对，发现一起集体舞弊行为。审计小组在审核油橄榄扶贫项目时发现，2017年一张油橄榄苗的防疫检验合格证书显示金额2万元，日期有修改迹象。虽然证据不够充分，但这一现象引起了项目组的注意。项目组随即把所有油橄榄到货资料从当月的凭证中找出来，交叉比对同一批次防疫检验合格证书、验收单、发放时农户的签字资料，并重新建立信息比对及收发台账。结果发现：有一批次的油橄榄验收单，在数量上由于在末尾多加一个零，把验收数量从实际数量2 000株，增加到了20 000株，虚增数量18 000株。随即又对发放表册的发放数量进行分析，发现部分数字百位数的1或2的笔锋与十位和个位不一致，存在于十位数前加1或2，以虚增发放数量，达到收发平衡的嫌疑。为了进一步核实发放表册数量是否确实经过修改，审计小组通过找农户当面询问或电话询问等方式，最终证明了虚增发放数量的事实。并且注意到，提供油橄榄苗的是同一家农业企业，通过提供油橄榄苗给农户，签订油橄榄果实回收协议，每株油橄榄苗农户仅承担5元，购置成本与5元的差额，由乡镇扶贫办通过财政所拨款给该农业企业。

接下来，通过资料横向、纵向的进一步比较、分析，判断数据变化是否异常。项目小组比较了同一乡镇不同村同一补贴项目的补贴标准，分析、判断该企业有骗取国家扶贫补助资金的嫌疑，于是扩大了收集证据的范围。经初步测算，仅2017年，该公司骗取油橄榄项目补助资金预计在40万元左右。这个金额看似不大，但对于一个国家级贫困县的一个具体扶贫项目而言，是一笔不小的资金，其影响可想而知。这么多的频繁交易、拨款，乡镇相关人员没有发现，不具合理性，存在集体舞弊的嫌疑。项目小组及时将情况汇报给了审计局，审计局将情况汇报给县纪委、监察部门，相关部门成立专案组，通过进一步调查取证，基本认定是一起乡镇、村社、农业企业以及运输个人集体舞弊骗取国家扶贫补助资金的案件。

（二）分析资料，实施证据锁定

也就是说，通过去伪存真，将关键证据进行固定，查明相关事实真相。

1. 敢于否定

在收集证据的过程中，对于明显可以判断为不相关或不实的证据，要敢于否定，提高审计效率。在油橄榄项目入户调查的过程中，遇到有农户以为项目小组统计他们栽种油橄榄数量是为了以此发放额外的补贴，他们报出来栽种的数量严重超过其土地面积按照实施方案规定的栽种间距计算的可栽种数量。对于这类信息，项目小组讨论后，直接否定了其真实性，避免浪费时间。

2. 去伪存真

对于举报者，不排除有政府的补助标准没有达到举报者预期或因不满足条件而没有获得补助的情况，他们的证据、证言有可能存在不实之处。审计组对此保持了清醒的头脑，分析、判断他们提供的信息哪些是真实的、哪些是虚构的，只有具备“去伪存真”的意识和能力，才能避免陷入误区。在扶贫审计过程中，面对一个老上访户，他提供的5条信息中，经过分析推断仅有2条信息是真实的；3条不实信息，1条是政策理解有偏差，2条是歪曲事实。经过耐心引导、教育，他承认为了达到引起上级重视而歪曲事实，对于政策理解的偏差则认可了村社的处理意见。

3. 链条意识

作为审计人员，需要把单个的证据组成链条，进而判断各证据是否相关，提高锁定证据的准确率。在这次扶贫审计过程中，证据链条意识帮助我们抓住了关键、有价值的问题。

4. 合理判断

经过上述环节的循环，审计人员还需要对证据进行再判断，在保证执业判断合理性的基础上，准确锁定证据，进而为审计结论提供有力支撑。

（三）确立审计结论，完成审计报告

也就是说，在确认审计证据的基础上固定审计结论，形成最终的审计意见。在审计过程中，针对不同事项，可能会形成多个审计结论，这样可以最终形成审计意见提供了基础。项目小组在得出审计结论时，需要综合考虑以下因素：

1. 审计目的

审计目的决定了审计工作的导向和重点关注领域。

2. 公众关注

公众关注要求审计结论保持客观、公允。

3. 法律规范

法律规范为审计结论划定了底线，审计结论需要合法、合规。

4. 行为危害

行为危害关系到审计结论措辞的轻重程度。

三、法务会计在推进税务服务上的差异化反映

税务师运用法务会计知识可以在涉税业务中充分体现差异化的专业服务，反映法务会计的职业市场拓展。

（一）涉税鉴证中运用法务会计思维可以降低因证据资料瑕疵造成的税法适用偏差

1. 涉税鉴证的证据支持

从事涉税鉴证（包括税务司法鉴定），面对涉税资料，税务师可以运用法

务会计思维对所收集资料的证明力、相关性进行专业判断，以明显降低因证据资料的瑕疵造成税法适用的误或偏差。比如，一家企业由于对前任税务师事务所服务不满意，委托另一家税务师事务所提供年度企业所得税汇算鉴证。审核过程中发现，企业列支会议费 16 万元，记账凭证后仅附有酒店开具的会务费发票、银行转账回单和支付审批单。针对这种情况，现任税务师事务所运用法务会计有关证据有效性的知识，向客户指出，就目前资料显示，列支的 16 万元会议费证据不足，证明力不强，企业所得税税前扣除存在合规性风险。经过了解，会议确实真实发生，是财务人员缺乏证据意识，误认为有会议费发票、有资金流就能证实，可以税前扣除。事务所出于尊重事实的原则，向企业宣传会议费列支所需的资料及其证明效力，并核查了企业补充提供的与会议相关的合同、会议通知、签到表、会议现场照片、会议纪要等能证明会议真实发生、款项支付合理的有效证据。由于证据充分、有效，企业列支的 16 万元会议费得以无风险扣除。在项目总结会上，企业负责人深有感触地说："贵事务所和以前的事务所有明显差异，他们仅看数据，鉴证流于票据形式，而你们不仅注重数据，更注重从证据链条的合理性、证据有效性等方面进行专业判断，为我们降低涉税风险，值得信赖！"

2. 涉税鉴证的风险控制

在执业过程中，税务师运用法务会计思维提升对证据的鉴别能力，可以降低自身执业风险。比如，在一次资产损失企业所得税税前扣除鉴证业务中，税务师事务所复核人员在复核项目组提交的审核底稿资料中发现，虽然客户提交的资产损失明细申报表与相关证明材料数据相匹配，但资产损失明细申报表及部分证明材料上的库管人员签字与日常月份存货盘点表上同一人名的签字存在差异。出于法务会计师的专业敏感，复核负责人意识到项目组成员可能忽视了这个问题，很有可能因为资产损失明细申报表数据不实带来事务所的执业风险。但在掌握充分的证据前，不能向客户提出异议，以免"打草惊蛇"或者是引起误解。事务所立即召开项目组内部沟通会，重新复核、核对所有与资产损失明细申报表相关的证据资料，通过比对、分析、讨论，最后判断资产损失明细申报表上的库管人员签字很可能不是本人签字，资产损失明细申报表数据及部分证明材料很可能造假。针对这种情况，项目组再次进驻现场，重点、详细检查与日常月份存货盘点表上库管员签字有差异证明材料记载的存货进、销、存情况，通过实地盘点、倒扎对应存货应有的损失数量，并计算损失金额，结果发现，企业虚增资产损失金额达 40 余万元。最终，公司管理层不得不承认了冒名签字的事实，同意调减虚增的资产损失金额，避免了税务师事务所的执业风险。

（二）纳税检查中体现法务会计思维，可以提高工作效率

纳税检查可以分为税务机关对企业进行纳税检查和企业聘请税务师事务所对自身的纳税风险进行自查。不管从上述哪种角度，在实务中，税务师全面运用法务会计思维可以提高纳税评估的工作效率。

1. 纳税事项中的疑点识别

具有法务会计思维的税务师在识别纳税疑点方面具有更强的敏锐性，能提高工作效率。比如，在税务机关对医药行业纳税检查过程中，税务人员打印了某家药品批发企业几大箱的银行流水，调取了所有会计报表、会计账簿、会计凭证。面对如此多的资料，税务人员一筹莫展，没有头绪，最终向税务师事务所求助。该事务所派出具有法务会计资质的税务师，运用法务会计知识，对报表科目进行分析，确定了往来科目和存货科目很可能是该企业舞弊的重点，进而在查询往来科目明细的过程中发现，有几家往来单位存在异常的商品交易和资金往来。税务师将发现的疑点向税务机关进行了讲解、分析，税务机关最终认可了事务所的专业判断，并表扬了税务师发现问题的效率。

2. 证据锁定并提高纳税检查的准确性

在众多涉税证据中，如果税务师运用法务会计关于证据固定的方法及其工具，能有效锁定所需的涉税证据，提高纳税检查的准确性。在前述的案例中，事务所向税务人员讲解了证据相关知识，并对他们进行证据锁定提出了专业建议。税务稽查部门随即一边分别约谈企业负责人、财务负责人、办税员、库管员，一边通过税务协查系统，请求往来单位主管税务机关协查。经过近一个月的内查外调，查明该企业存在虚开和接受虚开增值税专用发票行为。由于涉案金额大，后续税务机关进行了查处并移交司法机关处理。

（三）财税顾问中充分反映法务会计思维，可以提升团队竞争力

1. 财、税、法三位一体，提供超越常规财税顾问的增值服务

在实务中，传统税务师或注册会计师作为企业的财税顾问，由于缺乏法律专业知识和法务会计思维，与作为法律顾问的律师经常沟通不畅或出现专业理解偏差，造成“一加一不大于二，甚至小于二”的现象，不利于共同做好客户服务。如果税务师或注册会计师具有法务会计知识，或服务团队中有法务会计师，可以通过长期团队磨合，实现财、税、法三位一体的综合服务，在企业没有专业法律顾问的情况下，通过提供超越常规财税顾问的增值服务，进而提升团队竞争力。实践证明，税务师或注册会计师具有法务会计专业知识从事财税顾问服务的，与法律顾问共同讨论或为项目方案提供咨询服务，能更好地引导法律顾问的专业思路，密切配合并实现财、税、法更高水平的融合，推动企业

的项目方案合法、合理运行。

2. 内部控制服务嵌入财税顾问服务，促进企业保持健康和可持续发展

企业内控制度服务是法务会计思维的具体反映，而税务师考试科目没有内部控制相关内容，一般税务师不具备内部控制的思维。这样一来，税务师提供的财税解决方案在运行过程中，很可能因为没有解决内部控制问题存在一些执行障碍或者是内控制度的缺陷，执行效果将大打折扣。实践证明，将内部控制服务嵌入财税顾问服务，在企业成长期阶段，可以帮助企业突破发展瓶颈，在规范的快速成长期，可以帮助企业保持健康和可持续发展。

（四）专项咨询中反映法务会计思维，可稳定并提高客户的认可度

专项税务咨询是税务师事务所的主要专业服务内容，客户的认可度是服务可持续发展的关键。税务师事务所长期的专项咨询服务实践反映出一种现象，即税务咨询方案不能仅提留在对税法的简单运用和解读分析上，若不考虑与企业经营领域相关法律、法规的影响，其专项税务咨询的适用程度可能受到限制，税务失效短板就会显现或暴露出来。在税收专项咨询实务中，税务师既懂法律又懂财税，所提供的税务咨询方案从源头上就会更充分考虑对税法和相关法律、法规，为企业提供更具价值的咨询服务，全面提高客户认可度，提升专项税务咨询的客户影响力。

参考文献

[1] 李季宁．民事诉讼程序正义论［M］//陈光中，江伟．诉讼法论丛（第2卷）．北京：法律出版社，1998：402－405.

[2] 蒋尧明．会计信息真实性：基于“法律真实说”的理性思考［J］．财经理论与实践，2005（5）．

[3] 张苏彤．面向法学本科生开展法务会计教育的探索与思考［J］．中国法学教育研究，2006（3）．

[4] 黎仁华．论法务会计的行为边界及其职业领域［J］．南京审计学院学报，2010（1）．

[5] 黎仁华．中国法务会计的职业市场及其发展趋势研究：第十届中国法务会计学术研讨会综述［J］．财务与会计，2018（21）．

学科交叉融合视野下法务会计人才培养探析
——以江西财经大学为例

江西财经大学法学院　雷婧祺　刘斯龙　邓玲珑

【摘　要】近十年来，江西财经大学法学院在保持自身财经类院校特色的同时，不断探索、创新交叉学科建设。本文以江西财经大学法务会计专业为例，通过爬取网页资料、平台数据，设计调查问卷的方式，在已有研究基础上，对该专业人才培养的特征、现状以及困境展开深入剖析，力图丰富既有专业内涵，创新人才培养模式，提出针对性建议，以期突破法学与会计学联系不紧密、拼盘式课程设计、实务应用难的瓶颈，真正实现法学与会计专业的交叉融合，为经济社会培养、输出更多复合型、应用型卓越法律人才。

【关键词】法务会计，学科交叉融合，复合人才培养模式

一、江西财经大学法务会计交叉融合培养的成效

（一）学科交叉融合背景下，院校法务会计人才培养迎来新机遇与新挑战

"学科交叉融合"即多学科融合，是指在承认学科差异的基础上不断打破学科边界，促进学科间相互渗透和交叉的活动。随着经济社会的发展，我国相继颁布《国家中长期教育改革和发展规划纲要（2010—2020年）》《关于高等学校加快"双一流"建设的指导意见》① 等规范性文件，从国家层面提出推动学科交叉融合，培养适应就业市场和经济社会发展需求的复合型人才。

教育部、中央政法委发布的《关于坚持德法兼修实施卓越法治人才教育培养计划2.0的意见》② 将学科交叉融合在融入新时代培养为中国特色社会主义法治体系做贡献人才的大背景。学科交融的思想形成社会共识，并落地于前沿

---

① 在《关于高等学校加快"双一流"建设的指导意见》中提出："促进学科交叉融合，打破传统学科之间的壁垒，在前沿学科和交叉学科领域培植新的学科生长点。"

② 在《关于坚持德法兼修实施卓越法治人才教育培养计划2.0的意见》提出："培养立德树人、德法兼修，践行明法笃行、知行合一，主动适应法治国家、法治政府、法治社会建设新任务新要求的法治人才。"

科研成果、专利技术与高校教学实践中。各大财经类高校积极探索法学学科的边界，寻求打破学科壁垒。

在此背景下，教育部、科技部等13个部门正式联合启动“六卓越一拔尖”计划2.0，要求全面推进新工科、新医科、新农科、新文科建设，全面实现高等教育内涵式发展。至此，新文科建设引起全国广泛关注，院校培养法务会计专业复合型人才也迎来了新机遇和新挑战。

（二）完善院校法务会计专业建设，顺应时代趋势培养应用型复合人才

法务会计起源于实践。随着经济发展，社会分工细化，经济纠纷日益复杂化、经济犯罪案件增多，单一法学背景的法律工作人员难以应对案件中大量存在的法学与会计学交叉融合问题。这促成了专家辅助人制度的建立，专家针对相应问题提供自己的专业意见或者在法庭上作证。在实践需求下，培养精通法学与会计知识，打破专业壁垒的复合型人才迫在眉睫，法务会计应运而生。我国在21世纪初正式引入法务会计这一概念，目前对于法务会计的研究不断增多（见图1），但对于高校法务会计的发展尚没有明确的定位。高校应抓住时代的机遇与挑战，开设法务会计课程，完善法务会计培养体系，以市场为导向，培养应用型复合人才。

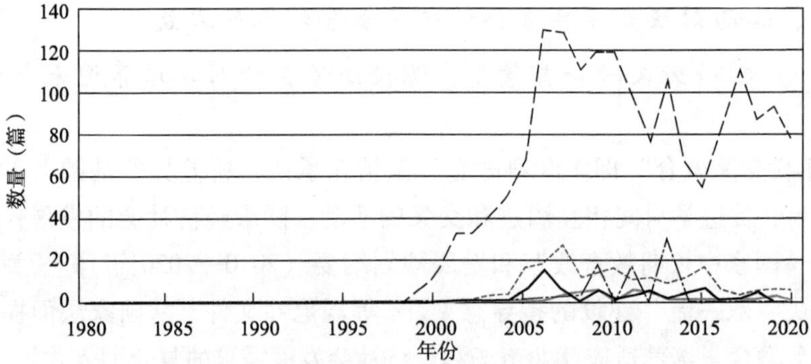

图1　法务会计各类型学术成果发展趋势

在高校办学方面，有在会计学或法学下开设交叉学科方向与直接在专业中设立法务会计专业两种模式。江西财经大学作为国内法务会计专业教学较早开展探索的高校，在法学专业下开设法务会计方向，积累了丰富经验。基于此，本文以江西财经大学为例，对完善法务会计专业人才培养模式展开了研究，力求通过研究数据探索新突破。

（三）江西财经大学法务会计专业人才培养模式独具特色

1. 逐年逐步完善人才培养方案，形成独具特色的专业培养体系

江西财经大学法学院自2010年开办法务会计专业方向以来，不断探索、总结，多次改进法务会计方向专业培养方案，发掘培养特色，如表1所示。从小班级授课、导师导学制，到复合型授课、大类培养，学院不断加强法学与财经学科对接，实现交叉学科的深度融合，培养学生的实践能力。先后构建了三位一体递进式、案例化的课程体系，形成了小而精的教学模式，探索出导师学生双向互动、菜单式实践、读书分享会等多种特色培养方式。

表1　历年法务会计方向专业培养方案

时间	授予学位	培养特色
2010—2011	双学位（法学和管理学）	1. 小班级授课：采用行政小班授课 2. 导师导学制：为每位学生配备导师 3. 名师授课：授课教师队伍由法学院、会计学院、外校和实务界专家、教授组成，共同参与培养
2012—2013	法学学士学位	1. 复合性授课：以法学专业知识和会计专业知识为基础，拓展税收、审计等相关财经专业知识 2. 外校和实务界专家、教授组成师资队伍，共同参与培养
2014—2015	法学学士学位	1. “3 +7 +X”主干课程管理制度 2. 与法学专业实施大类培养
2016—2017	法学学士学位	重视法学与财经学科对接，重视学生的法律和会计实务能力培养，使之系统掌握法学、会计学基本理论知识，能灵活运用审计方法，熟知证据规则和法定程序，洞悉国内外财务准则和会计实务操作流程
2018—2019	法学学士学位	1. 培养人文社会科学素质 2. 要求在获得相关基础知识、形成思维方式的基础上，具备应用所学法律知识和财经知识发现实践中的财经法律问题，分析法律文本，辨析财务信息及处置财经法律事务等能力

2. 基于“一点、两线、多面”课程设置模式，全方位培养人才

江西财经大学法学院法务会计专业课程设置通过“一点、两线、多面”三位一体的形式，从通识课整体学习出发，以法律专业课程和会计专业课程为两主线，延伸学习触角，进行各专业系统的多面学习，扩大学习广度。在打牢法学和会计理论知识的基础上，拓展实务技能，形成一套特色体系。具体课程内容及体系流程图如表2、图2所示。

表2　专业课程设置

<table>
<tr><td colspan="2">法学（法务会计）本专业培养具备扎实法学理论知识和实务技能，熟悉财务制度和会计实务操作流程，能胜任银行、保险、基金、信托、证券等金融法务工作或者司法会计、舞弊审计、经济犯罪侦查、会计鉴证等与法务工作，具有“信敏廉毅”素质，具备“法律信仰、法治思维、法学素养和创新精神”的法律人才</td></tr>
<tr><td>法学专业课程</td><td>开设法理学、宪法学、民法学、刑法学、经济法、民事诉讼法学、刑事诉讼法学、行政法与行政诉讼法学、商法学、合同法、企业与公司法、知识产权法、国际经济法、国际法、劳动法与社会保障法等法学类核心基础课程，对学生进行厚实的基础理论、基本知识和基本方法的教育，培养学生整体的法律修养</td></tr>
<tr><td>会计基础课程</td><td>开设会计学原理、财务管理、中级财务会计、成本管理会计、审计学、财务报表分析等基础课程，同时开设政治经济学、管理学原理等公共课程</td></tr>
<tr><td>法务会计特色课程</td><td>会计法规导读、法务会计、经济犯罪侦查、舞弊审计等特色课程</td></tr>
</table>

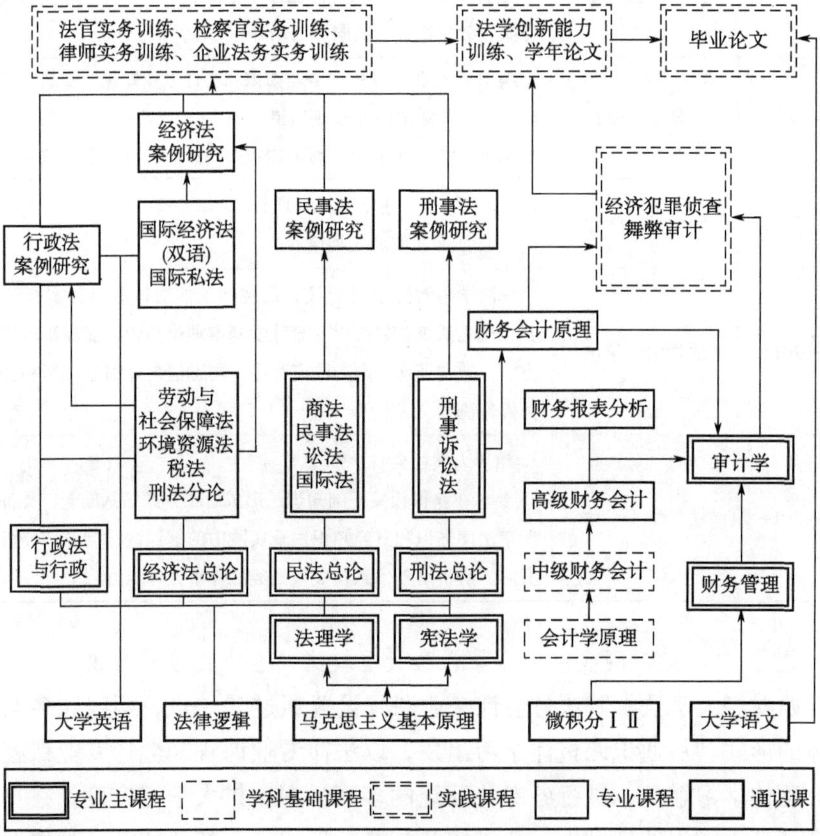

图2　课程体系

二、完善法务会计人才培养模式的研究思路及创新

为探索完善法务会计人才培养模式的新路径，首先应找到制约其发展的瓶颈，基于此，本文从多角度出发对江西财经大学法务会计专业历年人才培养模式展开调查研究。

（一）具体研究思路

为了解公众对于法务会计学科认识的基本态度、学生对于现有人才培养方式的看法，我们探索了法务会计专业培养建设未来发展面临的挑战和机遇，本文的研究思路大致如下：

首先，为了解公众对于复合型专业人才培养、法务会计专业的学科认识和对于专业培养体系的看法，本文拟通过对知乎平台涉及“法务会计”内容的文章、评论、点赞量和转发量运用 Python 等技术进行爬取，使用中文分词、情感类分析等算法和模型，实现对文本数据的情感倾向性判断以及所隐藏数据的分析和挖掘，对法务会计专业相关情况进行初步的评价，为后续改进本文的线上调查、访谈方案提供相应思路。

其次，在运用 Python 等进行文本挖掘得出的结果基础上展开分析，设计调查问卷，在江西财经大学法学院展开调查。一方面，针对被调查者的基本信息，对法务会计专业的态度，对专业的认知程度，相关课程的学习情况、学习体验、效果等设计了量度表；另一方面，为采集学生对于法务会计专业培养方案的态度设计了相关问题，深入了解现行模式的不足之处，以便提出有针对性的法务会计专业学习体系未来的发展策略。

再次，为深入挖掘有用信息，采用线上交流的形式，对部分法务会计专业在校生、教师以及律师事务所负责人、检察院工作人员进行了深入访谈。本文从学生自身学习角度挖掘新突破，从教师教学角度探索存在瓶颈，从律所供给端角度寻找培养人才预期与现实差距，以期反推培养体系漏洞。

最后，总结提炼当前人才培养模式下的经验，并结合多方反馈意见，挖掘突破点，为法务会计人才培养的未来发展探索新出路，同时对其他交叉学科、复合型人才培养提供借鉴。

（二）研究特色与创新

1. 基于大数据的文本挖掘

从传播学的角度看，每时每刻互联网都在产生海量数据，经筛选后通过各种应用软件和网页呈现于人们眼前，以供人们了解参考。本文通过对网络平台（如知乎网站）的信息爬取，有效地从文本数据中得到公众对于法务会计专业、

培养方式以及效果的普遍看法、态度。该方法可在短时间内获得大量实地调查无法获取的信息，并且真实有效，具有较强的实践意义。

2. 电子问卷调研提高数据质量

考虑到数据采集的便利性和疫情影响，本文电子调查问卷以智能客户端为展现形式，电子问卷在平板电脑上呈现，采集时交调查者填写即可。这种调研方法有以下优点：网页问卷设置智能跳换，主动跳至下一项，防止被调查者出现漏答错答的情况；省去数据录入环节，便捷的同时避免录入错误。

（三）研究数据的处理与研究分析

1. 数据处理

本文的数据采集工作由Python来完成，爬取的内容主要有话题、用户ID以及评论内容，编写好数据逻辑之后再运行程序，抓取相关信息①。

在抓取的数据中，对于“单学法学好，还是学法务会计比较好”的问题关注者较多，本文接下来将通过该问题的关注热度来分析公众对于法务会计专业的普遍态度（见图3）。

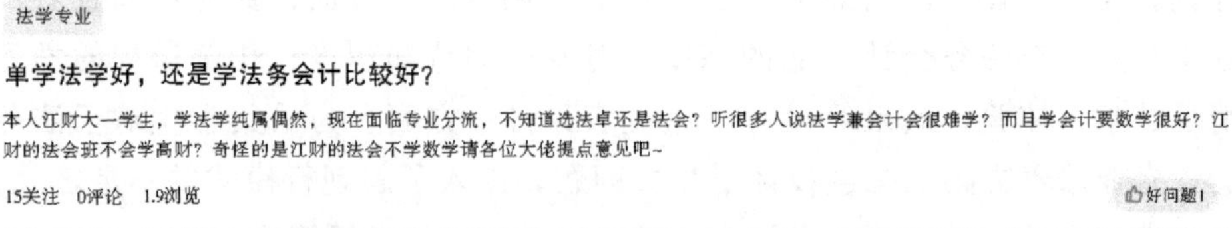

图3　知乎相关话题界面

我们可以看到，该问题有1.9万的浏览量，关注该问题的用户为15个，相对于其他问题：“法务会计是一个怎样的存在”浏览量4 804，7个关注用户；“如何成为法务会计”浏览量9 095，14关注者。但是相比于其他专业大类的话题，如“学法学是一种怎样的体验”，68.4万浏览量，1 174个关注用户，关注热度仍然较低。可见，法务会计仍然是一个小众的专业，未被公众所熟知。同时，此问题主要集中在专业选择、就业去向等方面，如表3所示。

① https：//www. zhihu. com/signin？next =%2F，数据录入截止时间为2020年10月19日。

表3　从知乎平台上抓取的数据结构

评论内容	用户 ID
法务会计课程设置尚有问题，和楼上的那位一个想法，不建议本科直接复合，去一个好点的学校，学一个单一的专业，然后跨专业考研，本科想复合太难了，又不是清北复交……	深蓝如染
如果法务会计是一门成熟的学科，那么我的建议一定是去参考一下学校里这门课的教学内容；但是通过上篇我们了解到，这不是一门成熟的学科，因此学校的学科设置帮助不大……	Fisher Yu

2. 调查问卷数据采集

对江西财经大学法学院各年级学生进行的学情问卷调查，共收到 261 份问卷，剔除 12 份无效问卷①，69 份问卷来自法务会计专业学生。下面从调查对象的基本信息、学习情况等方面具体分析调研数据。

（1）调查对象的基本信息。此次调查选择江西财经大学学生，被调查对象专业为法务会计的人数占总体样本量的 27.71%。江西财经大学法学院法务会计专业一直实施的是小班教学，该专业人数每年在法学大类中占比不到 1/4。

（2）对法务会计专业学生具体学习情况的分析。本文对法务会计专业学生的专业课程学习情况进行了系统调查，选取具有代表性的两组数据进行汇总，具体结果如表 4 所示：

表4　法务会计专业学生具体学习情况

问题	平均值	标准差
会不会在学习过程中潜意识地将会计和法律课程学习完全区分开	3.521 739	1.106 248
在选课过程中是否会出于会计课程难度问题或者与法学课程冲突而自动避开会计类课程	2.956 522	1.310 981

注：表中项目按 1 ~5 分来打分，分数越高代表在该问题上越持肯定态度，3 分为搭话斩。

调查对象对相关指标的打分集中在 3 分左右，大部分法务会计专业学生在潜意识里会将法学和会计知识的学习区分开，形成两条完全独立的学习路径，会计和法律很难自觉形成交叉学科、融合学习的意识。所以，如何转变学生长

① 无效情况包括：7 份数据因为漏答过多而视为无效；5 份数据因为没有按指示答题而无效。

期以来形成的单一型学科观念成为关键。此外，超半数学生会出于会计课程难度等因素的考虑，在培养方案没有强制要求某个会计类课程为必修的情况下，主动避开这类课程，以免加重学习负担。部分学生会主动去学习这类课程，从而提升自己的专业能力。因此，应当重视完善法务会计专业课程体系设置，促进法学、会计学学习双向平衡发展。

（四）访谈记录

针对此次调查，笔者以线上采访形式对多名高校教师、法院工作人员、律师事务所人员、检察院工作人员、仲裁机构仲裁员以及法务会计专业在读优秀学生等进行了访谈，旨在掌握当前情况下学生在法务会计学习过程中的体验与存在的问题，以了解法务会计当前就业形势及实务方面具体的需求情况。我们从中选取了几份具有典型代表意义的访谈记录，下面分为两个需求层面来分析访谈过程中反映的信息。

1. 从实务中对于法务会计的需求层面

有些法院工作人员认为，复合型人才是大势所趋，无论是法务会计人才还是法学加计算机等人才，都是实践中需要的，会相对更受欢迎。

有些律师认为，在今天法律人才处于买方市场的情况下，传统法律人才的培养生产模式已经远不能适应现实的需要，专业复合型法律人才培养路径的探讨正是基于这一问题或现象而提出来的。市场细分促使法律服务市场更加转向专业化，专业化的法律服务市场急需具有相应专业特长的复合型法律人才。

对此，检察院工作人员则表示，法务会计在当前社会就业市场上具有巨大潜力，但真正符合市场需求的实务型法务会计人才仍然十分稀缺，供给渠道十分狭窄，亟待解决。

就仲裁机构而言，仲裁员来源广泛，各行各业都有。

2. 从供给上对于人才培养需求层面

江西财经大学会计学院有老师认为，法务会计是一种很好的复合型人才培养方式，符合企业人力资源要求，就业方向不局限于法律或会计，其他单位甚至行政事业单位都可能需要法务会计专业人才，比如法务会计就非常契合大企业中董事会秘书工作的需求。

现实是，一方面法律院校每年所培养的毕业生供大于求，另一方面法律用人单位常因难觅所需人才而头疼。传统法律专业培养模式受到严峻挑战，而专业复合型法律人才的培养可能会成为突破方向之一。

江西财经大学法学院一名本科生表示，专业分流时选择法务会计的原因是为了拓宽视野，走出法学单一学科背景的圈子，未来可能考虑“财经＋法律”

的职业方向，可见在学生层面确有复合背景、多元发展的需求。

经调查我们发现，实际上存在着三种需求：需求一为法院、检察院、律所、仲裁机构等在学科交叉融合背景下，存在对于复合型人才的需求；需求二为学生自身在就业选择、未来规划上，希望多元化发展，拥有复合学科背景的需求；需求三为共同需求，需求一、二之间良性互动，即双方存在共同的需求：推动完善法务会计专业建设。

三、江西财经大学法务会计人才培养体系的局限

探究江西财经大学特色培养模式，并进一步调查研究后我们发现，在已有经验基础上，江西财经大学法务会计人才培养虽初见成效，但仍存在部分不足，具体分析如下：

（一）受传统的单学科观念惯性影响

法务会计学生很容易受到传统的氛围和周边其他大类学生的影响，观念尚难完全转变，不自觉地将法学和会计学分立起来，很难打通两门学科之间的壁垒。

（二）难逃“法学课程为主，会计课程为辅”的教育模式

江西财经大学采用的是在法学专业下设置法务会计方向的教育模式。统招法学类专业学生，在学生入学第一学年末采用自愿报名与择优选择的方式进行分流，学生在法务会计专业学习毕业后被授予的依然是法学学士学位。按照人才培养方案规定，法务会计专业学生也必须修满符合法学学士申请要求的法学课程学分，在学生所修学分总量有限的情况下，不可避免地会限缩会计学及法务会计有关基础知识课程的学分，造成法学专业下的法务会计专业方向学生的课程设置以法学基础知识课程为主，会计类及法务会计类课程为辅的局面。

（三）易陷入“法律专业课程＋会计专业课程＝法务会计专业课程”拼盘式设计窘境

有关法务会计专业方向的课程设置，除了会计学原理、中级财务会计、审计学三门入门型会计学科被纳入专业必修板块外，其他会计相关课程，如高级财务会计、财务管理、财务报表分析等直接被纳入了专业选修板块。考虑到课程难度、开班人数、学分设置等因素，学生大多选择避开会计选修课程。这种课程设置导致培养出来的法务会计专业学生仍然难逃单一型专业禁锢。一方面，学生的日常学业任务本就繁重，并不能完全掌握每一门课程知识，特别是对于会计类课程知识更是浅尝辄止；另一方面，法学和会计学本身作为两个应用型较强的学科，各自有完善的人才培养课程体系，导致法务会计专业的开设课程

往往拼盘式设计，成了会计学、法学知识课程的简单叠加，而没有实现真正的学科交叉融合。此外，这种课程设置可能会导致学生陷入掌握法律知识不系统、会计专业理论不扎实的双输境地。

（四）单一实践教学无法完全满足法务会计人才培养需求

法务会计建立在法律专业知识基础上，融合会计领域相关理论和技术，为解决法律实践中涉及的各种财会问题，培养的是既懂法律又精会计的复合型人才。虽然学院开设了模拟法庭、现实庭审等法律实训课程，但缺少像会计账务处理、沙盘模拟等形式的会计实践课程教学，学生在掌握了庭审、诉讼技巧后，如遇到经济类犯罪，需要司法会计鉴定、财务造假甄别、舞弊调查时，依旧很难自觉将财务类知识技能运用其中，不能真正做到融会贯通。

四、探索交叉学科复合型人才培养体系的新路径

在当前构建新文科的背景下，财经类法学专业复合人才培养成了一个热门话题，已有不少高校对此开展了探索性尝试并取得了一定成果。江西财经大学从法务会计角度出发，努力培养具有“信敏廉毅”素质，具备“法律信仰、法治思维、法学素养和创新精神”的复合型人才。下面笔者将以法务会计人才培养模式的国内外对比、国内法务会计专业发展情况以及以江西财经大学法务会计专业建设为例提出若干建议，以期推动法务会计专业获得更好的发展。

（一）推动法学与会计学深度融合

本文所述的法务会计是懂会计的法律人才，在此不再赘述法学培养，而聚焦于当前法务会计专业人才培养过程中无法忽视的一个问题，即法律人才与其会计学科背景的融合程度到底如何。基于上述认识，法务会计是懂会计的法律人，所以在某种程度上可以认为法学水平决定了法务会计人才的下限，而会计水平决定了其上限。当前部分高校培养过程中出现了法学与会计学联系不紧密，会计学学习走马观花等问题，为加强法务会计人才培养过程中的会计教育，提高法务会计人才水平，本文具体建议如下：

1. 多种方式促进观念转变，营造法学－会计交叉融合学术氛围

我国本科教育中各学院各专业分班分学制，专业教育相对独立。为推动法学、会计学科之间的交流、碰撞，传递学科交叉融合的观念、奠定思想基础，可以通过座谈会、论坛等形式引领学生相互交流探讨，碰撞思想的火花，营造学科融合的学术氛围。江西财经大学一直保持每年举办学术节的传统，已有 30 余年。学术节是其历史最悠久、关注度最高、规模最大的活动之一，为学生提供了跨院的学术交流途径与实践创新平台，推动不同学院学生之间思想的交融碰撞。

2. 专班培养，小班化教学，实现小而精的教学效果

会计学与法学本身存在差异，会计学类似于数理等学科，大多追求唯一正确结果，而法学则更讲究开放思想，造成许多法学生初识会计时会存在学习上的冲突。法务会计专业培养采用小班化教学，班级人数限制在45人以内，会计学原理等课程人数不超过30人。这类小班化教学模式有助于教师了解每名学生的知识掌握程度，达到精细化培养的教学效果。

3. 拓展法务会计教学范围，培养满足实践需求的人才

当前，法务会计教学往往局限于普通法学与会计学，而法务会计一般应用在调查取证、犯罪侦查、法庭质证等环节，培养法务会计人才应当提供刑侦学等课程的辅修，并紧跟市场的需求。江西财经大学拓宽教学法务会计的教学范围，在培养方案中开设了财务报表分析、信托法律事务、舞弊审计等课程，以便培养出能够与实践要求对接的新型人才。

4. 加强实操教学，培养应用型综合能力

江西财经大学法务会计的培养目标为“具有财经专业知识背景的应用型、复合型法律人才”，为此应加强实务应用教学，避免理论脱离实际。法务会计培养坚持理论与实践并重，以多种方式让学生在学习过程中体验实务，如会计类课程中使用真实会计账册以及模仿真实会计做账过程，并借鉴各省经验。例如，湖南省检察院与湖南财政经济学院共建湖南省法务会计研究基地，为反舞弊、反假账、反腐败、反侵占和加强风险管理提供智力支持；海门农村商业银行与南京审计学院法学院共同建设法务会计、法务金融教学实践基地，加快产学研一体化和金融创新，提升业务创新能力、风险防控能力、市场竞争能力和品牌影响力。

5. 延长专业学制，打牢理论和实践基础

法务会计作为复合型学科，其所涉及内容的广度与深度都大于单一学科，学习、掌握无疑存在很大难度。因此，可效仿部分医学本科设置五年学制，以培养更符合现实需要的法务会计人才。

6. 引入大数据技术，顺应新型教学

如今实务过程中会大量使用人工智能、大数据等新兴技术，对于法务会计人才培养而言，数据检索、分析能力是必不可少的。江西财经大学2019年开设法学（数据法学）专业，使法学与大数据相结合，培养具备智慧法务战略管理能力、智慧法务项目策划实施能力、数据法律纠纷防范处理能力的高端法律人才。国内法务会计领域可借鉴数据法学的人才培养经验，在人才培养过程中引入适合法务会计定位的大数据技术教学。

（二）以硕士生培养经验促进本科教育，推动“研本联动”式发展

随着经济社会发展，国内外许多大学已经开始探索本科人才培养模式的新道路，以研究生教育促进本科阶段培养水平的做法逐渐进入人们的视野，构建以研究为基础的本科教学体系成为本科人才培养的重要趋势。复合型人才培养往往涉及两个乃至更多的学科，在本科阶段同时专精往往存在一定困难，而研究生阶段实现则相对容易。因此，重视法务会计研究生阶段的投入，推动“研本联动”，以研究生阶段的教育促进本科教育，带动本科法务会计的教学质量与水平也许是一条可行之路。

1. 贯通本科生与研究生教育资源，实现双向交流互动

相较于研究生阶段，本科学习的广度与深度都稍显不足，可以通过支持鼓励学有余力的本科生选修部分研究生课程，使得研究生教育的优质资源反哺本科生，研究生教育的学术性、专业性、创新性等特点势必会增强本科生教育的质量，激发本科生的创新精神，鼓励其自主学习，主动探究。但在本科生选修研究生课程过程中，不能降低难度迎合本科生，否则将失去其锻炼作用，可提醒本科生根据自身水平慎重选择，避免出现贪多嚼不烂的现象。

当前大多数高校本科生与研究生之间存在“边界”，双方的交流少，而研究生作为经历过本科教育的学生，其学习过程中的经验与教训对于本科生来说极具价值，应积极推动研究生与本科生的交流。例如，江西财经大学“中国法务会计的发展与展望”主题讲座将本科生和研究生串联到一起，促进本硕联动，实现教学互长，不仅受到本科生和研究生的一致好评，也有助于促进法务会计专业的发展。另外，还可模仿导师制为每若干本科生配备一名优秀研究生作为帮扶学长。

2. 推动学术领域发展，夯实理论基础

时至今日，法务会计方面的学术论文、专著等仍然十分稀缺，国内有关的高层次学术会议也不为多见，这不利于法务会计学科的长远发展。高校可举办相关学术赛事，鼓励撰写法务会计领域论文，为法务会计学科进步添砖加瓦，还可联合各高校和研究机构共同举办高层次学术会议，搭建法务会计学科的上层建筑。

（三）深化产教融合，推动校企合作

习近平同志在党的十九大报告中指出要深化产教融合，国务院办公厅印发的《关于深化产教融合的若干意见》明确“四位一体”制度架构，推动产教融合从发展理念向制度供给落地。江西财经大学对于校企合作十分重视，法学院是江西省唯一的国家级大学生校外实践教育基地，先后与江西省高级人民法院、江西省

人民检察院、江西华邦律师事务所等40余家单位签订实习实践基地协议。

1. 校企合作提供就业实践基地，加强法务会计人才实践锻炼

当前社会上与法务会计专业对口的工作岗位仍然不多，除检察机关的“司法会计”职位外，国内仅有少部分律所和会计师事务所设有法务会计职位。校企合作有助于提供更多符合法务会计人才定位的实践机会，加强人才培养过程中的实践锻炼。

2. 推动校企间人才流动，实现双向共赢

校企间人才互通有助于校企双赢，一方面可为法务会计学生提供更偏向实务方面的指导，符合应用型人才培养要求，另一方面也能为企业提供高水准的学术建议，特别是对法学、会计专业性要求高的领域，实务离不开学术的帮助，反之亦然。

3. 校企资源分享互通，推动产学互相促进

高校有丰富的理论与教学经验，拥有场地、人员等资源，而企业拥有资金、技术、实践机会等，双方可以互换差异性资源，取长补短，达到以学促产、以产助学的效果。对法务会计而言，许多学生对法务会计实务没有形成系统概念，资源共享有助于破解这一法务会计人才培养中的困局。

（四）借鉴国外先进经验，完善我国法务会计人才培养体系

法务会计起源于美国，我国起步较晚，经验相对不足。在“9·11”事件中，警方大量借助法务会计进行反恐调查，大型会计师事务所也纷纷增设法务会计部门。时至今日，我国法务会计的发展仍然十分滞后，学习借鉴法务会计发展已经较为完善国家的经验不失为一个较好的选择。

1. 改进高校教学模式

美国对于复合交叉型学科有比较成熟的规定，其学科专业目录中单独设置了“交叉学科”“综合学科”两个学科群。参考其促进复合型学科研究与人才培养的经验，我国可加强教育资源分配的战略布局，实行复合型学科专项计划，重点扶持复合型交叉学科，改变过去单一学科的教育理念，推动复合型学科的发展。

2. 扩大人才供给，改进课程设置

美国高校承担着法务会计人才培养的重要责任，专业开设和课程设置成为人才培养过程中的重要环节。目前，美国纽约大学、康奈尔大学在内的90余所美国高校均开设了法务会计课程，在课程设置上，各高校、学院不尽相同，一般侧重于舞弊审查、法务与调查会计以及犯罪学及舞弊法律后果等专业课。我国可鼓励高校开设法务会计专业，增加人才供给。同时促进行业内部良性竞争。人才培养之关键在于师资力量，国内法务会计教师主要来自法学院和会计学院，

同时掌握法律和会计知识的复合型教师很少，难以适应高校法务会计人才培养的需求。因此，推动法务会计教育发展势必要从高校师资入手，打造一支复合型教师团队。

五、结语

法务会计作为一门交叉学科，在人才培养模式上，应该区别于传统学科人才培养方式，法学与会计学的学习与实践运用不能偏废的同时应该加强两学科的融合，并以相关学科为补充。从人才培养规格来说，法治理念、法律知识、法律技能与会计知识、会计理论、会计技能等实现有机融合才能造就法务会计人才。

本文基于江西财经大学法务会计专业教育教学现状，系统分析、重新审视法务会计专业人才培养机制，探讨在新文科背景下交叉复合型学科法务会计人才培养的新路径。研究结果表明，为推动法学与会计学理论知识深度结合，要引导学生转变传统单一型学科思想观念，营造交叉融合学术氛围；拓展法务会计交叉领域教学范围，增强实操讲授；紧跟市场需求，及时对课程体系与教学内容进行调整，避免与社会脱节；加大法务会计研究生阶段投入，以研究生培养经验反哺本科教育；鼓励双向联动，推动不同学院间的交流合作，发挥财经类学校的教学优势；深化产教合作，校企联动，以加强人才培养过程中的实践锻炼，打造应用型法务人才。市场瞬息万变，教育不断变革，在新文科背景下优化复合型法务会计人才培养方式，要在遵循传统路径的基础上，将创新理念引入教学，既总结经验，又创新突破，构建完善的人才培养体系。

参考文献

[1] 马俊．硕士生课程体系反哺本科生培养的研究：以数理与信息工程学院研究生教育为例［J］．开封教育学院学报，2014（2）：183－184.

[2] 徐鹏．构建校企合作的法务会计应用型人才培养模式研究［J］．中国市场，2018（35）：112－117.

[3] 杨晓芳．关于加强法务会计人才培养的思考［J］．广西质量监督导报，2019（10）：43－44.

[4] 赵文华，程莹，陈丽璘，等．美国促进交叉学科研究与人才培养的借鉴［J］．中国高等教育，2007（1）：61－63.

[5] 金泽男．中美两国法务会计人才培养模式比较研究［J］．商业经济，2019（31）：84－85.

[6] 唐亮，侯姗姗．复合型会计人才培养模式研究：以法务会计为例[J]．菏泽学院学报，2020（1）：69－72.

[7] 程乃胜．法务会计专业人才培养规格与课程体系建构深析[J]．南京审计学院学报，2010（1）：40－44.

司法会计鉴定创新探讨

有关司法会计鉴定若干理论与实务问题的思考

中国政法大学　张苏彤

【摘　要】本文就我国司法会计鉴定领域大家普遍关心的热点问题和疑问、困惑做了集中的阐述与论证。这些问题包括："四大类"之外的司法会计鉴定是否已经被司法部取消？审计与司法会计鉴定有怎样的关系？既然审计报告具有证明效力，审计报告能否替代或等同于司法会计鉴定意见书？审计报告是否可以认为是书证？注册会计师的鉴证业务与司法会计鉴定业务具有怎样的关系？只要取得了注册会计师资格就一定具有做司法会计鉴定的资质吗？在回答了这些问题之后，本文就如何尽快改变我国司法会计鉴定领域的乱象，推动我国司法会计鉴定相关法规与制度建设以及实务发展给出了自己的建议。

【关键词】司法会计鉴定，审计 乱象，资质，资格

2017年11月司法部发布《关于严格准入、严格监管，提高司法鉴定质量和公信力的意见》（以下简称"双严"意见），将司法会计鉴定排除在"四大类"鉴定之外，此后我国司法会计鉴定领域出现了一定程度上的混乱。其中既有相关人员对司法会计鉴定相关理论问题思想认识的混乱，也有监管机构对司法会计鉴定疏于监督管理而造成的司法会计鉴定机构和鉴定人员良莠不齐、鱼龙混杂等现象。不少司法会计鉴定人法律素质差，职业道德和执业能力达不到应有水平，其出具的司法会计鉴定意见质量低，影响司法公正和诉讼效率，损害诉讼当事人的合法权益，在一定程度上对司法会计鉴定行业的社会形象造成了不利影响。面对如此乱象，司法会计鉴定领域的不少学者和实务工作者忧心忡忡，深感此种乱象不能继续，亟须纠正。

本文就我国司法会计鉴定领域大家普遍关心的热点问题和疑问、困惑进行集中的阐述与论证，其中观点属一家之言，欢迎大家批评指正。

一、司法会计鉴定没有被纳入统一登记管理的范围，是否意味着司法会计鉴定被取消？司法会计鉴定业务从此不复存在？

司法部"双严"意见发布之后，一些省市的司法行政管理部门存在误读误解，认为司法部注销了除"四大类"之外的鉴定机构，注销了"四大类"之外

司法鉴定业务和司法鉴定人。不少人士将原本一项纠正违法行政许可的活动误解为司法会计鉴定被排除在统一登记管理范围之外，司法部取消了司法会计鉴定业务，司法会计鉴定从此不复存在了。这种认识与观点是错误的。

司法会计鉴定与司法机关侦办、审判、定性新型经济、金融、证券类等经济犯罪案件密切相关。随着我国社会主义市场经济的发展，经济案件越来越多，也越来越复杂，司法会计鉴定的需求越来越旺盛。司法会计鉴定业务的存在是司法实践对涉及复杂会计专门性问题经济案件的侦查与审判活动的客观需要，其不以某个行政管理部门文件是否认可并纳入统一登记管理为前提。这里的道理非常简单：复杂经济案件常常涉及复杂的会计专门性问题，这些问题往往超出案件侦查人员和审判人员的知识与经验范围。在这种情况下，为了维护司法公正和诉讼当事人的合法权益，依法聘请“有专门知识的人”作为司法会计鉴定人，运用其专业知识与经验，对涉案会计专门性问题出具“司法会计鉴定意见”，协助其他诉讼参与人了解案件中的会计专业问题，以便给出公正的判决便是顺理成章的事情。可以这样说：当今社会，只要还有经济犯罪案件和经济纠纷案件发生，只要存在社会分工，司法会计鉴定就不会消亡。司法会计鉴定业务的存在基于经济案件诉讼活动的客观需要，是不以人的意志为转移的。

在我国，司法会计鉴定业务的存在是有着坚实可靠的法律依据的。这些法律依据包括我国刑事诉讼法第一百四十六条、民事诉讼法第七十六条和监察法第二十七条①。其核心要义是“诉讼活动中存在某些需要解决的专门性问题，为查明案情，可以指派或聘请鉴定人进行司法鉴定”。上述法条中并没有将需要解决的专门性问题局限于只有“四大类”鉴定才能解决的问题，而是涵盖了包括司法会计鉴定业务在内的所有司法鉴定类型。

之所以出现上述错误观点，主要原因在于一些部分人士对司法部相关文件出现了误解误读。司法部“双严”意见发布之后，2018年12月5日又发布了《关于严格依法做好司法鉴定人和司法鉴定机构登记工作的通知》（司办通〔2018〕164号），对“四大类”之外的鉴定有这样的说明：“司法行政机关虽然不再登记从事‘四大类’外鉴定业务的法人或其他组织及有关人员，但其仍

① 《刑事诉讼法》第一百四十六条：为了查明案情，需要解决案件中某些专门性问题的时候，应当指派、聘请有专门知识的人进行鉴定。《民事诉讼法》第七十六条：当事人可以就查明事实的专门性问题向人民法院申请鉴定。当事人申请鉴定的，由双方当事人协商确定具备资格的鉴定人；协商不成的，由人民法院指定。《监察法》第二十七条：监察机关在调查过程中，对于案件中的专门性问题，可以指派、聘请有专门知识的人进行鉴定，鉴定人进行鉴定后，应当出具鉴定意见，并且签名。

然可以依法接受办案机关或者有关组织、个人委托，为案件或者其他活动中涉及的专门性问题提供鉴定服务。”由此可见，我国司法行政管理机关的本意并不是要注销“四大类”外的鉴定业务，而是要严格准入、严格监管“四大类”鉴定，对法律法规没有明确纳入统一登记与管理的其他类型的司法鉴定，司法部不再实行行政准入管理制度，而交由行业协会进行管理。

目前司法鉴定的业务门类有 1 100 余种。在为数众多的司法鉴定类型中，除了法医类、物证类和声像资料类以外，司法会计鉴定是运用最多的一类司法鉴定。特别是近些年来，伴随着复杂经济案件数量的大幅度攀升和我国司法体制和诉讼制度的改革，越来越多的司法会计鉴定意见以法定证据形式出现在诉讼活动中，为客观公正地审理经济案件发挥了重要作用。事实上，司法部早就有意将司法会计鉴定纳入统一登记管理的范围。在 2015 年，司法部在答复全国政协委员石文先的函（《司法部关于政协十二届全国委员会第三次会议第 1539 号提案答复的函》）中就明确表示将适时启动商“两高”程序，将司法会计鉴定等诉讼急需的鉴定事项纳入统一登记的管理范围。后来由于司法部领导调整，此事暂时被搁置下来。但是司法会计鉴定的重要性与社会需求不会因为其未被纳入行政许可的范围而有所降低。

图 1 是笔者利用裁判文书网案例库中的数据所完成的一项调查。调查数据表明，自 2014 年起，运用到司法会计鉴定的诉讼案件数开始大幅度增加。其中 2018 年运用到司法会计鉴定的诉讼案例占比 22.44%，较 2017 年增长 3.82 个百分点；2019 年运用到司法会计鉴定的诉讼案例占比 23.61%，较 2018 年增长 1.17 个百分点。显然，我国诉讼活动对司法会计鉴定业务需求的增长趋势并没有因为司法会计鉴定没有被纳入统一登记管理范围而有任何改变。

	裁判年份	运用到司法会计鉴定意见案例数	百分比
1	2004	0	0.00%
2	2005	1	0.00%
3	2006	1	0.00%
4	2007	2	0.01%
5	2008	4	0.02%
6	2009	9	0.04%
7	2010	10	0.05%
8	2011	32	0.15%
9	2012	56	0.26%
10	2013	282	1.29%
11	2014	1 661	7.60%
12	2015	2 636	12.05%
13	2016	3 032	13.86%
14	2017	4 071	18.62%
15	2018	4 908	22.44%
16	2019	5 164	23.61%
合计		21 869	100.00%

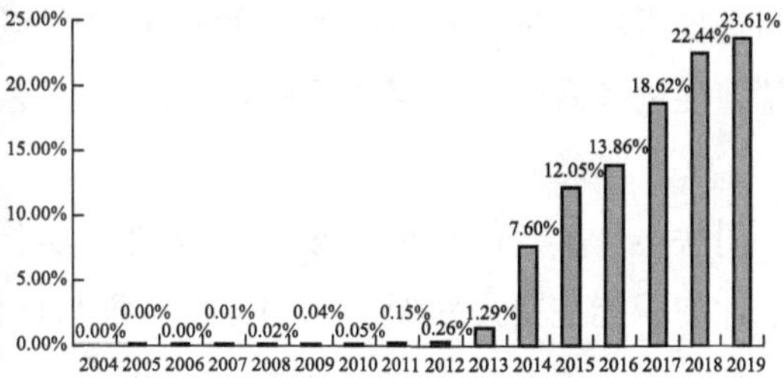

图 1　2004—2019 年运用到司法会计鉴定意见的案例数量

二、审计能否替代司法会计鉴定？审计报告能否等同于司法会计鉴定意见书？

目前，我国不少司法行政管理官员、公安经侦人员、人民法院审判人员、律师甚至某些会计师事务所注册会计师，都认为司法会计鉴定已经不存在了，可以用审计取代司法会计鉴定。在诉讼活动中，我们时常可以看到注册会计师接受公安经侦部门的鉴定聘请书，但出具的却是审计报告或专项审计报告。一些法官甚至搞不清楚审计与司法会计鉴定的区别，在其出台的文件中将“会计审计”等同于“鉴定”①，而更多的基层法院法官毫无章法地将注册会计师出具的审计报告或专项审计报告当作司法会计鉴定意见来用，造成了相当程度的混乱。

事实上，审计与司法会计鉴定有着明显的差别。司法会计鉴定属于鉴定业务，主要服务于诉讼活动；而审计属于经济监督业务，用于经济主体对经济管理活动的监督。二者在诸多方面均有显著的差别。

（一）定义及本质不同

司法会计鉴定是指在诉讼中，为了查明案情，指派或聘请司法会计鉴定人员，运用审计学、会计学、法学的专门知识，对案件中涉及的有关会计专门性问题进行鉴别和判断并提供鉴定意见的一项司法诉讼活动；审计是由独立于被审计单位的机构和人员，依据相关法律法规对被审计单位的财政、财务收支及其有关经济活动的真实、合法和效益进行检查、评价、公证的一种监督活动。审计的本质是一项具有独立性的经济监督活动；司法会计鉴定的本质是一项司法诉讼活动。

（二）目的不同

司法会计鉴定的目的是为了司法机关查明案情，给解决案件中的会计专门性问题提供法定证据；审计的目的是维护财经纪律，改善经营管理，提高经济效益，促进廉政建设，保障国民经济健康发展。

（三）职能不同

司法会计鉴定的职能主要是为案件事实提供证据或为案件侦查指明方向，而审计的职能主要是对经济活动进行监督与评价。

（四）采用的技术方法不尽相同

审计可以实施抽查法、函证法及询问法等方法。由于司法会计鉴定意见是

① 最高法院办公厅在回复人大代表的信函（法办函〔2015〕433号）中将“会计审计”称为“鉴定”。

法定证据形式，必须符合证据的“三性”要求，即真实性、合法性与关联性要求。由于这些审计常用的方法无法保证司法会计鉴定意见满足证据的“三性”要求，故司法会计鉴定不得采用抽查法、函证法及询问法。

（五）程序步骤不同

司法会计鉴定按委托单位要求，先要设定委托鉴定事项，然后针对该事项去查找、检验相应财务会计资料及相关证据，最后对涉案财务会计事实及结果进行确认；而审计一般是从全部财务会计资料着手，全方位查找管理、评价等需要的信息或违反财经纪律、舞弊账项等信息，向管理当局或社会公众等会计信息使用者披露相关信息，因而事先无须设定具体的审计事项。

（六）主体的权力不同

依据《审计法》规定：审计机关进行审计时，审计人员有权就审计事项涉及的相关问题向有关单位和个人进行调查，并取得有关证明材料。根据该条规定，审计人员拥有审计调查权；而就鉴定人的权力而言，我国刑诉法规定了侦鉴分离的原则，即担任过某案的证人、鉴定人、辩护人和诉讼代理人的，应该自行回避担任案件的审判人员、检察人员和侦查人员。可见，在刑事案件中，司法会计鉴定人无侦查权，不能开展案件的调查取证。

（七）依据的规范标准不同

司法会计鉴定意见是法定证据之一，必须体现证据的“三性”，即客观性、关联性、合法性，无论哪个鉴定环节都必须严格执行诉讼法律规范规定的程序；而审计报告一般不作为诉讼证据使用，只要执行审计准则等规范标准即可，相对于诉讼法律规范标准，审计规范的法律位阶较低，要求也相对宽松。

（八）鉴定材料不完整、不充分时的处理办法不同

当审计的范围受到限制或被审计单位的审计资料不完整时，审计依然可以进行，此时审计师可以出具保留意见或无法表示意见的审计报告；而对于司法会计鉴定而言，当检材不完整、不充分时，鉴定人应该要求委托人补充提供必要的检材，如果委托人无法或拒绝补充检材，鉴定人应该拒绝接受鉴定委托。司法会计鉴定不允许在检材不完整、不充分的情况下出具鉴定意见。

（九）证据效力不同

按照我国《刑事诉讼法》第五十条规定，证据包括：物证，书证，证人证言，被害人陈述，犯罪嫌疑人、被告人供诉和辩解，鉴定意见，勘验、检查、辨认、侦查实验等笔录，视听资料，电子数据。由此可见，司法鉴定意见是我国《刑事诉讼法》规定的法定证据形式之一。而审计报告则被排除在八项法定证据形式之外，只能作为一般性资料供审判人员参考，其证明力显然比司法鉴

定意见要小得多。

可见，审计与司法会计鉴定是两类完全不同的业务类型，不能将注册会计师出具的审计报告或专项审计报告等同于我国《刑事诉讼法》第五十条所规定的“鉴定意见”。任何试图将审计报告或专项审计报告等同于“司法会计鉴定意见”的说法与做法都是没有法律依据的。

在诉讼活动中，允许注册会计师实施审计调查活动并以审计报告替代司法会计鉴定意见是十分危险和有害的。我国《注册会计师法》《审计法》赋予了审计人员调查权。如果允许注册会计师在涉及会计专业问题的诉讼案中运用审计的方法调查取证并出具审计报告，在同一诉讼案件中就会出现与办案人员案件侦办相平行的调查活动，这样有悖于我国诉讼法所规定的“侦鉴分离”的原则，会带来“自侦自鉴”的恶果。我国三大诉讼法之所以未将审计列为法定调查措施，未将审计报告列为法定证据形式就是出于这样的考虑。

一旦允许注册会计师沿用审计的方法、思路开展司法会计鉴定，我们便可能时常看到这样的景象：注册会计师亲自到被鉴定单位调查取证，在检材不完整、不充分的情况下，照样可以出具审计报告，当事人口供、笔录等言词证据堂而皇之地成为出具审计意见的证据。甚至可能看到注册会计师先对被鉴定单位的资产进行评估，然后在自己的资产评估报告基础上再出具鉴定意见，“既当运动员，又当裁判员”。这样可能导致他们在审计报告中就案件的法律定性发表意见，甚至在审计意见中越俎代庖地替法官给当事人定罪。而由注册会计师主导的司法会计鉴定过程中，采用审计常用的抽样调查的方法、函证的方法和询问面谈的方法将是家常便饭。上述种种做法，既没有法律依据，也不符合法律对司法鉴定的基本要求，其出具的审计报告或专项审计报告无法切实做到证据的“真实性、合法性与相关性”，会影响司法会计鉴定工作的正常开展，还可能导致因审计操作而带来的各种诉讼风险。现实中，已经出现以审计规则形成的意见作为鉴定意见采信，导致包括死刑在内的错案的发生。这一现象如果任其发展下去，会导致冤假错案的大幅度增加，给我国在各类经济案件诉讼中贯彻依法治国基本方略带来十分不利的影响。

三、《注册会计师法》第十四条的规定是否可认为是将审计报告同于司法会计鉴定意见的法律依据？

我国《注册会计师法》第十四条：“注册会计师依法执行审计业务出具的报告，具有证明效力”，有些人认为此项规定是将审计报告等同于司法会计鉴定意见的法律依据。本文在此要提醒，《注册会计师法》第十四条所提到的“证明效力”与证据法意义上的“证据能力”是有着明显区别的。

证明效力简称为证明力，指证据在认定事实上发生作用的力量，即证据对于事实的裁判者形成心证的影响力，包括证据的可信性和狭义的证明力两个方面。前者指撇开证据与待证事实的关系而言，证据本身是否值得相信；后者指同待证事实的关系上，证据能否证明待证事实以及在多大程度上证明待证事实；有无证明力以及证明力的大小，不同证据各不相同，法律对此不予预先的规定，一项证据有无证明力以及证明力的大小，原则上由审判人员运用自由心证自主判断。

证据能力是指一定的事实材料作为诉讼证据的法律上的资格，或者说是指证据材料能够被法院采信，作为认定案件事实依据所应具备的法律上的资格。

证据能力和证明力是相互联系又有区别的两个概念。前者是指是否具有证明案件事实的资格，后者指证据在多大程度上对案件事实起到证明作用。作为认定案件事实的依据，证据必须既具有证据能力，又具有证明力。只有证明力但不具有证据能力的证据是不能作为认定案件事实的依据。

依据《注册会计师法》第十四条的规定，审计报告或专项审计报告可以说具有证明效力，但是不能说其具有证据能力，我国三大诉讼法均未将“审计报告或审计意见”列为法定证据形式。审计报告或审计意见不具有证明案件事实的法定资格。故任何试图以审计报告或专项审计报告替代司法会计鉴定意见的说法与做法都是没有法律依据的。

四、审计报告不能等同于司法会计鉴定意见，那么是否算是书证？

不少学者认为审计报告既然不能等同于司法会计鉴定意见，那么至少可以算是书证吧？书证是三大诉讼法规定的法定证据形式，那审计报告不就具有了法定证据形式了吗？这种观点是错误的，这种错误的认识源于相关人士不熟悉证据法。

书证是指用文字、符号或图画所表达的思想内容来证明案件事实的证据。常见的书证包括合同书、公私文书、会计凭证、租赁契约、结婚证、房产证、商标、信件、电报、牌号、车船票、运输单据、交通事故责任认定书等。书证是用思想内容来证明案件事实的，书证的思想内容是通过文字、符号或者图画等表达的。

（一）证据属性

“书证则属于广义上的实物证据，比如：合同书、各种各样的公/私文书、会计凭证、租赁契约、结婚证、房产证、商标、信件、电报、牌号、车船票、各种运输单据，与那种通过言词陈述表达的言词证据有着实质的区别”①；而审计报告或专项审计报告和鉴定意见等都属言词证据，是“有专门知识的人”接受委托运用专业知识和专业技能得出的专家意见，是人的主观意见的书面表述。从这个意义上讲，将审计报告归类到书证是毫无道理的。

（二）形成时间

书证是在案发前或案发期间形成的，而审计报告是在案发以后形成的。“书证的显著特征在于其形成的时间是在案件发生之前，或者是在案件发生的过程中形成的书面文件或其他物品，这些文件或物品所记载的内容或者思想恰恰能够证明案件的某一待定事实。”② 而审计报告肯定是在案发以后形成的。从这个意义上讲，将审计报告与书证混为一谈是毫无道理的。

（三）取得方式

书证一般是办案人员通过勘验检查、搜查、扣押等方式取得的，审计报告显然不是这样得来的，它不存在于勘验检查笔录等记载中，也不可能存在于搜查笔录记载中，更不可能有扣押清单来印证，审计报告是通过办案机关委托的方式取得的。从这个意义上讲，将审计报告等同于书证是没有道理的。

由此可以得出如下结论：从证据的属性来看，审计报告或专项审计报告属言词证据，不具有法定证据的形式，尽管它常以书面文件的形式存在；书证属实物证据，是我国三大诉讼法都明确的法定证据形式。书证与审计报告在证据的属性、形成的时间以及取得的方式等方面均有显著差别，不可将两者混为一谈。

五、注册会计师可以依法做鉴证业务，注册会计师出具的鉴证报告可以等同于鉴定意见吗？

在诉讼实务中，我们时常可以看到有些注册会计师接受司法部门的委托出具鉴证报告的情况。注册会计师出具鉴证报告的法律依据是《中华人民共和国注册会计师法》《中国注册会计师鉴证业务基本准则》《注册会计师业务指导目录》。由于有上述法律依据，有些人士提出，注册会计师出具的鉴证报告可以等同于诉讼法意义上的鉴定意见的观点。

笔者认为，上述将注册会计师出具的鉴证报告等同于诉讼法意义上的鉴定意见书的观点是错误的。

---

① 陈瑞华．刑事证据法学［M］．北京：北京大学出版社，2014：169.

② 陈瑞华．刑事证据法学［M］．北京：北京大学出版社，2014：170.

（一）业务性质不同

鉴证业务与司法会计鉴定业务二者的业务性质存在很大的不同。注册会计师的鉴证业务是指注册会计师对鉴证对象信息提出结论，以增强除责任方之外的预期使用者对鉴证对象信息信任程度的一项经济监督与评价活动。司法会计鉴定则是指在诉讼活动中，为了查明案情，指派或聘请司法会计鉴定人员，运用审计学、会计学、诉讼法学、证据法学等学科的专门知识，对案件中涉及的会计专门性问题进行鉴别和判断，并提供司法鉴定意见的一项诉讼活动。

（二）服务对象不同

司法会计鉴定的服务对象是诉讼活动，为诉讼活动提供相关的证据；注册会计师鉴证的服务对象是资本市场的各参与主体，对经济活动提供鉴证评价意见。

（三）执行主体不同

司法会计鉴定的执行主体是具有执业资质的司法会计鉴定人；注册会计师鉴证活动的执行主体是注册会计师。2017 年司法部发布《关于严格准入、严格监管，提高司法鉴定质量和公信力的意见》（司发〔2017〕11 号）之后，可以认为注册会计师可从事司法会计鉴定，但是并不意味着注册会计师就天然具有从事司法会计鉴定的资质。只有经过专门的司法会计鉴定培训与专业训练的注册会计师才具有司法会计鉴定的资质，才能够成为胜任司法会计鉴定业务的司法会计鉴定人。

（四）目的不同

司法会计鉴定的目的是为了查明案件事实真相，为正确审判提供科学证据；而注册会计师鉴证业务的目的是为了保证经营者提供的财务信息真实、合法、完整，降低使用者的信息风险，维护资本市场稳定，提高社会资源配置效率。

（五）提供的保证程度不同

按照《中国注册会计师鉴证业务基本准则》第八条的规定：鉴证业务的保证程度分为合理保证和有限保证。合理保证鉴证业务的目标是注册会计师将鉴证业务风险降至该业务环境下可接受的低水平，以此作为以积极方式提出结论的基础。有限保证鉴证业务的目标是注册会计师将鉴证业务风险降至该业务环境下可接受的水平，以此作为以消极方式提出结论的基础。司法会计鉴定是通过对与案件有关的会计资料进行判断、检查、验证和鉴定的，以此来查明案件中涉及的会计专门性问题，为正确处理各类经济犯罪与经济纠纷案件等提供会计科学证据。司法会计鉴定的结论性鉴定意见必须是明确而可靠的，必须满足证据的“三性”原则，否则无法通过法庭的严格审查与诉讼参与人的法庭质证，无法成为定案的证据。而鉴证业务及其鉴证报告提供的最佳保证程度仅仅是“合理保证”，完全无法满足作为诉讼证据的客观真实性的要求。

（六）涵盖的业务范围存在显著差异

按照中国注册会计师协会（中注协）发布的《注册会计师业务指导目录(2014年)》，注册会计师的鉴证业务包括了271项业务，其中证券、期货相关业务43项，金融、保险相关业务47项，国有企业相关业务19项，专项审计业务4项，财政预算资金相关业务72项，非营利机构及其他组织相关业务32项，其他鉴证业务6项，其他领域鉴证业务55项。而司法会计鉴定业务被中注协划分到“其他领域鉴证业务”中。而本文认为，将司法鉴定业务划归到其他领域鉴证业务的做法是值得商榷的。鉴定与鉴证看似一字之差，其实相去甚远，不宜将二者混为一谈。

六、注册会计师有资格从事司法会计鉴定，但注册会计师一定有从事司法会计鉴定的资质吗?

笔者在这里提出司法会计鉴定人的资格与资质区别的问题。

资格的概念按照《大辞海·语词卷》的解释，“资”指地位，经历等；“格”：指公令，条例。“资格”指从事某种活动或工作，所应具备的条件、身份等。资格可以认为是准入门槛，进入某行业或领域的强制性要求。

资质的概念按照《辞海·管理学卷》的解释，指人的胜任能力，由一系列影响工作绩效的个人要素组合，包括人格、动机、个人知识与技能水平等。“资质”强调的是知识、经验、技能水平与综合素质。

我国目前只对“四大类”（法医类、物证类、声像资料类和环境损害类）司法鉴定人和鉴定机构实行统一的准入登记管理，要求“四大类”鉴定人和鉴定机构具有相应司法鉴定类别的准入资格与资质。对于没有法律依据，拟申请从事“四大类”外司法鉴定业务的有关人员、法人和其他组织，司法行政机关一律不予准入登记，即对于“四大类”之外的鉴定人和鉴定机构的资质和资格不做统一的要求。依据《刑事诉讼法》第一百四十六条的规定，只要是“有专门知识的人”，就有资格进行相应专业类别的司法鉴定。法律并没有对什么人能够成为“有专门知识的人”给出任何明确规定。

在我国司法会计鉴定行业内，人们普遍认可注册会计师是具有会计审计专门知识的“有专门知识的人”，认可注册会计师具有从事司法会计鉴定业务的资格。但是，笔者不认同只要取得注册会计师执业资格的人就自然具有从事司法会计鉴定业务的资质（专业胜任能力），理由如下：

第一，没有经过全面、系统的诉讼法学、证据法学与司法会计学专业培训与训练的注册会计师不具有从事司法会计鉴定业务所需的知识结构。众所周知，由于学科划分的原因，会计与法学分属不同的两大一级学科，会计专业的研究生、本科生和专科生在校学习期间，极少有机会系统学习法学，特别是诉讼法学、证据法学方面的知识，加之我国注册会计师资格考试科目涉及法学方面的内容仅有税法和经济法，这便造成了我国的注册会计师普遍缺乏法学，尤其是缺乏诉讼法学与证据法学方面的知识与实务技能的训练。注册会计师如果在整个职业生涯中仅从事单一审计业务，法学知识的匮乏对其工作质量的影响并不明显。但是在注册会计师未经任何司法会计鉴定专业的培训与考核的情况下，如果默认其天然具有从事司法会计鉴定的资质，任其在没有任何门槛要求的情况下接受委托从事司法会计鉴定，法学和司法鉴定业务方面的知识与实务技能的匮乏将会严重影响注册会计师出具的司法会计鉴定意见的质量，进而影响诉讼案件审判的公平与公正，甚至可能造成冤假错案。

第二，注册会计师并不具有司法会计鉴定的专门知识，司法会计鉴定业务需要特殊的培训与实务经验的积累。如前所述，审计与司法会计鉴定是完全不同的两种业务类型。注册会计师的审计业务一般不会涉及法律问题，注册会计师一般不会与司法人员、律师以及诉讼活动的当事人打交道，审计报告不会用作诉讼证据，注册会计师通常也不需要出庭参与证据的质证。而司法会计鉴定人则不同，司法会计鉴定人需要与司法人员频繁打交道，出具的鉴定意见书会被用作诉讼证据用来给犯罪嫌疑人定罪量刑，鉴定人需要经常出庭参与对鉴定意见的质证。无论从专业知识背景的要求，还是从专业技能的要求方面看，对司法会计鉴定人的专业胜任能力的要求都高于注册会计师。司法会计鉴定人的专业胜任能力需要专门化的培训与经验的积累才能取得。那种认为只要取得注册会计师执业资格就自然而然具有了从事司法会计鉴定资质的观点必须得到纠正。

在此，笔者要强调如下观点：未经严格司法会计鉴定专业培训与考核的注册会计师，不能称之为司法会计鉴定“有专门知识的人”。未经严格司法会计鉴定专业培训与考核的注册会计师只具有司法会计鉴定的入门资格，并不具有从事司法会计鉴定业务的资质。

七、本文的几点建议

为了尽快改变我国司法会计鉴定领域的乱象，本文有如下建议：

第一，启动修法程序，修订完善《全国人民代表大会常务委员会关于司法鉴定管理问题的决定》（以下简称“2.28决定”），使之升级为我国司法鉴定的基本法。“2.28决定”自2005年2月28日发布至今已经15年了，其间，我国的政治、法律、经济环境发生了巨大变化，2015年虽小幅修订，但其中的许多规定已经不适应我国目前的法治经济发展环境，急需调整。笔者建议全国人大常委会安排调研，制定立法规划，尽快着手对“2.28决定”进行全面修订与升级改造，形成《中华人民共和国司法鉴定法》，立法确认中国特色的司法鉴定管理体制，废除“商两高”的繁琐程序，将全国司法鉴定的监督管理权完全赋予司法部，授权司法部根据诉讼需要确定何种鉴定业务的鉴定人和鉴定机构可以纳入统一登记管理的范围。

第二，司法部要全面担负起对司法鉴定行业的行政管理职责，要切实落实国务院“放管服”改革举措，不能只“放”不“管”，除了继续对“四大类”鉴定实行“严格准入、严格监管”之外，应加大调研力度，研究司法鉴定领域出现的新问题新情况，将司法会计鉴定、工程质量与造价鉴定、资产评估鉴定等与我国经济法治建设密切相关的鉴定项目纳入统一登记管理的范围之内。尽快改变对“四大类”之外的司法鉴定业务只“放”、不“管”、无“服务”的被动局面。

第三，修订《注册会计师法》，为我国注册会计师参与诉讼活动提供法律依据。我国注册会计师的业务范围是由《注册会计师法》加以规范的。现行的《注册会计师法》只规定了注册会计师提供审计业务，并没有对注册会计师参与诉讼活动予以明确规定。建议我国的《注册会计师法》就进一步扩展注册会计师的业务范围进行修订，允许并鼓励注册会计师在以下四个方面参与诉讼活动：①通过参加中注协组织的专业的培训与严格考核具备司法会计鉴定人的资质，并有权接受委托实施司法会计检查与司法会计鉴定活动，出具司法会计鉴定意见；②协助诉讼代理人和辩护人评估涉及复杂会计专业问题的诉讼案件的诉讼风险，制定相应的诉讼策略；③以“有专门知识的人”的身份出庭，就其他司法会计鉴定人出具的司法会计鉴定意见提出质证意见；④就经济案件带来的损失损害进行量化评估。此外，《注册会计师法》还应就注册会计师参与诉讼活动的权利与义务、注册会计师参与诉讼活动的程序及其相关法律责任等问题予以明确规定。

第四，中注协要承担起对司法会计鉴定行业监督管理的职责。目前，司法部将司法会计鉴定业务排除在“四大类”以外，未纳入“严格准入、严格监管”的范围，司法会计鉴定如同被入了另册。在司法部目前还没有将司法会计鉴定纳入统一登记统一管理的范围之前，中国注册会计师协会要承担起对司法会计鉴定行业管理的职责，尽快改变目前司法会计鉴定行业管理弱化的局面。建议中注协研究在注册会计师行业内部建立起与司法体制改革相适应的司法会计鉴定人资质认证考核制度，尽快组织力量制定我国司法会计鉴定准则与技术规范，改变长期以来我国司法会计鉴定无章可循的被动局面，提升司法会计鉴定质量与社会公信力。

司法会计鉴定专家辅助人制度研究

西南政法大学法务会计研究中心　胡耘通　魏晓岚

【摘　要】专家辅助人作为“具有专门知识的人”，是在2012年修正的《刑事诉讼法》正式确立的制度，能够保障司法会计诉讼活动的公正权威，保护当事人质证辩论权，提高司法会计鉴定意见质量。司法会计鉴定专家辅助人制度设立时间较短，梳理现有法律及司法解释等相关制度发现，目前存在准入标准缺失、诉讼地位不明、意见属性效力不高、权利义务不匹配等问题，亟须明确准入标准、理清诉讼身份、审查中立地位、提高诉讼效力、廓清权利义务，以便更好发挥专家辅助人在司法会计鉴定诉讼中的相应作用。

【关键词】司法会计，鉴定，专家辅助人

一、引言

由具有专门知识的人参加诉讼程序是世界上主要法治国家的通行做法。我国在法律条文中规定为“有专门知识的人”，理论研究界通常采用“专家辅助人”这一术语。“有专门知识的人”的提法最早出现于2002年《最高人民法院关于民事诉讼证据的若干规定》中，第六十一条规定“当事人可以向人民法院申请有一至二名具有专门知识的人员出庭就案件的专门性问题进行说明……”。2012年修正的《刑事诉讼法》第一百九十二条明确“公诉人、当事人和辩护人、诉讼代理人可以申请法庭通知有专门知识的人出庭，就鉴定人作出的鉴定意见提出意见”。相较而言，《刑事诉讼法》“有专门知识的人”仅针对鉴定意见提出意见，而《最高人民法院关于民事诉讼证据的若干规定》“有专门知识的人”针对案件中涉及的专门性问题进行说明，既可以是鉴定意见，也可以是其他专业性的案件事实。因此，《刑事诉讼法》的“有专门知识的人”的作用在于协助控辩双方对鉴定意见提出意见，即辅助作用，正式确立了专家辅助人制度。

司法会计鉴定作为涉经济案件中必须存在的专业鉴定类别，应当采取专家辅助人制度，对鉴定意见提出意见。2005年2月28日，《全国人民代表大会常务委员会关于司法鉴定管理问题的决定》明确，国家对从事下列司法鉴定业务

的鉴定人和鉴定机构实行登记管理制度：（一）法医类鉴定；（二）物证类鉴定；（三）声像资料鉴定；（四）根据诉讼需要由国务院司法行政部门商最高人民法院、最高人民检察院确定的其他应当对鉴定人和鉴定机构实行登记管理的鉴定事项。自此，司法会计鉴定被排除在法定的鉴定范围之外，而专家辅助人制度让司法会计能够以鉴定以外的方式参与诉讼。

二、司法会计鉴定专家辅助人的制度规范梳理

现行法律制度对于专家辅助人的规定相对匮乏，导致专家辅助人制度在实践中的适用存在诸多问题。尽管法律对于“有专门知识的人”的规定有所改进，但总体来说仍不足以全面规范专家辅助人制度。笔者梳理了现行法律的规定见表1。

表1　关于司法会计鉴定专家辅助人制度的规定

法律/司法解释	条文规定
刑事诉讼法 （2018年修正）	第一百九十七条　法庭审理过程中，当事人和辩护人、诉讼代理人有权申请通知新的证人到庭，调取新的物证，申请重新鉴定或者勘验。 公诉人、当事人和辩护人、诉讼代理人可以申请法庭通知有专门知识的人出庭，就鉴定人作出的鉴定意见提出意见。 法庭对于上述申请，应当作出是否同意的决定。 第二款规定的有专门知识的人出庭，适用鉴定人的有关规定
最高人民法院关于适用《中华人民共和国刑事诉讼法》的解释（2021年）	第一百条　因无鉴定机构，或者根据法律、司法解释的规定，指派、聘请有专门知识的人就案件的专门性问题出具的报告，可以作为证据使用。 对前款规定的报告的审查与认定，参照适用本节的有关规定。 经人民法院通知，出具报告的人拒不出庭作证的，有关报告不得作为定案的根据。 第二百二十一条　开庭审理前，人民法院应当进行下列工作： …… （三）通知当事人、法定代理人、辩护人、诉讼代理人在开庭五日以前提供证人、鉴定人名单，以及拟当庭出示的证据；申请证人、鉴定人、有专门知识的人出庭的，应当列明有关人员的姓名、性别、年龄、职业、住址、联系方式。 第二百二十八条　庭前会议可以就下列事项向控辩双方了解情况，听取意见：是否申请证人、鉴定人、有专门知识的人、调查人员、侦查人员或者其他人员出庭，是否对出庭人员名单有异议。 第二百三十四条　开庭审理前，书记员应当依次进行下列工作： 核实旁听人员中是否有证人、鉴定人、有专门知识的人。 第二百四十六条　公诉人可以提请法庭通知证人、鉴定人、有专门知识的人、调查人员、侦查人员或者其他人员出庭，或者出示证据。被害人及其法定代理人、诉讼代理人，附带民事诉讼原告人及其诉讼代理人也可以提出申请。

续表

法律/司法解释	条文规定
最高人民法院关于适用《中华人民共和国刑事诉讼法》的解释（2021 年）	在控诉方举证后，被告人及其法定代理人、辩护人可以提请法庭通知证人、鉴定人、有专门知识的人、调查人员、侦查人员或者其他人员出庭，或者出示证据。 第二百五十条　公诉人、当事人及其辩护人、诉讼代理人申请法庭通知有专门知识的人出庭，就鉴定意见提出意见的，应当说明理由。法庭认为有必要的，应当通知有专门知识的人出庭。申请有专门知识的人出庭，不得超过二人。有多种类鉴定意见的，可以相应增加人数。 第二百五十一条　为查明案件事实、调查核实证据，人民法院可以依职权通知证人、鉴定人、有专门知识的人、调查人员、侦查人员或者其他人员出庭。 第二百六十条　鉴定人、有专门知识的人、调查人员、侦查人员或者其他人员出庭的，参照适用前两条规定。 第二百六十一条　向证人发问应当遵循以下规则：（一）发问的内容应当与本案事实有关；（二）不得以诱导方式发问；（三）不得威胁证人；（四）不得损害证人的人格尊严。对被告人、被害人、附带民事诉讼当事人、鉴定人、有专门知识的人、调查人员、侦查人员或者其他人员的讯问、发问，适用前款规定。 第二百六十三条　审判人员认为必要时，可以询问证人、鉴定人、有专门知识的人、调查人员、侦查人员或者其他人员。 第二百六十五条　证人、鉴定人、有专门知识的人、调查人员、侦查人员或者其他人员不得旁听对本案的审理。有关人员作证或者发表意见后，审判长应当告知其退庭。 第二百九十三条第二款　法庭笔录中的出庭证人、鉴定人、有专门知识的人、调查人员、侦查人员或者其他人员的证言、意见部分，应当在庭审后分别交由有关人员阅读或者向其宣读
民事诉讼法（2017 年修正）	第七十九条　当事人可以申请人民法院通知有专门知识的人出庭，就鉴定人作出的鉴定意见或者专业问题提出意见
最高人民法院关于适用《中华人民共和国民事诉讼法》的解释（2020 年）	第一百二十二条　当事人可以依照民事诉讼法第七十九条的规定，在举证期限届满前申请一至二名具有专门知识的人出庭，代表当事人对鉴定意见进行质证，或者对案件事实所涉及的专业问题提出意见。 具有专门知识的人在法庭上就专业问题提出的意见，视为当事人的陈述。 人民法院准许当事人申请的，相关费用由提出申请的当事人负担。 第一百二十三条　人民法院可以对出庭的具有专门知识的人进行询问。经法庭准许，当事人可以对出庭的具有专门知识的人进行询问，当事人各自申请的具有专门知识的人可以就案件中的有关问题进行对质。 具有专门知识的人不得参与专业问题之外的法庭审理活动。

续表

法律/司法解释	条文规定
最高人民法院关于民事诉讼证据的若干规定（2019 年修正）	第八十三条　当事人依照民事诉讼法第七十九条和《最高人民法院关于适用〈中华人民共和国民事诉讼法〉的解释》第一百二十二条的规定，申请有专门知识的人出庭的，申请书中应当载明有专门知识的人的基本情况和申请的目的。 人民法院准许当事人申请的，应当通知双方当事人。 第八十四条　审判人员可以对有专门知识的人进行询问。经法庭准许，当事人可以对有专门知识的人进行询问，当事人各自申请的有专门知识的人可以就案件中的有关问题进行对质。 有专门知识的人不得参与对鉴定意见质证或者就专业问题发表意见之外的法庭审理活动。 第九十九条　本规定对证据保全没有规定的，参照适用法律、司法解释关于财产保全的规定。 除法律、司法解释另有规定外，对当事人、鉴定人、有专门知识的人的询问参照适用本规定中关于询问证人的规定；关于书证的规定适用于视听资料、电子数据；存储在电子计算机等电子介质中的视听资料，适用电子数据的规定

专家辅助人不论是在刑事诉讼还是民事诉讼中，都可以就司法会计鉴定专业性问题提供意见。相比《刑事诉讼法》及司法解释，《民事诉讼法》及司法解释针对专家辅助人的规定较为详细：一是规定了专家辅助人出庭的申请和许可，哪些主体有权申请专家辅助人出庭以及提出申请的程序，申请时应当向法庭说明理由，法庭应对申请进行审查并作出是否同意的决定；二是规定了专家辅助人出庭的职能，即"就鉴定人作出的鉴定意见提出意见"；三是规定了相关的程序规范，例如出庭后核实身份的程序，签署保证书的程序，不得旁听庭审的要求以及控辩双方对专家辅助人的发问规范等要求。

三、司法会计鉴定专家辅助人制度的积极意义

专家辅助人制度的增设有利于强化对鉴定意见的质证效果，将案件所涉及的专门性问题展示在法庭上，通过控辩双方的有效质证得以澄清；有利于审判人员对案件所涉及的专门性问题给出科学判断，摆脱对鉴定意见的过分依赖甚至轻信。

（一）保障司法会计诉讼活动的公正权威

从法律规定以及司法实践现状来看，司法会计鉴定人一般会在一方当事人

对鉴定意见有异议，且法院也存在质疑的情况下才被要求出庭。鉴定意见中不能保证没有任何问题，法官及双方当事人也不一定会发现鉴定意见的问题，因此，鉴定人不出庭就无法及时发现鉴定意见存在的问题，法庭无法了解相关的会计事实，会导致法庭辩论质证难以继续进行，影响诉讼的效率甚至公正。为此，司法会计专家辅助人制度应运而生，司法会计专家辅助人可以在法庭上向法官以及当事人解释说明鉴定意见中会计相关知识的科学性、准确性和真实性。司法会计专家辅助人不仅可以参与法庭质证过程，还可以参与司法会计鉴定活动，加强对鉴定人的监督，可减少当事人对鉴定意见的质疑，同时鉴定人在专家辅助人的监督下，会更加公正地给出鉴定意见，增强司法鉴定活动的权威性。

（二）维护诉讼当事人的质证权

质证权是双方当事人重要的诉讼权利，必须得到保护，以保证诉讼案件的公平公正。《民事诉讼法司法解释》提出具有专门知识的人出庭，代表当事人对鉴定意见进行质证。最高人民法院明确将专家辅助人意见定性为代表申请其出庭的一方就鉴定意见发表的专业质证意见，并视其为申请方控诉意见或辩护意见的组成部分。也就是说，专家辅助人的引入就是为了强化质证。当事人在对鉴定意见存在质疑的情况下，可以通过法庭允许，委托聘请专家辅助人出庭质证。诉讼律师虽然熟悉法律条文，但对有关会计的专业问题可能并不清楚，因此在鉴定意见质证过程中往往处于不利地位。这就需要有专门的会计技能、知识的专家担任专家辅助人发现鉴定意见中出现的问题，并且有针对性地提出质证意见，进而帮助当事人履行质证权。

（三）提高司法会计鉴定意见质量

对鉴定意见的质证是法庭诉讼过程中的重要环节，专家辅助人制度进一步增强了鉴定意见的客观真实性，提高了鉴定意见的质量。专家通过当庭发表意见，与司法会计鉴定人当庭进行辩论质证，可使得案件通过法庭质证不断接近事实真相。司法会计鉴定人作为诉讼鉴定过程中会计专业问题的权威专家，在没有专家辅助人监督时，很少有人可以对其出具的鉴定意见提出专业的质疑，即使有质疑也无法质证。同时，在司法鉴定过程中没有相关机构以及人员对鉴定人进行监督，也就很难发现并纠正鉴定人在鉴定过程中的错误以及偏向性问题，进而影响法官对案件事实的认定，以致发生诉讼的不公正。专家辅助人参与司法鉴定活动，会起到监督和制约司法会计鉴定人的作用，更加公正地发表相关意见，增强鉴定意见的公信力。

四、司法会计鉴定专家辅助人制度存在不足

（一）司法会计专家辅助人准入标准缺失

根据《最高人民检察院关于指派、聘请有专门知识的人参与办案若干问题的规定（试行）》规定，“有专门知识的人”是指运用专门知识参与人民检察院的办案活动，协助解决专门性问题或者提出意见的人，但不包括以鉴定人身份参与办案的人。专家辅助人制度出现的原因在于法庭需要有权威的专家，对其所研究的与案件有关的领域出具专家意见，为法庭提供权威的意见。这就要求专家辅助人要有与鉴定人相当的专业知识与能力，专家辅助人与鉴定人必须是相同专业领域的专家，并且在资质资历上应相当。现有法律没有对专家辅助人的具体资质资历进行规定，未明确到底什么人可以成为“有专门知识的人”，特定专业领域的专家是否都可以成为“有专门知识的人”，因而实践中容易出现专家辅助人资质水平较低的情况，影响对案件事实的正确认定。

（二）司法会计专家辅助人诉讼地位不明

专家辅助人制度体现在法条上的较少，且有些含糊不清。《刑事诉讼法》第一百九十七条要求专家辅助人出庭适用鉴定人的规定；《刑事诉讼法解释》关于庭前准备以及法庭询问的规定将鉴定人与专家辅助人并列，适用相同规定；《民事诉讼证据解释》也规定对鉴定人与专家辅助人询问适用询问证人的规定。可以看出，法律对于专家辅助人的相关规定大多与鉴定人的规定一致，对专家辅助人的规定不够具体，专家辅助人的诉讼地位难以确定。这背后实质上是对相关理论的混淆，是对司法会计鉴定和专家辅助人制度存在认识上的模糊。与英美法系的专家证人角色不同，我国专家辅助人首先不是证人，其发表的是基于案件材料或鉴定意见的专家意见，属于意见性陈述。2021 年新《刑事诉讼法解释》修改了对专家辅助人意见的规定，将专家辅助人鉴定意见当作检验报告，一般是作为定罪量刑的参考，并非是定罪依据，将专家辅助人出具的报告作为证据使用。新《刑事诉讼法解释》虽然将专家辅助人的鉴定报告当作证据，却没有明确专家辅助人的诉讼地位，可能导致诉讼拖沓以及妨碍司法公正。

（三）司法会计专家辅助人意见属性效力不高

目前专家辅助人发表的意见属性效力立法上没有明确，理论界以及实践中争议的核心是专家辅助人意见是否为法定证据类型。持支持观点的学者认为，专家辅助人发表的意见是对司法鉴定意见的专家质证意见，同时它也需要进行

证明检验，与鉴定意见一样，需要通过法庭质证，同时还是法官形成自由心证的重要依据，这似乎表明其应当具有证据效力。否定其属于法定证据的学者则认为，专家辅助人意见不具有法定证据的法律效力，只是作为鉴定意见的质证意见，仅仅是专家对鉴定意见的一种主观意见，不可能具有法律效力。在司法实践中，司法人员对此也各执一词，观点不尽相同。审理相关案件时，法官都会对专家辅助人意见性质存有不同的看法，更不用说其他司法工作人员以及诉讼参与人。专家辅助人意见性质在司法实践中一直模糊不定，导致专家辅助人意见在司法运用中存在严重问题，妨碍当事人行使具体诉讼权利。2013 年的《刑事诉讼法解释》第八十七条将专家辅助人意见视为检验报告，是定罪量刑的参考，甚至不是法定的证据，不具有证据的效力；2021 年新《刑事诉讼法解释》将专家辅助人意见报告证据效力提高，可以作为证据使用，但是却没有明确是何种证据类型。《民事诉讼法解释》将专家辅助人意见视为当事人陈述，虽然是法定证据效力，但证据效力还不够高。

（四）司法会计专家辅助人权利义务不匹配

权利是专家辅助人参与诉讼的基本前提，但法律对于专家辅助人权利的规定却有所缺失，仅在《民事诉讼法解释》第一百二十二条规定了取得出庭费用的权利，但在刑事诉讼中仍没有提及。相反地，却对专家辅助人规定了多于权利的义务。《民事诉讼法解释》以及《刑事诉讼法解释》都规定了专家辅助人出庭接受询问、质证以及提出意见的义务，却没有规定相应的权利。这明显使得专家辅助人的权利义务不相匹配，影响专家辅助人参与诉讼的积极性。《刑事诉讼法解释》第一百六十四条、二百五十六条、二百五十七条规定了鉴定人的人身安全保护权利及相应的安全保护措施，却没有对专家辅助人给予安全保护。专家辅助人同样也是对专业问题作出意见，和鉴定人同样具有人身危险的可能，保护其人身安全的权利必不可少。另外，对于专家辅助人义务的规范也不够，出庭少是普遍问题。我国的专家辅助人制度确立时间短、操作程序不具体，立法上也没有相应的专家人才管理制度。同时，法律上缺少专家辅助人违规违法承担责任的规定。

五、司法鉴定专家辅助人制度的完善建议

（一）明确司法会计专家辅助人的准入标准

准入标准决定专家辅助人的质量以及专家意见的可信度，影响诉讼的事实认定。目前我国专家辅助人制度处于起步阶段，如果设立过于严苛的准入标准，势必会限制专家辅助人制度的发展。适合参与诉讼的专家辅助人，首先要满足

资质资历条件，应当与司法会计的专业领域密切相关，例如注册会计师、高级会计师、高级审计师等专业资格、职称，或者高校会计、审计专业的教授等，可以认定是有专门知识的人。在此基础上，可以成立民间或者官方的管理组织，负责专家辅助人资格的登记与管理并建立人才库，例如，注册会计师协会负责对注册会计师的日常管理，以及帮助当事人委托注册会计师担任有关司法会计方面的专家参与诉讼。

（二）理清司法会计专家辅助人的诉讼身份

司法会计专家辅助人与鉴定人、证人存在区别，但也应当作为具有独立地位的诉讼参与人。从立法目的出发，专家辅助人可以被赋予其他参与人地位，享有一定独立性。一是依据法律规定，专家辅助人因司法会计鉴定意见的质证而参与到诉讼活动中，只能是其他诉讼参与人。二是专家辅助人介入诉讼的关键是当事人的委托聘用以及法庭的许可，但必须公正地发表言论，保持独立性是必要的。从立法背景上看，专家辅助人应当在诉讼中持中立立场，具有独立性，不受任何组织和个人的影响。专家辅助人对鉴定意见发表客观的质证意见以及对其他鉴定事项作出鉴定检验报告，是对法庭调查的一个促进，必须展示正确的法律事实。因此，司法会计专家辅助人应当归于独立诉讼参与人，这样才能保持自己的诉讼地位。

（三）审查司法会计专家辅助人的中立性

专家辅助人在法律上有着应然的中立性，其作用是辅助诉讼，增强法官对于专业问题的认识，保护当事人的诉讼权利，维护诉讼的公平公正。专家意见是司法会计专业领域的科学意见，应当具有严谨性、科学性，只能基于理论实践得出意见，不能具有偏向性。但在实务中，由于专家辅助人收取当事人报酬，不可避免地会出现倾向性，因此，对专家辅助人工作的监管必不可少，尤其是意见的科学性、合理性审查，司法人员对专家辅助人的询问，以及与鉴定人的辩论质证等。此外，对专家辅助人应当适用利害关系人回避制度，避免出现不公正的情况。

（四）提高司法会计专家辅助人意见的诉讼效力

司法会计专家辅助人作为会计领域的专业人士，提供的意见要比当事人更加具有可信度，也应当更具有效力性。专家辅助人可以反驳鉴定意见，出具质证意见，但如果专家意见的效力比鉴定意见低，却能够推翻鉴定意见，这不合乎逻辑。因此，提高专家意见效力是合理的也是必要的。如上文所述，将专家辅助人定性为独立的诉讼参与人，应当将专家意见划定为独立的诉讼意见与之相匹配。基于专家辅助人对于诉讼的辅助性，在诉讼中应当明确其与鉴定意见的关系。专家意见实质上是对鉴定意见的补充或者质疑，以鉴定意见为基础：如果与鉴定意见有异，审查两者的科学性和合理性，择一采信，必要时可以重新鉴定；如果无异议，应当采信鉴定意见，以鉴定意见为主要证据。

（五）厘清司法会计专家辅助人的权利义务

司法会计专家辅助人出庭出具专家意见，对案件材料的知情权及阅卷权是必不可少的。专家辅助人不能参与诉讼的其他环节，对材料的阅读是专家出具专家意见的前提。专家辅助人在诉讼中最为主要的作用是对鉴定意见的补充或者提出质疑，对于鉴定意见的质疑权需要明确。此外，应当保护专家辅助人的人身安全，基于与鉴定人相似的属性，应当对专家辅助人也规定相应的人身安全保护制度。

为了规范专家辅助人参与诉讼的程序，保持权责对等，还需要明确其法律责任。过重的法律责任会影响专家辅助人的积极性，可只惩罚专家辅助人具有重大过失或故意的情形：第一，专家辅助人应当对当事人负责，对于其重大过失或者故意造成当事人财产等民事权利的侵害，当事人可以向法院提出民事诉讼，追究其民事责任。第二，专家辅助人在诉讼中对案件的专业问题进行专业检验，由于法官及当事人对专业知识的缺乏，专家辅助人可能与当事人或鉴定人串通，给出虚假意见，导致案件裁判的不公正。专家辅助人虚假陈述的后果可能触犯刑法，对于触犯刑法的专家辅助人应当追究其刑事责任。

参考文献

[1] 黄尔梅．准确把握立法精神确保法律正确实施：最高人民法院刑事诉讼法司法解释稿简介［M］//新刑事诉讼法的理解与实施．北京：中国人民公安大学出版社，2013：14.

[2] 熊树杉，邱巧红．我国刑事诉讼专家辅助人制度之完善［J］．四川警察学院学报，2020（5）：32－37.

[3] 马永俊．专家辅助人制度解析与完善［J］．西安石油大学学报，2018（2）：40－46.

[4] 李学军，朱梦妮．专家辅助人制度研析［J］．法学家，2015（1）：147－163.

[5] 郑赫南．专家辅助人：鉴定人出庭的新角色［N］．检察日报，2017－04－26.

[6] 胡铭．鉴定人出庭与专家辅助人角色定位之实证研究［J］．法学研

究，2014，(6)：190－208.

［7］蔡虹，夏先华．诉诸权威理论架构下的专家辅助人制度省思［J］．河北法学，2020（3)：48－64.

［8］左宁．我国刑事专家辅助人制度基本问题论略［J］．法学杂志，2012（12)：149－155.

（非）诉讼支持的证据探讨

会计资料勘验所获证据的效力问题思考①

福建警察学院侦查系　徐艳琳

【摘　要】会计资料勘验作为一种经济犯罪侦查措施，重要性日益凸显的同时，其所获证据种类庞杂因而证据效力存在问题。为厘清争议，本文对福建省2015—2020年共2 522个经济犯罪案件展开调查研究，系统梳理勘验所涉会计资料类型，分析其证据效力，并探讨提升会计资料勘验所获证据法定效力的途径。

【关键词】会计资料勘验，证据效力，问题研究

会计资料勘验是侦查机关侦办经济犯罪案件过程中，为揭露和证实犯罪事实，由侦查人员利用财务会计专业知识，依法对案件所涉及会计资料进行审查和检验的一种调查取证措施。在社会经济快速发展大背景下，会计资料勘验作为一种有效侦查措施，在侦办经济犯罪案件中发挥着越来越重要的作用；但同时也要看到，这一侦查措施所获证据种类庞杂，如何恰当地界定并完善其证据效力一直是学术界和实务界关注的焦点之一。

一、证据类型及表现形式

为切实了解和掌握情况，笔者于2020年10月通过检索裁判文书网了解了2015年1月至2020年9月福建省2 522个经济犯罪案件的详情，依据证据学一般原理，梳理了会计资料勘验所获证据的类型及主要表现形式。

（一）会计资料勘验所获证据类型

福建省2 522个经济犯罪案件中，书证占68%，物证占2%，鉴定意见占28%，电子数据占2%，见图1：

在会计资料勘验所获证据中书证和鉴定意见占绝大多数。

① 本研究得到福建省教育厅“福建省高等学校新世纪优秀人才支持计划”基金项目资助。

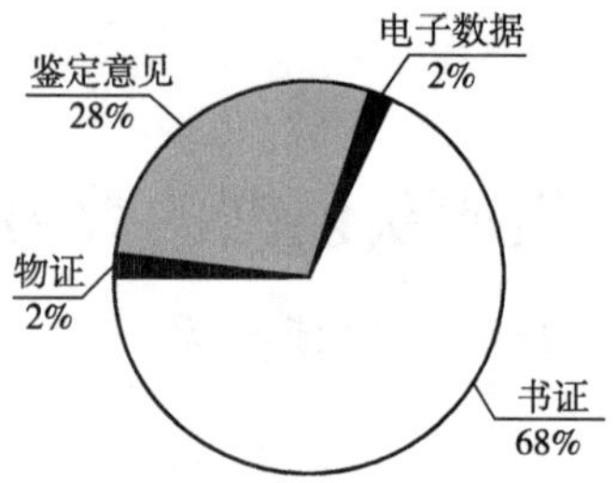

图1　会计资料勘验所获证据类型及占比

（二）会计资料勘验所获证据表现形式

1. 书证、物证的表现形式

对书证作进一步分析，可以看到，银行流水（明细账）占27%，劳动、买卖、租赁合同占20%，记账凭证占24%，营业执照占5%，其他书证占24%，见图2：

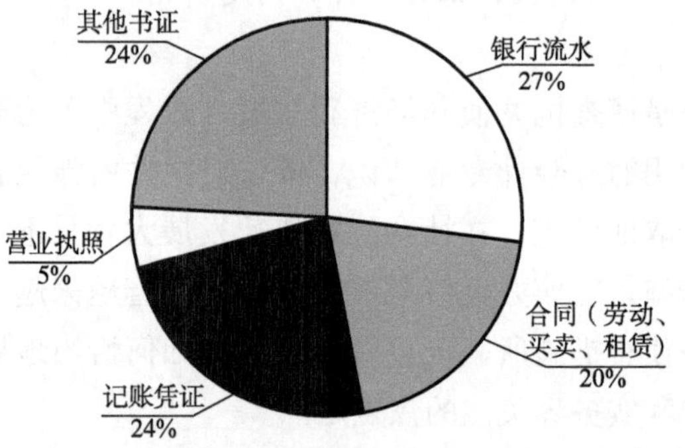

图2　会计资料勘验所获书证的表现形式及构成

可以看出，会计资料勘验所获书证以银行明细账、记账凭证和合同为主。

由图3可见，物证以公司及法人印章、电脑、U盘和光盘为主。

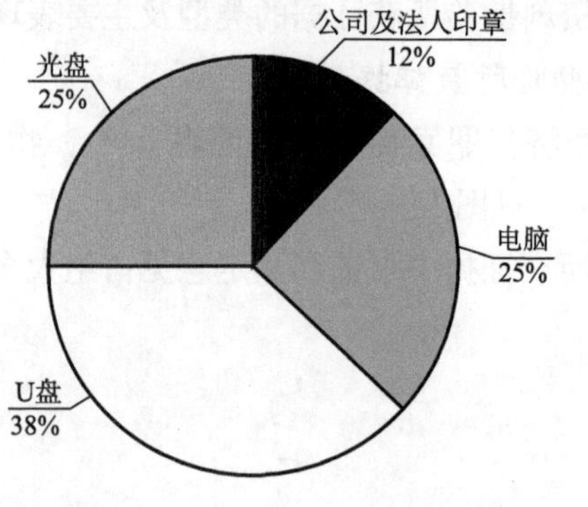

图3　物证的表现形式及构成

2. 鉴定意见的表现形式

在前文所述鉴定意见中，经统计发现，专项审计报告占总案件数的67%，司法会计鉴定意见占总案件数的33%，见图4：

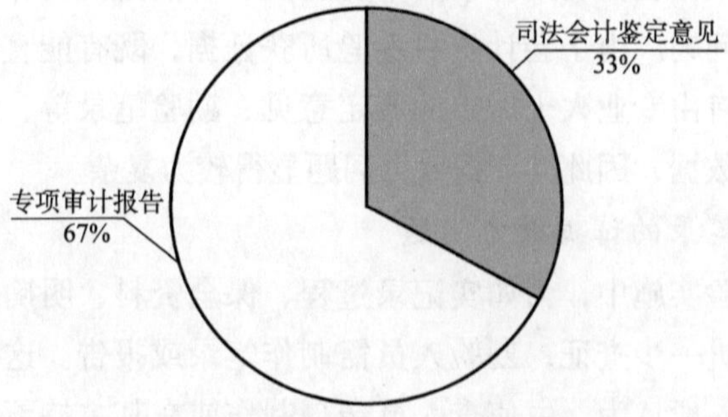

图4 鉴定意见的主要表现形式及构成

可以看出，通过会计资料勘验获得的鉴定意见中，专项审计报告约为67%，司法会计鉴定意见约为33%。

3. 电子数据的表现形式

一般理解，在会计电算化普及的背景下，以数字化方式存储、处理、传输且能证明经济犯罪案件事实的电子数据应当大量存在，但统计结果却显示其占比不高（见图1），仅在所获证据中占2%。图5显示了电子数据的表现形式及构成情况。

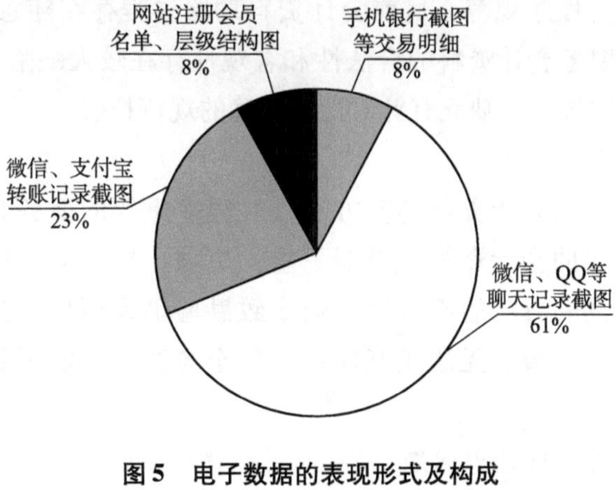

图5 电子数据的表现形式及构成

通过调研可以看到，电子数据作为新型证据形式，其之所以占比较小主要是因为一部分电子数据被以打印、复印等方式转化成了书证；究其原因，当前勘验人员尚不具备获取和保全电子数据的有效手段。

二、证据效力存在的问题

证据效力是证据在证明案件事实中所起的和可能起到的作用，主要涉及证据力和证据能力问题。由于会计资料勘验所获证据，既有能直接证明案情的书证、物证等，也有由专业人士做出的鉴定意见、勘验笔录等，还包括借助技术手段获取的电子数据，因此其证据效力问题显得较为复杂。

（一）勘验笔录的证据效力问题

会计资料勘验实施中，为如实记录过程、保全资料、明确所获资料间钩稽关系，以备将来进一步查证，勘验人员需制作笔录或报告。这在证据学上归为勘验检查笔录。一般认为，由侦查人员亲自制作或在其主持下制作的勘验检查笔录，具有较高的客观性、真实性，可以作为定案依据。但从本文调查情况看，实务中大多数会计资料勘验过程未制作并取得勘验笔录，直接后果就是勘验程序不完备，存在瑕疵，使得由此所获证据的效力存疑。

1. 勘验目的不清

有些会计资料勘验笔录只是客观地记录勘验过程，勘验人员因缺乏财会知识，不知道哪些会计资料需要搜集，不清楚哪些会计资料与案件的关联密切、哪些是关键的会计资料，往往是全部提取。会计资料勘验的盲目性，导致勘验笔录的目的性不强、指向性不高，所呈现的证据功能不强。

2. 勘验程序规范缺失

由于缺少法定程序规范，目前会计资料勘验过程存在随意性较强的问题。使收集来的这些财务会计资料的合法性和客观性存在较大缺陷，比如对财务会计资料的搜查和扣押等，缺乏有针对性、明确的规范指引。

3. 勘验方法不科学

由于缺乏科学的会计资料勘验方法，对很多重要的财务会计资料没有加以搜集，或者搜集的会计资料中遗漏了重大事项，导致会计资料勘验失去实际意义。同时，勘验方法的不科学还会导致勘验笔录制作杂乱无章，致使勘验笔录与其他证据脱节、无法相互印证，甚至与案件事实无关，严重减损了证明效力。

（二）书证的证据效力问题

从调查数据看，会计资料勘验中书证的数量大、种类庞杂，且具体形式多样，其中银行流水占比最高，其次是记账凭证，两者占比之和超过50%。

就实际运用而言，不管是银行流水还是记账凭证，作为书证，其证据效力均存在问题。

1. 银行流水取证不完整并缺乏审查

（1）银行流水的完整性难以保证。到银行调取银行流水的时间节点一般由侦查员来判断，这种主观判断的结果可能是导致所获数据的完整性存疑，难以断定是否全面、有无遗漏。时间节点的选取会影响资金数据完整性，专业水准的强弱也会影响勘验结果，例如能否发现账外账、假账等重要情况。由此可以得出勘验所获证据效力高低与侦查人员专业知识强弱成正比关系的判断。

（2）缺乏证据审查，证明力不足。由于一些勘验人员专业知识缺乏，对勘验所得的银行流水没有能力进行有效审查；同时在现实中，对大量银行流水很少聘请专家进行必要审计，而是由侦查员自行分析加工，形成资金结构和流程图表，最终成为用以证明案件事实的证据。显然，以这种方式获得的证据效力不强。

2. 记账凭证存在遗漏、重复，难以形成证据链

面对庞杂零散、不成体系的记账凭证，一般应由专业的侦查人员依法、严密、细致实施勘验工作。但遗憾的是，勘验过程中，常出现要么没有认真记录形成勘查笔录，要么因缺少规范勘验程序导致勘查出现遗漏、重复。这不仅使单个原始凭证的独立证明能力受损，还使得凭证间相互割裂，无法构成完整证据链条，最终结果是记账凭证欠缺必要的证明力。

此外，实务中记账凭证很少进行司法会计鉴定，而没有经过专家整体分析判断，直接以书证形式用于证明案件事实，这种证明方式也易受到质疑。

（三）鉴定意见的证据效力问题

1. 多头参与导致所获证据缺乏权威性

一般情况下，证明犯罪案件事实应由司法会计鉴定专业机构及专业人员完成，即在对所获财务会计资料展开检验、鉴定的基础上，依法出具检验、鉴定报告等法律文书。但现实中，出于种种原因，司法鉴定工作并不完备，比如发票是由税务机关出具真假鉴定，银行凭证是由银行出具真假鉴定。虽然税务机关和银行等都是专业机构，但其并非法定的司法鉴定机构，故而由其出具的鉴定意见在证据效力上存有缺陷。

2. 关键要素缺位致使合法性存疑

其一，司法会计鉴定的主体资质目前没有明确的法律界定，勘验人员只能以会计师事务所相关标准作为参照去完成该项工作。在主体资质不明的情况下，司法会计鉴定意见的证明力显然较弱。

其二，司法会计鉴定的程序不明确。截至目前，国内尚未形成一套被学术界和实务界均认可的司法会计鉴定标准和规范，权宜之计是参照普通司法鉴定程序开展工作；由于存在结构性差异，故而所获鉴定报告权威性、合法性不强。

3. 与案件事实整体关联不强

从专项审计报告约占鉴定意见2/3、司法会计鉴定意见约占1/3的事实可知，鉴定人员对案件中某一专门事项发表意见的较多，而对会计资料勘验整体过程发表司法会计鉴定意见的较少。而作为证明案件局部事实的专项审计报告，由于缺少整体性，故而与案件关联性较弱，证明力不强。此外，由于外聘的会计师对侦查及法律问题不擅长，且出于保密考虑，其掌握案情信息不足，这也影响鉴定意见的准确性。

4. 分段负责导致鉴定意见效力不佳

当前，在司法会计鉴定操作实务中，勘验人员搜集完鉴定所需检材后，会交由外聘会计师事务所专业人员展开鉴定。在这个交接过程中，外聘鉴定人员对检材的客观性和真实性并不负责，加之在展开勘验时又缺少必要的勘验检查笔录，因此其得出的鉴定意见证明力不足。这种分段负责操作流程的弊端显而易见。

5. 鉴定意见书存在瑕疵

从鉴定意见书内容看，目前鉴定人在表述鉴定意见时比较规范，能够基于客观事实得出鉴定意见，很少涉及对法律问题的判断，这是好的一面。但这种做法也存在不足，往往缺少对鉴定方法、鉴定过程、鉴定设备等的必要说明，或者表述过于简单。在现有以书面审查为主的诉讼制度下，这种现状一定程度上不利于实现对鉴定意见进行有效审查和判断的制度设计。

（四）电子数据的证据效力问题

1. 对电子数据的会计资料勘验不足

在计算机技术高度发达的今天，一般认为会计资料勘验中必然会出现大量的数据化财务会计资料；但从统计结果看，电子数据占比仅为2%（见图1），比例极小，这与当今会计电算化普及的实际不符，也从一个侧面表明对电子数据类的会计资料勘验明显不足。究其原因：一是对电子数据的勘验重视不够；二是对电子数据勘验的能力不足；三是电子数据的取证技术规范和程序要求较高，侦查人员为图省事，往往将电子数据直接打印出来，将其转化为书证进行提取。

2. 取证电子数据缺少规范，合法性存疑

电子数据的取证有一整套程序规范，但司法实践中一般是遵照普通电子数据的取证流程进行操作的，所以存在漏洞。此外，在对电子数据的会计资料勘验中常常缺少专门的勘验笔录，也没有相应的技术保障措施，例如，司法实践中很少对会计资料电子数据勘验进行全程跟踪拍照或录像等。这些因素使得电子数据的原始性和可靠性存疑，一旦出现其他相冲突的证据，电子数据的证据效力就显得极为苍白。

3. 电子数据完整性、真实性难以保证

电子数据的载体是电磁介质。在计算机软硬件技术高度发达的今天，一旦案发，犯罪分子往往会迅速对电磁介质展开破坏，或者篡改、隐匿、删除相关数据。电磁媒介这种易于更改的脆弱特征很容易被犯罪行为人利用，导致其完整性、真实性受损，进而难以保证其证据效力。

4. 电子数据与案件关联性有待提高

会计电算化的普及使得会计资料勘验所获电子数据的体量极其庞大，想要从中抽丝剥茧、找出因果关系困难重重。在司法实践中，勘验人员受自身条件限制，很少对这些电子数据的逻辑关系和因果关系进行分析判断，也无法更进一步形成具备独立证明能力的材料。可见，实务中对电子数据功能的挖掘还处在摸索阶段。

三、几点建议

（一）以刚性要求完善勘验、鉴定程序

1. 根据证据属性特点，制定勘验程序

缺乏规范的程序是导致勘验所获证据效力不足的一个关键因素，因此，构建一套规范、完备的会计资料勘验程序是当前亟待解决的现实难题。鉴于目前会计资料勘验的范围广泛、内容复杂，笔者认为，根据证据属性特点可以把会计资料勘验程序分为四类：一是针对书证、物证的收集、提取、固定和鉴定，完善已有流程，使之更加符合客观真实原则；二是设计针对会计资料勘验笔录的制作程序；三是拟制针对鉴定意见的审查程序；四是依托权威技术部门，联合制定切实有用的电子数据收集、固定、审查程序。

2. 完善鉴定程序，加强意见审查

（1）完善司法会计鉴定程序。其主要涉及两个方面：一是规范程序，也就是制定出台法律文件，用统一的标准来规范司法会计鉴定程序，改变目前的混乱状态。二是明确主体资格，也就是依法对有意开展司法会计鉴定的机构和人员进行筛选，进而净化鉴定主体市场，推动依法依规实施鉴定，确保行为合法，结论独立。

（2）加强对鉴定意见的审查。由第三方权威机构出具的鉴定意见，虽然其证据效力较强，但并不能直接用作定案证据。目前在司法实践中，作为证据法定形式的鉴定意见，其性质已由早期的“结论”调整为“意见”，这表明鉴定人或专家们出具的只是推论或意见，而非定论。因此，对于鉴定意见不能盲目相信，必须加以审查判断。

3. 制作勘验笔录，确保客观真实性

对侦查机关实施会计资料勘验应强制要求，即要求侦查人员必须拟制会计资料勘验笔录或报告。此举处于整个案件侦破过程战略前端，是确保会计资料勘验活动公信力以及所获证据是否能够成为定案依据的关键环节。

（二）明确勘验内容和范围

鉴于目前会计资料勘验的内容和范围尚无明确的界定，造成了司法实践混乱，有必要明确会计资料勘验的内容和范围。我们认为，所有涉及财务会计资料的调查取证活动都属于会计资料勘验的内容和范围，还包括对这些财务会计资料的审核、查验、记录。具体来看，至少涉及以下几个方面：一是对财务会计资料、相关电子数据及需提交鉴定的检材的收集、提取、固定、审查；二是对财务会计资料实施的司法鉴定和勘查笔录；三是对司法会计鉴定意见的审查。

（三）提升勘验能力，增强证据效力

1. 增进书证勘查能力

实务中，由于勘验人员能力不足，对书证的提取并不到位。存在的情况包括：重要书证没有勘验到，搜集的书证不完整，或无法对书证进行鉴别。有鉴于此，笔者认为应从增强人员能力素质的角度来突破，可以考虑在侦查机关中设立会计资料勘验专责部门，通过招警方式吸收会计专业人才，从而提高会计资料勘验的能力和水平。

2. 改善鉴定意见书制作水平

实务中，由于鉴定意见书所记载的事项不完整，一方面导致辩护方根本无法对鉴定意见展开有效的质证；另一方面法官也无法进行实质性审查，仅能作形式审查。为发挥鉴定意见在审查判断活动中的实质作用，应当规范鉴定意见书的制作内容，并对鉴定过程加强监督审查，比如，鉴定人在提交鉴定意见时，应当提交鉴定过程的记录或报告以供审查判断，如果鉴定意见书欠缺前述内容，且鉴定人又未能出庭接受质询，则该份鉴定意见不得作为定案的根据。

3. 提升电子数据勘查实力

从技术条件来看，我国现有电子取证工具相比发达国家还有一定差距，取证工具在计算完整性校验值方面存在误差。因此，必须加强对电子数据取证工具的研发，不断完善各种常用取证工具的功能。同时，要规范对电子数据收集和保全的措施和方法。比如，对电子数据实施扣押、封存时必须扣押、封存原始存储介质；冻结电子数据时，应当全程录像等。另外，从一线人员素质来看，大多数人的计算机应用能力不足，在侦查机关尚未建立会计资料勘验专责部门的情况下，分层次、分批次开展培训以及特招专业人才无疑是提升电子数据勘查实力的有效途径。

参考文献

[1] 程小白，汤强．经济犯罪侦查学总论［M］．北京：中国人民公安大学出版社，2017.

[2] 陈瑞君，王云峰．我国电子数据取证存在的主要问题：以刑事诉讼为视角［J］．贵州警官职业学院学报，2017（4）：41－42.

[3] 李学军，朱梦妮，等．意见证据制度研究［M］．北京：中国人民大学出版社，2018.

[4] 裴苍龄．关于证据效力的研究［J］．现代法学，1995（1）：38－39.

[5] 徐艳琳．会计资料勘验若干问题研究［J］．福建警察学院学报，2018（1）：30－31.

监察体制改革背景下职务犯罪侦查机制监检衔接的探索

福建省永安市纪委监察委　赖济燕

【摘　要】党的十九大报告指出："深化国家监察体制改革，将试点工作在全国推开，组建国家、省、市、县监察委员会，同党的纪律检查机关合署办公，实现对所有行使公权力的公职人员监察全覆盖。制定国家监察法，依法赋予监察委员会职责权限和调查手段，用留置取代'两规'措施。"自此，国家监察体制改革得到了宪法、法律层面的认定，检察机关职务犯罪侦查权及人员机构也正式完成了转隶。各级监察委兼有党纪检查、行政监察和犯罪调查三种功能，履行监察、调查、处置三项职能，实现了监察的全覆盖，在监察体制改革背景下，对职务犯罪侦查机制的变化及其监检功能衔接的问题的研究由此成为必要。

【关键词】监察体制改革，职务犯罪，侦查权，监察法，监检衔接

全国人大常委会于2016年12月与2017年11月先后作出在北京市、山西省、浙江省以及在全国各地开展国家监察体制改革试点工作的决定，2018年3月十三届全国人大一次会议审议通过了《中华人民共和国宪法修正案》和《中华人民共和国监察法》（以下简称《监察法》），2018年月10月为适应监察体制改革的需要，修改《中华人民共和国刑事诉讼法》（以下简称《刑事诉讼法》），自此国家监察体制改革得到了国家宪法与法律层面的认定。目前，检察机关职务犯罪侦查权与人员机构完成了正式转隶。当前的监察委员会兼有党纪检查、行政监察和犯罪调查三种功能，履行监察、调查、处置三项职能，实现了监察的全覆盖。国家监察体制的实质性改革，带来了职务犯罪侦查机制的变化和犯罪调查（侦查）与审查起诉及刑事审判的业务衔接问题，必然面临监察机关与检察机关及审判机关的工作协调问题。

一、监察体制改革促成了职务犯罪侦查机制的变革

（一）改革前多轨并行的职务犯罪侦查机制

长期以来，我国形成了以纪检监察机关和检察机关为主的双轨并行的侦查机制，同时，为了适应反腐败的需要，政府部门内设行政监察机构、预防腐败

机构、审计机构，公安、法院也设有侦查、审判等不同的部门，适用于不同的人群范围，或者在反腐败的不同阶段承担不同任务。然而，从法律层面确定具有职务犯罪刑事侦查权的只有公安机关和检察院机关。依照2012年《刑事诉讼法》第十八条规定，检察机关拥有对国家工作人员职务犯罪的侦查权，“贪污贿赂犯罪，国家工作人员的渎职犯罪，国家机关工作人员利用职权实施的非法拘禁、刑讯逼供、报复陷害、非法搜查的侵犯公民人身权利的犯罪以及侵犯公民民主权利的犯罪，由人民检察院立案侦查。对于国家机关工作人员利用职权实施的其他重大的犯罪案件，需要由人民检察院直接受理的时候，经省级以上人民检察院决定，可以由人民检察院立案侦查”。也就是说，除国家工作人员外的其他人员职务犯罪侦查权由公务机关行使。检察机关下设反贪污贿赂局、反渎职侵权局以及预防腐败机构，其中，反贪污贿赂局和反渎职侵权局负责职务犯罪案件的侦查工作。

（二）监察体制改革后单轨运行的职务犯罪侦查机制

如前所述，监察体制改革将原来分散的行政监察、预防腐败和检察院查处贪污贿赂、失职渎职及预防职务犯罪等资源整合在一起，改革最直接的效果是：监察委员会吸收了检察机关的职务犯罪侦查职能，使得职务犯罪侦查体制由纪委监察机关（改革之前纪律检查委员会与行政监察机关已是合署办公）与检察机关双轨并行转化为监察委员会一轨运行。由此产生了由职务犯罪侦查权到职务违法和职务犯罪调查权的演变，调查权吸收了侦查权，并带来了以下一系列的变化。

1. 侦查主体的变化

检察机关的反贪污贿赂局、反渎职侵权局的侦查职能、人员、机构整体转隶至监察委员会，监察委员会成为职务犯罪案件的唯一法定侦查主体，而检察机关除保留部分侦查权外，主要掌握对贪污贿赂类案件的公诉权。2018年《刑事诉讼法》修正案删除了检察机关对贪污贿赂、渎职犯罪的侦查权，仅保留了对司法工作人员部分职务犯罪的侦查权。人民检察院在对诉讼活动实行法律监督中发现的司法工作人员利用职权实施的非法拘禁、刑讯逼供、非法搜查等侵犯公民权利、损害司法公正的犯罪，可以由人民检察院立案侦查。对于公安机关管辖的国家机关工作人员利用职权实施的重大犯罪案件，需要由人民检察院直接受理的时候，经省级以上人民检察院决定，可以由人民检察院立案侦查；《监察法》第十一条规定，监察委员会依照本法和有关法律规定履行监督、调查、处置职责：对涉嫌贪污贿赂、滥用职权、玩忽职守、权力寻租、利益输送、徇私舞弊以及浪费国家资财等职务违法和职务犯罪进行调查。

2. 侦查范围的变化

改革前，检察机关只对《中华人民共和国刑法》中第八章贪污罪和第九章渎职罪进行侦查，而改革后的监察委员会调查范围扩大到了对行使公权力的所有公职人员，《监察法》规定了对六类公职人员进行全面监督。其对象、范围比之前2012年《刑事诉讼法》规定的侦查范围要广大得多。现在，《监察法》第十五条监察机关对公职人员和有关人员进行监察的范围是全面的，包括：中国共产党机关、人民代表大会及其常务委员会机关、人民政府、监察委员会、人民法院、人民检察院、中国人民政治协商会议各级委员会机关、民主党派机关和工商业联合会机关的公务员，以及参照《中华人民共和国公务员法》管理的人员；法律、法规授权或者受国家机关依法委托管理公共事务的组织中从事公务的人员；国有企业管理人员；公办的教育、科研、文化、医疗卫生、体育等单位中从事管理的人员；基层群众性自治组织中从事管理的人员；其他依法履行公职的人员。

3. 强制措施的变化

《刑事诉讼法》赋予了检察机关特定的强制性措施，特别是拘传、取保候审、监视居住、拘留和逮捕五种强制措施。改革后未将《刑事诉讼法》中上述强制措施转移至监察机关，但把具有强制措施实质内容的“留置”作为调查措施。

4. 侦查手段和措施的变化

改革前，刑事诉讼法规定的职务犯罪侦查的讯问犯罪嫌疑人、询问证人、勘验、检查、搜查、查封、扣押物证、书证、查询和冻结、鉴定、技术侦查、通缉等措施，除询问证人、查询外，均在立案侦查后进行，是常用的侦查措施；改革后的《监察法》，用于职务违法与职务犯罪调查的谈话、讯问、询问、查询、冻结、调取、查封、扣押、搜查、勘验检查、鉴定、留置12种措施中查询、调取、谈话作为经常性的调查取证手段，使用最多。询问、讯问、留置、扣押、冻结等手段在监察委对相关案件立案调查后使用较为普遍，搜查、查封、鉴定和勘验检查手段在确有必要时采取，使用较少。留置是最严厉的限制人身自由的一种手段，改革以“留置”取代“双规”，但《监察法》未把留置列为强制措施，而是将其作为调查措施。留置的期限最长可达六个月。

5. 适用范围的变化

职务犯罪侦查程序是刑事诉讼的初始程序，而根据监察法规定，监察机关并不参与诉讼活动，仅负责调查，查明涉嫌职务犯罪的，移送检察机关审查起诉后才进入诉讼程序，由检察机关行使批捕权、公诉权、审判监督权等法律监督权能。

6. 适用法律的变化

原职务犯罪侦查是依据《刑事诉讼法》开展侦查活动；改革后监察机关要依据《监察法》和党内纪律条例等党内法规开展职务违法与职务犯罪调查活动。

二、监察调查与检察起诉的衔接问题分析

目前我国的国家监察调查的对象包括职务违法和职务犯罪，监察调查不能完全等同于刑事侦查；而搜查、扣押、查封、冻结、留置、技术侦查等调查措施所具有的强制性质与侦查措施的强制性是一致的，应用不准确将可能对公民个人合法权益造成很大限制或者侵害。针对职务犯罪进行的监察调查，其性质相当于对普通犯罪进行的刑事侦查。可以说，名为调查，实为侦查；或者以调查之名，行侦查之实。对于调查终结认为犯罪事实清楚，证据确实充分的，应当移送检察机关审查起诉，并开始适用《刑事诉讼法》的规定。可见，国家监察法与刑事诉讼法、国家监察机关与刑事诉讼专责机关、国家监察调查程序与刑事诉讼程序均有着密切联系。为此，2018 年 10 月 26 日第十三届全国人民代表大会常务委员会第六次会议通过《刑事诉讼法》修正案，按照《中华人民共和国宪法》精神对《刑事诉讼法》作出修改，并与《监察法》实现有效衔接，主要有以下几个方面：

（一）检察机关侦查权与监察机关调查权的衔接问题

《刑事诉讼法》修正案第二条明确了检察机关侦查权与监察机关调查权的衔接，职务犯罪侦查权完全转隶，所有行使公权力的公职人员的职务犯罪调查权归于监察委员会，但同时保留了检察机关部分侦查权，包括“在对诉讼活动实行法律监督中发现的司法工作人员利用职权实施的非法拘禁、刑讯逼供、非法搜查等侵犯公民权利、损害司法公正的犯罪”的自行侦查权以及“对于公安机关管辖的国家机关工作人员利用职权实施的重大犯罪案件”的机动侦查权。

（二）移送审查起诉中的程序衔接问题

我国《宪法》第一百二十七条规定：“监察机关办理职务违法和职务犯罪案件，应当与审判机关、检察机关、执法部门互相配合，互相制约。”这也对调查程序与审查起诉程序衔接问题的处理提出了要求：不仅仅将其视为一个价值中立的程序操作，还应当通过衔接中的程序处理，实现检察机关对监察制度应有的制约效果；《监察法》第四十五条第四款监察机关根据监督、调查结果，对涉嫌职务犯罪的，监察机关经调查认为犯罪事实清楚，证据确实、充分的，

制作起诉意见书，连同案卷材料、证据一并移送人民检察院依法审查、提起公诉。

（三）监检证据的相关衔接问题

1. 关于证据资格的衔接机制

根据《监察法》第三十三条第一款规定，监察机关依照本法规定收集的证据材料在刑事诉讼中可以作为证据使用，解决了监察机关收集的证据材料的证据资格问题。证据资格是指“证据具有进入刑事诉讼的资格，不需要刑事侦查机关再次履行取证手续”，而“这些证据能否作为定案的根据，还需要根据刑事诉讼法的其他规定进行审查判断”。

2. 关于取证规范的衔接机制

《监察法》第三十三条第二款规定：“监察机关在收集、固定、审查、运用证据时应当与刑事审判关于证据的要求和标准相一致”，对此监察法释义中作出如下解读：“刑事审判关于证据的要求和标准有严格、细致的规定，监察机关收集的证据材料在刑事诉讼中作为证据使用，必须要与其相衔接”。也就是说：虽然第三十三条第一款规定赋予监察证据在刑事诉讼中使用的资格，但其最终能否成定案根据，尚需司法机关审查是否符合刑事诉讼法对证据形式与证据收集的规范性要求，如果不符合要求将被排除在法庭认证的范围之外。

3. 非法证据排除规则适用的衔接机制

《监察法》第三十三条第三款确立了监察机关排除非法证据的义务，并在第四十条中对以威胁、引诱、欺骗及其他非法方法收集证据作出禁止性规定。职务犯罪案件应当受到双重非法证据排除规则的约束，既要执行《监察法》的规定，对于采取引诱、欺骗方法收集证据要予以排除，又要遵照刑事诉讼法以及两高三部委关于非法证据排除规则的相关规定。其中，虽然《监察法》中没有明确规定刑讯逼供等是否属于非法方法，但以刑讯逼供、肉刑或者变相肉刑等非法方法调取的证据要予以排除，其理由在于：一方面《监察法》是规范监察人员取证的基本法律，检察机关审查判断监察机关移送的案件要以此为依据；另一方面职务犯罪案件对口供等言辞证据依赖性较大，对于通过许诺某种好处诱使、欺骗当事人获得的证据，虚假的可能性非常大，对此类证据的真实性更要严格审查。

4. 同步录音录、像运用的衔接机制

《监察法》规定：对于讯问、搜查、查封、扣押等重要取证工作，应当全程同步录音、录像。这一规定对于规范监察调查工作提出了较刑事诉讼法更为严格的要求。

（四）监检程序衔接机制方面存在的主要问题

2018 年初，国家监察委与最高人民检察院联合签发了《国家监察委员会与最高人民检察院办理职务犯罪案件工作衔接办法》（以下简称《衔接办法》），对检察机关提前介入工作进行了原则性规定。各地针对改革初期的特殊情况，在实践中普遍采用提前介入的方式，检察机关在提前介入过程中较好地发挥了引导取证作用，但同时提前介入工作也是各地检察机关反映存在问题比较多的环节之一，主要表现是提前介入的启动和运行不规范，影响了提前介入的效果。2019 年 2 月，最高人民检察院在征求国监委意见的基础上出台了《人民检察院提前介入监察委员会办理职务犯罪案件工作规定》（以下简称《提前介入工作规定》），明确检察机关提前介入的任务、范围、时间、方式、主体、反馈以及工作纪律等问题，健全完善监检衔接制度机制，合力提升职务犯罪调查和公诉质量效果，实现了全面、系统、规范，使检察机关提前介入工作“有章可循”。

（五）留置与刑事强制措施衔接机制

监察机关所查办的案件在强制措施上的协调衔接，主要涉及留置措施的适用对象和条件，留置措施的决定程序，以及检察机关逮捕措施与留置的衔接。对于留置与拘留对接的衔接问题，新修订的《刑事诉讼法》第一百七十条作出了“先行拘留”的规定，明确了留置措施与刑事强制措施的衔接机制，即对于监察机关采取留置措施的案件，人民检察院应当对犯罪嫌疑人先行拘留，留置措施自动解除。该规定解决了留置与逮捕对接过程中出现的“人案分离”问题。

（六）退回补充调查的衔接机制

《监察法》《刑事诉讼法》以及《衔接办法》均规定了人民检察院对监委移送审查起诉的案件可以退回补充调查，为退回补充调查衔接提供了基本规范依据，解决了退回补充调查期间强制措施衔接的问题，体现了监察机关、检察机关办理职务犯罪案件互相配合、互相制约的原则。《监察法》第四十七条中对监察机关移送的案件，人民检察院依照《刑事诉讼法》对被调查人采取强制措施。人民检察院经审查，认为需要补充核实的，应当退回监察机关补充调查，必要时可以自行补充侦查。对于补充调查的案件，应当在一个月内补充调查完毕，补充调查以二次为限。修改后的刑事诉讼法第一百七十条：人民检察院对于监察机关移送起诉的案件，依照本法和监察法的有关规定进行审查。人民检察院经审查，认为需要补充核实的，应当退回监察机关补充调查，必要时可以自行补充侦查。退回补充调查作为监察法确定的一项重要制度，对于补充完善证据、提高指控犯罪能力、保证案件质量、严防冤假错案都具有重要意义。而且，职务犯罪案件特别是贿赂类案件，言词证据多、客观证据少、变易性强，尤其是改革后职务犯罪调查期限比改革前大幅缩短，案件进入诉讼程序后，难免出现律师介入提交或者申请调取新的证据、嫌疑人翻供或者提出新的辩解理由，申请调取新的证据等情况，加之调查和公诉之间在证据标准把握上的差异性，决定了退回补充调查应当成为诉讼中的正常现象。

（七）涉案财物的衔接机制

我国《监察法》第 四十六条对职务犯罪涉案财物的处置进行了规定，其中涉嫌犯罪取得的财物，应当随案移送人民检察院，建议尽快建立涉案财物统一管理平台，实现财物在监察机关、检察机关、法院之间的便捷流转。

三、对监察体制改革后监检衔接的探索性思考

我国监察体制改革历经了三省试点探索、试点工作在全国推开、国家监察体系总体框架初步建立等三个发展阶段，取得了重大阶段性成果。在新的监察体制改革背景下，针对职务犯罪侦查机制的变化及监检衔接问题，笔者进行了一些探索与思考。

（一）积极推进监察队伍专业化与职业化发展建设

监察委员会作为专门的反腐败工作机构，监察人员应既能对职务违法行为开展调查工作，又能对职务犯罪行为开展侦查工作，这也是当前国家监察队伍专业化、职业化建设的重中之重。我国应加强监察官队伍的专业化建设，尽快制定监察官法，对监察官的职责、义务和权利、任职条件、任免、等级、考核、奖惩、申诉控告等予以明确规定。所有监察人员均应具有监察官的任职资格，建立健全国家监察官职业资格考试制度和职前培训制度，通过考试和培训选拔培养高素质的监察职业人才。

（三）要继续完善并不断充实《监察法》

由于我国监察制度改革试点的时间周期相对较短，加之采行的是“宜粗不宜细”的立法智慧，《监察法》虽如期出台，但内容较为单薄。整部《监察法》一共仅有69条，涵盖了与监察制度相关的多个方面的问题，直接调整监察程序的条款有限。《监察法》中多为授权性规定，至于具体应当如何履行职权，规定不够细致，这就给执法工作实践带来了法律依据不明确的困难，呈现出“徒法不能以自行”的局面。2021年5月17日，国家监察委员会发布《中华人民共和国监察法实施条例（征求意见稿）》公开征求意见的通知，将来《中华人民共和国监察法实施条例》颁布后，将会对《监察法》的框架性条款起到完善和补充作用。

（三）在组织体制上积极探索体现纪法的适度分离

监察委与纪委合署办公，同一组织实体同时承担党纪检查、行政监察、刑

事调查三方面职能。其中对身为共产党员的国家工作人员的党纪、政纪调查处置，实际上是同一问题的两个方面，很难分开，但是，追究刑事责任的职务犯罪调查属于刑事执法活动，与政纪案件调查处置有很大区别，因此在内部组织结构上应当有所区分。因此，建议在监察委内部设立与检察机关职务犯罪检察部门相对应的刑事部或职务犯罪调查部，负责审查刑事立案，主导或指导立案后的调查取证，在调查终结后负责向检察机关移送审查起诉。由于职务犯罪的司法追究有时可能涉及较为复杂的证据事实与法律适用问题，因此专设刑事部门、专门研究和实施职务犯罪的刑事追责问题，有利于监察程序中刑事执法活动的专业化，适应人民检察院审查和人民法院审判要求，保障职务犯罪案件的办案质量。

（四）推动在诉讼案件中应用专家辅助人

我国在2002年4月1日公布并实施的《最高人民法院关于民事诉讼证据的若干规定》中确立了专家辅助人制度，在现代诉讼程序中，专家辅助人所发挥的技术功能越来越重要。目前，专家辅助人的诉讼支持已经从民事诉讼领域延伸到刑事诉讼和行政诉讼领域，并从满足法庭内需要扩大到满足法庭外各方当事人的需求。专家辅助人针对鉴定意见或其他专业问题进行阐释及提出专家意见，其目的在于排除当事人在举证、质证以及法院在案件事实认定中由于专业问题所引起的障碍，最终协助法院对鉴定意见的科学性或其他专业问题给出正确的判断和认定，以厘清事实真相。专家辅助人，一方面可以帮助法官解答案件涉及的专业问题，厘清案件事实，作出正确法律裁判；另一方面也可弥补涉案当事人的知识欠缺，缩小双方信息、知识等差距，以更好地展开法庭辩论。专家辅助人意见虽然不能等同于司法鉴定意见，不是法定证据、不是专家证人，但专家辅助人在参与诉讼中所进行的阐释或提出的专业意见，在案件的审判实践运行中，可以为监察体制改革下职务犯罪侦查机制的监检衔接提供一种探索参考。

参考文献

［1］李晓明，函海军．反腐合理的形成：资源整合与优势互补——兼论纪检监察部门与检察机关在反腐败中的关系［J］．学习论坛，2012（3）．

［2］孙煜华．构建与监察改革相适应的职务犯罪侦查法治模式［J］．法学，2017（7）．

［3］龙宗智．监察与司法协调衔接的法规范分析［J］．政治与法律，2018（1）．

［4］吴建雄．国家监察体制改革背景下职务犯罪检察职能定位与机构设置［J］．国家行政学院学报，2018（1）．

［5］李昊．法务会计诉讼支持执业规范的构建与完善［J］．财会月刊，2010（30）．

［6］吕中伟．我国专家辅助人制度之完善［J］．河南财经政法大学学报，2015（2）．

［7］胡铭．专家辅助人：模糊身份与短缺证据：以新《刑事诉讼法》司法解释为中心［J］．法学论坛，2014（1）．

Benford 法则在股权激励盈余管理识别中的应用

——基于创业板上市公司的实证分析

南京审计大学会计学院　章之旺　黄晨晨　赖　雪

【摘　要】股权激励作为企业的一种长期激励机制，其激励效果如何？企业高管层是否借助盈余管理操纵行权指标？本文选取创业板上市公司股权激励样本，基于 Benford 法则，构建财务报表偏离度（FSD）指标，对样本公司股权激励授予年度之前三年至行权年度的资产负债表、利润表和现金流量表进行实证分析，以检测高管层是否为了行权实施了盈余管理。研究结果表明，三大财务报表的 FSD 值从授予年度之前的第三年开始，直至最后一个行权年度，总体呈下降趋势。对于资产负债表与现金流量表，这种趋势更为明显。换言之，在股权激励授予前三年，公司即对财务报表预先实施盈余管理，为后续授予股权激励并行权创造"有利"条件。研究结果表明，Benford 法则作为一种便捷、低成本的法务会计工具，在盈余管理识别方面具有显著的有效性。本文提供的股权激励盈余管理经验证据寓示着，作为新兴市场的创业板在治理和监管机制方面依然存在很大的完善空间。

【关键词】Benford 法则，股权激励，盈余管理，创业板

一、引言

Benford 法则最初是天文学家 Simon Newcomb 于 1881 年发现的一个数学现象。Frank Benford 经过多年的深入研究，于 1938 年系统地推导出该法则的数学表达式。随着 Benford 法则在理论上逐渐完善，该法则被广泛应用于生物研究、医疗卫生、宏观经济数据分析、金融、审计、选举投票造假检测等诸多领域。法务会计研究兴起之后，Benford 法则作为一种便捷、低成本的工具，在舞弊调查领域已经得到有效应用。

作者简介：章之旺，博士，安徽芜湖人，南京审计大学会计学院教授，研究方向：法务会计、公司财务。

黄晨晨，广西河池人，南京审计大学会计学院硕士研究生，研究方向：法务会计。

赖雪，江西宜春人，南京审计大学会计学院硕士研究生，研究方向：公司财务。

股权激励作为企业的一种长期激励机制，旨在缓解所有权和经营权分离产生的代理问题。其激励效果如何？企业高管层是否借助盈余管理操纵行权指标？我们的研究兴趣在于Benford法则是否有助于识别股权激励中的盈余管理行为。本文选取创业板上市公司股权激励样本，基于Benford法则，构建财务报表偏离度（Financial Statement Divergence Score，FSD）指标，对样本公司期权授予年度之前三年至行权年度的资产负债表、利润表和现金流量表进行实证分析，以检测高管层是否为了行权实施了盈余管理。此外，本文还将计算其他盈余管理经典测度指标，并将其结果与FSD指标进行比较，以验证Benford法则识别创业板上市公司股权激励盈余管理的有效性。本文的结构安排如下：第一部分为引言；第二部分为文献综述；第三部分为研究设计；第四部分为实证结果与分析；最后为研究结论与启示。

二、文献综述

（一）Benford法则及其在会计审计领域的应用

Benford（1938）收集来自不同领域和范围的20 229个样本数据，得出了以下数字分布规律（见表1），首位数字1～9出现的概率依次递减，且递减的速度逐渐放缓。Benford法则可用于评估会计、审计中的财务数据准确性。

表1　Benford法则数字分布规律

数字	0	1	2	3	4	5	6	7	8	9
首位	—	0.301 0	0.176 1	0.124 9	0.096 9	0.079 2	0.066 9	0.058 0	0.051 2	0.045 8
第二位	0.119 68	0.113 89	0.108 82	0.104 33	0.100 31	0.096 68	0.092 27	0.090 35	0.087 57	0.085 00

Carslaw（1988）首次将Benford法则引入会计领域，研究公司的盈余管理行为。他从上市公司年报获取各个公司收入数据，发现数据总体中第二位数字为“0”的数据个数多于第二位数字为“9”的数据。他认为，当公司业绩达不到预期时，公司经理会操纵财务数据来粉饰公司收益，通过人为提高收入，造成数据分布异常。Hill（1995）运用Benford法则对会计、金融以及资本市场其他领域的数据进行研究，发现数据基本符合Benford法则分布规律。其研究结论是，Benford法则属于经济数据的客观规律，不受人的主观意志影响，若人为对数据信息进行修改，则数据总体会偏离Benford法则。

Nigirni & Mittermaier（1997）的研究亦证实了财务数据遵从Benford法则分布定律，并指出Benford法则可用于识别会计数据是否造假，以及企业是否为了降低税负而篡改财务数据。他们还将Benford法则应用于选举中的数据造假检测。根据其研究成果开发的 Benford 法则检测软件在审计领域广为应用[①]。Amiram 等（2015）研究发现，发生财务舞弊的公司在被警告前后财务报表数据符合 Benford 法则的程度存在差异，被警告后的财务数据更加真实。当公司的会计信息质量下降时，其首位数分布会偏离 Benford 法则分布规律。

Caneghem（2016）选取 2007—2012 年度非营利机构的财务报表样本，利用 Benford 法则对数据进行拟合度检验，结果显示首位数实际分布与 Benford 法则的理想分布高度吻合，但是关于第二位数字的研究结果与 Carslaw（1988）类似，即第二位数为“0”的数据分布与理论值存在偏差。

国内开展 Benford 法则的应用研究相对较晚。张苏彤（2005）率先运用 Benford 法则对同一上市公司不同年度的财务报表进行分析，发现虽然单独财务报表数据大多不符合 Benford 法则，但是同一公司舞弊期间的财务数据与其他时期的财务数据相比，其 Benford 法则的偏离度存在较大差异。因此，对于只能获取上市公司财务报表的投资者来说，他们仍然可以利用 Benford 法则对单一上市公司的财务数据进行评估。张苏彤和康智慧（2007）对 2006 年沪深 A 股市场 1 446 家上市公司的财务数据进行检验，选取 6 项主要财务指标作为检验对象，以 Benford 法则为标准进行分组检验。研究结果显示，ST 公司和中小板上市公司的年度财务数据与 Benford 法则的拟合度最低，而上市公司的整体数据与 Benford 法则的拟合度较高。

许存兴等（2009）运用 Benford 法则评估上市公司财务数据的准确性。他们根据会计师事务所出具的财务报表审计意见对上市公司进行分组。研究发现，整体数据分布均符合 Benford 法则，但是与被出具其他意见的财务报表相比，被出具无保留意见的财务报表更符合 Benford 法则。陈曦等（2012）对 2001—2010 年间沪深上市公司的三大财务报表是否遵从 Benford 法则进行了研究，通过分类比较已被证实财务舞弊的公司与健康上市公司，发现 Benford 法则可以有效识别财务舞弊。

刘福清和陈义文（2010）、罗玉波等（2015）、陈伟等（2017）探讨了如何将 Benford 法则应用于审计，以节约审计资源，提升审计效率。

（二）股权激励中的盈余管理研究

研究一般盈余管理问题的文献较多，而聚焦于股权激励盈余管理的研究则相对较少。Gaver 等（1995）基于 1950—1990 年间美国上市公司样本研究发现，当企业的经营绩效未达到股权激励的行权条件时，企业管理层容易为了自身利

① ACL 和 IDEA 等审计软件均添加了 Benford 法则检测功能。

益而向上进行盈余管理；反之，当企业经营绩效远超过股权激励的行权条件时，管理层为了下次行权条件更容易达到，会向下进行盈余管理。Baker等（2003）以1992—1998年间168家美国上市公司为样本研究发现，不少样本公司财务报表的数据被有意调整，这些调整均与企业的股权激励方案有一定的联系，并且当授予的股份愈多，激励的收益愈大时，管理层越可能进行盈余管理。Bergstresser & Philippon（2006）选取1994—2000年间美国上市公司样本研究发现，将管理层激励措施与股票价格挂钩会产生不良影响，像是变相鼓励管理层利用其在报告收益时的自由裁量权来操纵公司股票价格。Cheng & Warfield（2005）认为公司管理层对股价十分敏感，特别是对未来股价更加敏感，如果企业管理层接受了激励程度较高的计划，他们会倾向于向下盈余管理，将盈余转移至下期。Goldman & Slezak（2006）认为股权激励不仅可以调动企业员工的工作积极性，同时还会诱发盈余管理，他们发现股权激励与盈余管理之间存在正相关关系。

以上研究均支持股权激励会诱发管理层的盈余管理行为。但是Erickson等（2006）认为，股权激励与盈余管理之间并没有显著的相关性，企业管理层进行盈余管理并非必然因股权激励计划的实施而引起。Achilles等（2013）发现，如果企业将管理层的激励报酬与企业业绩联系在一起，管理层会根据企业的业绩情况而增加或者减少会计盈余，这表明股权激励计划的实施可能引发盈余管理，但并非是必然的。

国内关于股权激励与盈余管理之间关系的研究结论比较一致。赵华伟（2017）应用Jones模型研究发现，当股权激励计划中激励对象多为企业的高管人员时，盈余管理的可能性和程度都会更高。以股权激励计划授予日为准，在此之前的盈余管理规模要比之后的盈余管理规模更大。程果（2020）支持赵华伟（2017）的研究结论，并认为在股权激励草案公告之前，上市公司的管理层就会进行向下的盈余管理来操控企业的业绩，并且使用股票期权的公司进行盈余管理具有显著性。苏冬蔚和林大庞（2010）研究表明，股权激励会诱发企业高管的盈余管理行为，当企业高管行权之后企业的业绩就会大幅度下降，从而对企业造成负面影响。吕长江等（2011）发现上市公司实施股权激励计划在一定程度上与盈余管理相关联，管理层更加倾向于采用应计盈余管理的手段来操控企业业绩，最常见的是采取资产减值政策来影响企业的业绩从而促进股权激励方案的实施。廖吉林（2019）研究发现，高管对盈余管理程度的把控受较多因素的影响，例如股权激励中的行权时长与盈余管理呈负相关。

三、研究设计

（一）创业板股权激励样本选择与数据来源

截至 2020 年 12 月，我国共有 886 家企业在创业板上市，其中 497 家上市企业实施了股权激励计划。从激励标的物分类来看，在公告的 915 项股权激励计划中，249 项选择股票期权，占比 27.21%；589 项选择限制性股票，占比 64.37%；5 项选择股票增值权，占比 0.55%；72 项选择复合型激励模式，占比 7.87%。由此可知，逾半数的创业板上市公司公布过股权激励计划。在激励标的物的选择上，限制性股票成为首选。

考虑到创业板的上市要求和监管力度均低于主板，创业板上市公司的盈余管理空间可能更大，因而本文选择创业板上市公司研究股权激励盈余管理问题。数据来源于 CSMAR 数据库，数据处理软件使用 Excel 和 SPSS。

首先选取 2006 年 1 月 1 日至 2019 年 12 月 31 日期间首次公布股权激励方案的创业板上市公司，得到 436 家初始样本。剔除公告之后又将股权激励方案取消的样本，得到 270 家最终样本①。以授予年度为基准年度（T 年），选取授予年度前三年（$T-1$、$T-2$、$T-3$），直至最后一期行权年度（$T+N$），作为事件观察期间。样本公司的资产负债表、利润表和现金流量表均选取合并报表形式。

以证券代码 300008 为例，2014 年为股权激励方案首次公告年度，2014 年授予（T），2015 年第一次行权，2017 年最后一次行权，则样本期间标准化年度设定为：2011 年（$T-3$）、2012 年（$T-2$）、2013 年（$T-3$）、2014 年（T）、2015 年（$T+1$）、2016 年（$T+2$）、2017 年（$T+3$）。

数据处理遵循以下规则：

（1）Benford 法则计算数据须为正数，对公司财务报表中可能存在的负数，运用 ABS 函数取其绝对值。

（2）运用 LEFT 函数，依次提取各个报表中非零数据的首位数和第二位数，对于报表中绝对值小于 1 的变量，取其第一位非零数字。

（3）利用 COUNTIF 函数统计标准年度各数字出现的次数及频率。

（二）财务报表偏离度（FSD）的计算

本文拟通过观察股权激励授予年度之前三个年度至最后一次行权年度的财务报表偏离度（FSD）的变动趋势，来推断创业板上市公司为便于行权是否实

① 样本截止期间设定为 2019 年 12 月 31 日，目的是期望获取行权观察期。

施了盈余管理。FSD 的计算参考 Amiram 等（2015）的做法。

本文使用两个统计量计算 FSD 值，即 Kolmogorov - Smirnov（KS）统计量和平均绝对偏差（MAD）统计量。KS 统计量度量与 Benford 分布的最大偏差，该偏差由 1 到 9 数字经验分布与理论分布之间的累积差异决定。该统计量适于公司层面上 Benford 分布的符合性检验。因为存在一个检验的临界值，即在 5% 水平上的临界值 $=1.36/\sqrt{P}$，其中 P 是使用的首位数的总数。若 KS 超过临界值，则说明样本数据严重不符合 Benford 法则。MAD 统计量的规模不变性使得其在检测大量数据时非常有用，在比较不同公司和不同时期的财务报表时亦很有用，因为年度报告中的行项数可能随行业和时间而变化。

KS 的计算公式如下：

$$KS = \mathrm{Max}\begin{pmatrix} |AD_1 - ED_1|, |(AD_1 + AD_2) - (ED_1 + ED_2)|, \cdots, \\ |(AD_1 + AD_2 + \cdots + AD_9) - (ED_1 + ED_2 + \cdots + ED_9)| \end{pmatrix} \tag{1}$$

其中，AD 代表首位数字为 1 ~ 9 在财务报表数据中的实际分布率；ED 代表首位数字 1 ~ 9 在 Benford 分布所期望的理论分布率。KS 统计量越小，服从 Benford 法则理论分布程度越高，说明盈余管理的可能性越低。

MAD 的计算公式如下：

$$MAD = \frac{\sum_{i=1}^{k} |AD - ED|}{k} \tag{2}$$

其中，k 取值 1 ~ 9。MAD 与 KS 计算不同，MAD 不存在临界值，因此更适于 Benford 法则的检验。

除了使用 *FSD* 值对股权激励盈余管理进行检验之外，本文还将使用相关系数检验、T 检验和其他盈余管理测度指标予以补充验证。

四、实证结果与分析

（一）总体相关性分析

汇总样本公司三大财务报表数据，计算得到首位数与第二位数的分布频率与 Benford 法则理论值（见表 2），在此基础上再计算首位数、第二位数的实际分布频率与理论值的相关系数分别为 0.999 和 0.988。根据相关系数检验标准（见表 3），虽说从首位数分布频率来看，财务数据分布频率与 Benford 法则期望值基本一致，但从财务数据第二位数分布频率与理论值相关系数来看，数据存在篡改的可能性。下文将对各报表数据分别进行检验，限于篇幅，仅报告首位数的 *FSD* 检验结果。

表 2　首位数及第二位数分布频率与 Benford 法则理论值对比

首位数	首位数 分布频率	Benford 法则 理论值	第二位数 分布频率	Benford 法则 理论值
0	—	—	—	0.119 68
1	0.300 4	0.301 0	0.141 8	0.113 89
2	0.173 3	0.176 1	0.128 3	0.108 82
3	0.123 8	0.124 9	0.117 6	0.104 33
4	0.097 9	0.096 9	0.112 9	0.100 31
5	0.081 6	0.079 2	0.110 0	0.096 68
6	0.068 5	0.066 9	0.102 4	0.093 37
7	0.057 9	0.058 0	0.099 4	0.090 35
8	0.051 9	0.051 2	0.095 8	0.087 57
9	0.044 6	0.045 8	0.091 7	0.085 00

表 3　Benford 法则相关系数检验标准

分级	相关系数范围	结论推测
正常	$0.99 < R \leqslant 1$	符合 Benford 法则
值得关注	$0.97 < R \leqslant 0.99$	一定程度上可能存在篡改数据
可疑	$R \leqslant 0.97$	很可能有篡改数据

（二）资产负债表 *FSD* 值及组间差异 *T* 检验

表 4 列示了资产负债表 *FSD* 值的描述性统计结果。从 $T-3$ 到 $T+4$ 标准年度，*FSD* 值呈下降趋势，换言之，资产负债表从授予前第三年开始，财务报表偏离度越来越小（图 1 和图 2 显示 *KS* 和 *MAD* 的变化趋势相同）①。这表明，在股权激励计划开始，前几年公司已预先实施盈余管理。

表 4　资产负债表 *FSD* 值描述性统计

标准年度	样本数	*KS*		*MAD*	
		均值	标准差	均值	标准差
$T-3$	114	13.531 0	6.418 5	4.606 1	1.361 1
$T-2$	172	13.079 3	5.932 0	4.516 7	1.342 1

① 从 $T+5$ 标准年度开始，样本数量降至 12 以下，无法进行统计检验，故未纳入对比分析。

续表

标准年度	样本数	*KS*		*MAD*	
		均值	标准差	均值	标准差
T-1	249	12.1925	5.6733	4.3197	1.3930
T	270	11.0642	4.4319	4.0167	1.1229
T+1	270	11.0068	4.3445	4.0262	1.1718
T+2	219	10.1821	4.5052	3.7840	1.0898
T+3	150	10.2644	4.0357	3.7163	1.0473
T+4	55	9.7984	4.0910	3.6217	1.2208

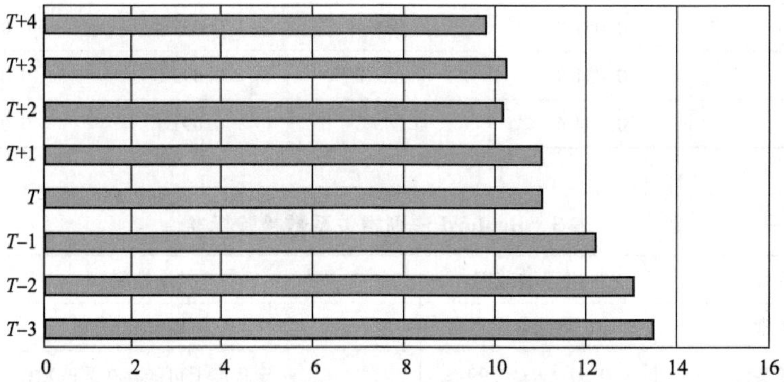

图1　不同标准年度的资产负债表 *FSD*-*KS* 值

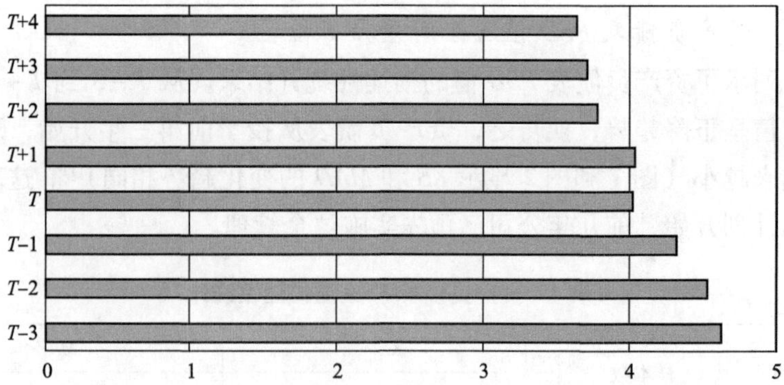

图2　不同标准年度的资产负债表 *FSD*-*MAD* 值

针对不同标准年度的资产负债表 *FSD* 值，进行组间差异 *T* 检验，结果见表5。由表5可知，*T*-3、*T*-2、*T*-1与 *T*、*T*+1等标准年度两两比较，组间差异的显著性水平为1%（*T*-1与 *T*、*T*+1两组除外）。这表明在股权激励授予的前三年，公司对资产负债表预先实施了盈余管理，为 T 年授予股权激励做好准备。T 年之后，组间差异的显著性水平直接降至 10%，甚至不显著，表明授予股权激励后到行权这几年，公司基本上未通过资产负债表进行盈余管理。

表 5　不同标准年度的资产负债表 *FSD* 值组间差异 *T* 检验

		T+1	T+2	T+3	T+4
T-3	KS	2.524 2***	3.348 9***	3.266 6***	3.732 6***
	MAD	0.579 9***	0.822 1***	0.889 8***	0.984 4***
T-2	KS	2.072 5***	2.897 2***	2.814 9***	3.280 9***
	MAD	0.490 5***	0.732 7***	0.800 4***	0.895 0***
T-1	KS	1.185 7	2.010 4***	1.928 1***	2.394 1***
	MAD	0.293 5***	0.535 7***	0.603 4***	0.698 0***
T	KS	0.057 4	0.882 1	0.799 8	1.265 8
	MAD	-0.009 5	0.232 7	0.300 4*	0.395 0
T+1	KS		0.824 7	0.742 4	1.208 4
	MAD		0.242 2	0.309 9*	0.404 5
T+2	KS			-0.082 3	0.383 7
	MAD			0.067 7	0.162 3
T+3	KS				0.466 0
	MAD				0.094 6

注：①*FSD* 组间差异的计算为后期减前期；② ***、**、* 分别表示等方差假设之下双侧 T 检验的显著性水平 1%、5%、10%。方差不等假设之下的显著性水平基本不变。

（三）利润表 *FSD* 值及组间差异 *T* 检验

表 6 列示了利润表 *FSD* 值的描述性统计结果。由图 3 可知，从 T-3 到 T-1 标准年度，*KS* 值呈上升趋势，T-1 年暴增，这表明在股权激励的前三年，样本公司实施了盈余管理。从 T-1 开始，*KS* 值总体上呈下降趋势。由图 4 可知，从 T-2 开始，*MAD* 值总体上呈逐步下降趋势。

表 6　利润表 *FSD* 值描述性统计

标准年度	样本数	KS		MAD	
		均值	标准差	均值	标准差
T-3	114	20.708 0	7.445 5	6.865 7	1.522 8
T-2	172	21.303 4	8.490 9	7.121 5	1.789 0

续表

标准年度	样本数	*KS*		*MAD*	
		均值	标准差	均值	标准差
T－1	249	22.078 9	8.064 4	7.070 2	1.784 4
T	270	21.357 4	7.949 3	6.968 0	1.762 3
T＋1	270	21.639 1	8.575 6	6.831 8	1.863 3
T＋2	219	20.931 4	8.282 4	6.653 2	1.560 9
T＋3	150	21.010 5	7.651 3	6.688 7	1.660 0
T＋4	55	20.291 6	8.407 8	6.473 8	1.846 2

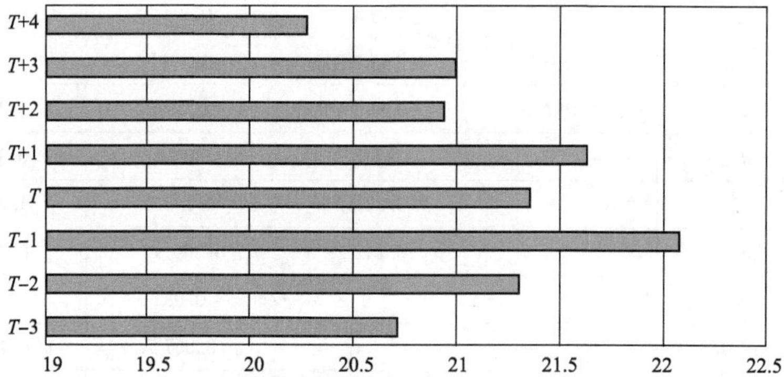

图3　不同标准年度的利润表 *FSD*－*KS* 值

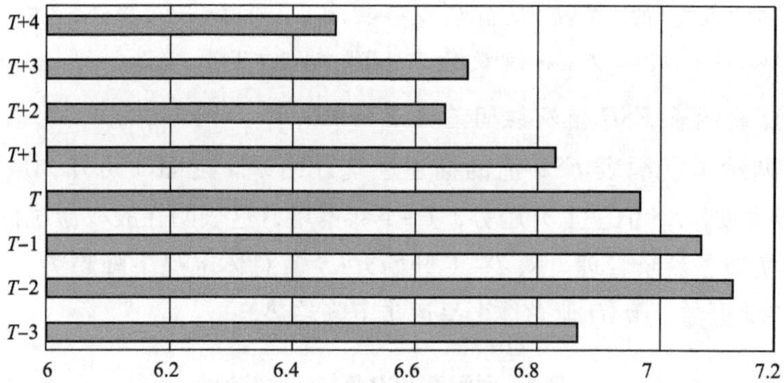

图4　不同标准年度的利润表 *FSD*－*MAD* 值

针对不同标准年度的利润表*FSD*值，进行组间差异*T*检验（表7）。较之于资产负债表，显著性水平普遍不高。仅有*T*－2与*T*＋3、*T*＋4、*T*－1与*T*＋3、*T*＋4组间差异的显著性水平为5%，*T*－1、*T*－2与*T*＋2的显著性水平为10%。

表 7　不同标准年度的利润表 *FSD* 值组间差异 *T* 检验

		T	*T*+1	*T*+2	*T*+3	*T*+4
T-3	*KS*	-0.649 4	-0.931 1	-0.223 4	-0.302 5	0.416 4
	MAD	-0.102 4	0.033 9	0.212 5	0.177 0	0.391 9
T-2	*KS*	-0.054 0	-0.335 7	0.372 0	0.292 9	1.011 8
	MAD	0.153 5	0.289 7	0.468 3*	0.432 8**	0.647 7**
T-1	*KS*	0.721 5	0.439 8	1.147 5	1.068 4	1.787 3
	MAD	0.102 2	0.238 4	0.417 0*	0.381 5**	0.596 4**
T	*KS*		-0.281 7	0.426 0	0.346 9	1.065 8
	MAD		0.136 2	0.314 8	0.279 3	0.494 2*
T+1	*KS*			0.707 7	0.628 6	1.347 5
	MAD			0.178 6	0.143 1	0.358 0
T+2	*KS*				-0.079 1	0.639 8
	MAD				-0.035 5	0.179 4
T+3	*KS*					0.718 9
	MAD					0.214 9

注：①*FSD* 组间差异的计算为后期减前期；② ***、**、* 分别表示等方差假设之下双侧 *T* 检验的显著性水平 1%、5%、10%。方差不等假设之下的显著性水平基本不变。

（四）现金流量表 *FSD* 值及组间差异 *T* 检验

表 8 列示了现金流量表 *FSD* 值的描述性统计结果。由图 5 和图 6 可知，现金流量表的 *KS* 值和 *MAD* 值逐年下降的趋势基本一致，且与资产负债表的 *FSD* 走势大致相同。

表 8　现金流量表 *FSD* 值描述性统计

标准年度	样本数	*KS*		*MAD*	
		均值	标准差	均值	标准差
T-3	114	16.824 7	6.121 0	6.007 6	1.659 3
T-2	172	16.937 4	6.781 4	6.031 7	1.521 4
T-1	249	16.470 7	6.611 6	5.605 3	1.509 8
T	270	14.260 5	6.214 6	5.141 9	1.563 6
T+1	270	14.408 6	6.101 7	5.054 4	1.467 1
T+2	219	13.908 4	5.604 7	4.907 0	1.338 9
T+3	150	14.140 0	5.629 1	4.958 2	1.424 5
T+4	55	15.728 9	7.057 4	5.163 3	1.383 2

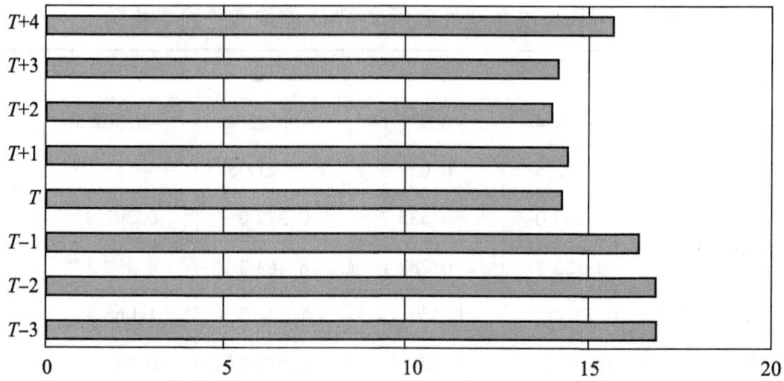

图5　不同标准年度的现金流量表 *FSD*－*KS* 值

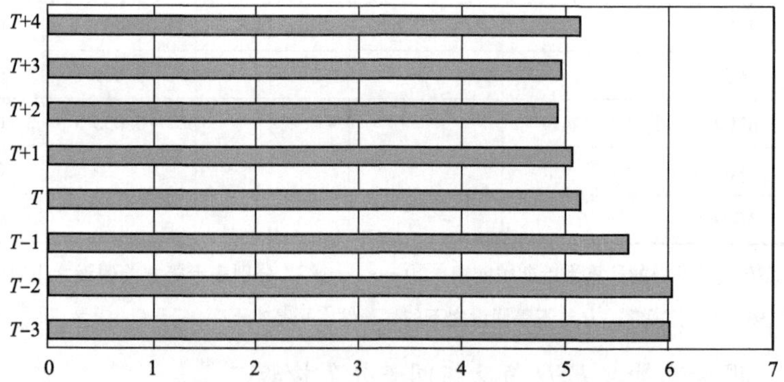

图6　不同标准年度的现金流量表 *FSD*－*MAD* 值

由表9可知，现金流量表 *FSD* 值的组间差异在基准年度（*T*）前后普遍具有显著性（$p=1\%$），与资产负债表的检验结果高度一致。

表9　不同标准年度的现金流量表 *FSD* 值组间差异 *T* 检验

		T	*T*+1	*T*+2	*T*+3	*T*+4
T－3	*KS*	2.564 2***	2.416 1***	2.916 3***	2.684 7***	1.095 8
	MAD	0.865 7***	0.953 2***	1.100 6***	1.049 4***	0.844 3***
T－2	*KS*	2.676 9***	2.528 8***	3.029 0***	2.797 4***	1.208 5
	MAD	0.889 8***	0.977 3***	1.124 7***	1.073 5***	0.868 4***
T－1	*KS*	2.210 2***	2.062 1***	2.562 3***	2.330 7***	0.741 8
	MAD	0.463 4***	0.550 9***	0.698 3***	0.647 1***	0.442 0**

续表

		T	T+1	T+2	T+3	T+4
T	KS		-0.148 1	0.352 1	0.120 5	-1.468 4
	MAD		0.087 5	0.234 9	0.183 7	-0.021 4
T+1	KS			0.500 2	0.268 6	-1.320 3
	MAD			0.147 4	0.096 2	-0.108 9
T+2	KS				-0.231 6	-1.820 5**
	MAD				-0.051 2	-0.256 3
T+3	KS					-1.588 9
	MAD					-0.205 1

注：①FSD 组间差异的计算为后期减前期；②***、**、*分别表示等方差假设之下双侧 T 检验的显著性水平 1%、5%、10%。方差不等假设之下的显著性水平基本不变。

(五) 三表合一 FSD 值及组间差异 T 检验

下面我们将资产负债表、利润表和现金流量表的数据合并起来，考察总体的财务报表偏离度，统计结果见表10。由图7和图8可以看出，从 T-3 到 T+4 标准年度，KS 和 MAD 值均呈下降趋势。三表合一的组间差异 T 检验显示，从 T-1 到 T+4 标准年度，两两之间差异的显著性大多达到1%或5%。

表10　三表合一 FSD 值描述性统计

标准年度	样本数	KS		MAD	
		均值	标准差	均值	标准差
T-3	114	10.419 8	4.462 5	3.466 6	0.999 7
T-2	172	10.632 8	4.624 2	3.524 1	1.015 1
T-1	249	9.678 7	4.234 2	3.267 5	0.963 9
T	270	8.942 2	3.579 0	3.096 9	0.879 1
T+1	270	8.966 8	3.508 9	3.040 7	0.841 0
T+2	219	8.113 3	3.229 7	2.807 2	0.790 0
T+3	150	8.502 4	3.377 6	2.895 6	0.756 5
T+4	55	7.945 1	3.618 7	2.733 8	0.756 5

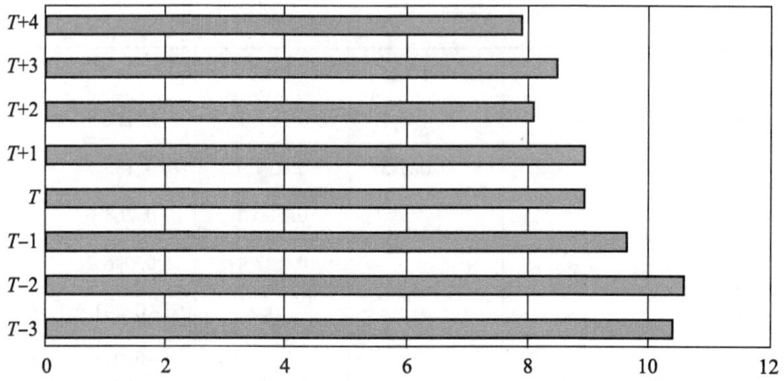

图 7　三表合一 *FSD*－*KS* 值

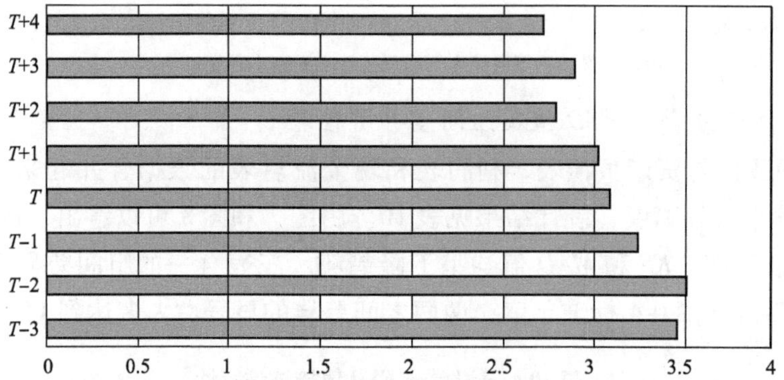

图 8　三表合一 *FSD*－*MAD* 值

表 11　三表合一 *FSD* 值组间差异 *T* 检验

T+4		*T*	*T*+1	*T*+2	*T*+3	
T－3	*KS*	1.477 6***	1.453 0***	－2.306 5***	1.917 4***	2.474 7***
	MAD	0.369 7***	0.425 9***	－0.659 4***	0.571 0***	0.732 8***
T－2	*KS*	1.690 6***	1.666 0***	－2.519 5***	2.130 4***	2.687 7***
	MAD	0.427 2***	0.483 4***	－0.716 9***	0.628 5***	0.790 3***
T－1	*KS*	0.736 5**	－0.711 9**	1.565 4***	1.176 3***	1.733 6***
	MAD	0.170 6**	－0.226 8***	0.460 3***	0.371 9***	0.533 7***
T	*KS*		－0.024 6	0.828 9***	0.439 8	0.997 1*
	MAD		0.056 2	0.289 7***	0.201 3**	0.363 1***
T+1	*KS*			0.853 5***	0.464 4	1.021 7*
	MAD			0.233 5***	0.145 1*	0.306 9**

续表

$T+4$		T	$T+1$	$T+2$	$T+3$	
$T+2$	*KS*				-0.389 1	0.168 2
	MAD				-0.088 4	0.073 4
$T+3$	*KS*					0.557 3
	MAD					0.161 8

注：①*FSD* 组间差异的计算为后期减前期；② ***、**、* 分别表示等方差假设之下双侧 T 检验的显著性水平 1%、5%、10%。方差不等假设之下的显著性水平基本不变。

（六）其他盈余管理测度指标

Dechow & Dichev（2002）构建了如下线性回归模型衡量应计质量：

$$\Delta WC_t = b_0 + b_1 CFO_{t-1} + b_2 CFO_t + b_3 CFO_{t+1} + \varepsilon_t \tag{3}$$

其中，营运资本变动额（ΔWC）为应计额，与应计额相关的现金流量代理变量选择的是经营活动现金流量（*CFO*）。回归模型的残差反映的是与现金流量无关的应计额，而残差的标准差即可代表应计质量。标准差越大，则应计质量越低。

根据式（3）计算的样本公司标准年度 $T-3$ 至 $T+4$ 的残差标准误参见表 12 及图 9。由表 12 及图 9 可知，从 $T-2$ 标准年度直至 $T+4$ 标准年度，模型的估计标准误呈显著下降趋势，由此可见，创业板上市公司在股权激励计划实施

表 12　Dechow & Dichev 模型的残差标准误

标准年度	$T-3$	$T-2$	$T-1$	T	$T+1$	$T+2$	$T+3$	$T+4$
估计标准误	0.182 7	0.206 3	0.190 5	0.124 9	0.130 2	0.091 1	0.073 4	0.071 1
样本数	114	172	249	270	270	219	150	55

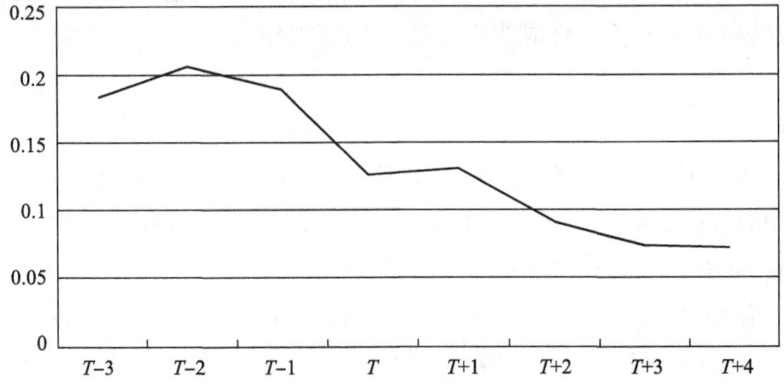

图 9　Dechow & Dichev（2002）模型的残差标准误

之前即开始借助盈余管理为后续行权创造“更有利”的条件。这一结果与前文*FSD*值的计算结果具有一致性，因此笔者认为基于Benford法则的FSD指标对创业板上市公司股权激励盈余管理的识别是有效的。

五、研究结论与启示

（一）研究结论

本文以创业板上市公司股权激励为例，通过构建财务报表偏离度（FSD）指标，研究了Benford法则在盈余管理识别中的应用问题，得出如下研究结论：

其一，根据样本公司三大财务报表数据汇总计算得到的实际分布频率与Benford法则理论值之间的相关系数检验，首位数分布频率与Benford法则期望值基本一致，但第二位数分布频率与理论值存在差异，数据存在篡改的可能性。

其二，较之于总体相关性分析，比较股权激励前后期FSD值的差异更具说服力。三大财务报表的FSD值从股权激励授予年度之前的第三年开始，直至最后一个行权年度，总体呈下降趋势。资产负债表与现金流量表的这种趋势更为明显。这表明在股权激励授予的前三年，公司即对财务报表预先实施盈余管理，为后续授予股权激励并行权创造“有利”条件。

（二）研究启示

本文的研究结果提供了两方面启示：

其一，Benford法则作为一种便捷、低成本的法务会计工具，在盈余管理识别方面具有显著的有效性。与盈余管理其他测度指标不同，Benford法则对数据的要求不高，且很难被管理者操控，其科学性有着充足的理论依据。

其二，新兴市场的创业板在我国虽然发展迅速，但本文提供的股权激励盈余管理经验证据表明，其治理机制和监管机制依然存在很大的待完善空间。如何更好地发挥股权激励这一长期激励机制的作用，防范治理风险，推动创业板上市公司稳步健康成长，将成为后续研究的新课题。

参考文献

[1] AMIRAM D, BOZNIC Z, ROUEN E. Financial statement errors: evidence from the distributional properties of financial statement numbers [J]. Review of Accounting Studies, 2015, 20 (4): 1540-1593.

[2] BENFORD F. The law of anomalous number [J]. Proceedings of the American Philosophical Society, 1938, 78 (4): 551-572.

[3] CARSLAW C A. Anomalies in income numbers: evidence of goal oriented behavior [J]. The Accounting Review, 1988, 63 (2): 321-327.

[4] CHENG QIANG, TERRY WARFIELD. Equity incentives and earnings management [J]. The Accounting Review, 2005, 80 (2): 441-476.

[5] DECHOW P M, SLOAN R G. Executive incentives and the horizon problem: an empirical investigation [J]. Journal of accounting and Economics, 1991, 14 (1): 51-89.

[6] HILL P. Base-invariance implies Benford's Law [J]. Proceedings of the American Mathematical Society, 1995, 123 (3): 887-895.

[7] 陈伟，吴正，刘海. 基于 Benford 定律的大数据审计方法研究与实现 [J]. 中国注册会计师，2017 (9): 80-84.

[8] 程果. 股权激励的管理层机会主义择时：市场准确判断 or 盈余管理结果? [J]. 上海金融，2020 (1): 39-53.

[9] 陈曦，万宇飞，李璐. 基于本福德定律发现企业舞弊的适用性：针对我国上市公司财务数据的实证测试 [J]. 财会月刊，2012 (6): 45-48.

[10] 廖吉林. 上市公司股权激励与盈余管理关系实证研究：基于140家沪深上市公司数据 [J]. 技术经济与管理研究，2019 (1): 55-59, 94.

[11] 刘福清，陈义文. 浅谈奔福德定律在审计中的应用 [J]. 会计之友，2012 (12): 96-98.

[12] 罗玉波，张冬霞，吴亚炳. Benford 定律在财务审计中的实证研究 [J]. 中国审计评论，2015 (2): 69-78.

[13] 吕长江，严明珠，郑慧莲，等. 为什么上市公司选择股权激励计划? [J]. 会计研究，2011 (1): 68-75, 96.

[14] 苏冬蔚，林大庞. 股权激励、盈余管理与公司治理 [J]. 经济研究，2010 (11): 88-100.

[15] 许存兴，王大江，张芙蓉. 上市公司审计意见实证分析：基于 Benford 法则的造假检测 [J]. 南京财经大学学报，2009 (4): 56-60.

[16] 张苏彤. 奔福德定律：一种舞弊审计的数值分析方法 [J]. 中国注册会计师，2005 (11): 70-72.

[17] 张苏彤，康智慧. 信息时代舞弊审计新工具：奔福德定律及其来自中国上市公司的实证测试 [J]. 审计研究，2007 (3): 81-87.

[18] 赵华伟. 经理人股权激励与盈余管理 [J]. 财经问题研究，2017 (10): 78-84.

律师质证经济犯罪数额的路径研究
——以非法集资案为例

浙江滔腾律师事务所　林行杭　林金珠

【摘　要】经济犯罪的犯罪数额不仅影响被告人的量刑轻重，而且能决定某些行为是否足以入罪。由此可见，对经济犯罪中犯罪数额的正确界定，对被诉行为是否构成犯罪、罪重罪轻、是否具有刑罚的该当性有着举足轻重的意义。而界定、甄别、计算这些数据则不可避免地需要将法务会计的专业知识引入诉讼领域。本文结合笔者亲自承办的多起非法集资案件，针对律师如何在非法集资案件中运用法务会计专业知识来纠正涉案的失真数字、还原真相展开具体论述。

【关键词】犯罪数额，非法吸收公众存款罪，法务会计

一、经济犯罪数额的实体法意义

我国刑法对犯罪数额有多种多样的立法形式，但总体上可分为以下几类：第一，根据性质分为货币数额与物品数额。前者以货币形式度量财物的数量价值，而后者则不需要借用货币或其他形式加以度量。第二，根据是犯罪行为本身指向的财物数额还是结果指向的财物数额，又可分为行为数额与结果数额。前者是指行为本身指向的财物在数量上的表现，如经营数额、犯罪总额等；后者则是犯罪行为造成的危害后果在数量上的表现，如损失数额、非法所得数额等。

对犯罪数额认定的方式不同可能导致最终确定的犯罪数额不同，进而影响定罪量刑。首先，犯罪数额影响量刑，这是最基本的犯罪数额的意义。一般而言，犯罪人所受刑罚的层级高低与其涉案金额成正比，犯罪数额的大小直接与所受刑罚轻重挂钩。比如，我国刑法关于诈骗罪的规定："诈骗公私财物，数额较大的，处三年以下有期徒刑、拘役或者管制，并处或者单处罚金；数额巨大

作者简介：林行杭，男，浙江滔腾律师事务所党支部书记。

林金珠，女，浙江滔腾律师事务所实习律师。

或者有其他严重情节的，处三年以上十年以下有期徒刑，并处罚金；数额特别巨大或者有其他特别严重情节的，处十年以上有期徒刑或者无期徒刑，并处罚金或者没收财产。”该法条将诈骗罪分为数额较大、数额巨大、数额特别巨大三个阶梯，并据此对犯罪人进行不同级别的刑罚。其次，犯罪数额还影响定罪，具体又可分为两类，即是否构成犯罪，以及构成此罪还是彼罪。犯罪数额影响是否构成犯罪，即涉案数额决定行为是否成立犯罪。我国绝大多数的数额犯都对入罪有数额要求，比如根据《刑法》第二百二十六条规定，诈骗公私财物，数额较大的，处三年以下有期徒刑、拘役或者管制，并处或者单处罚金，而诈骗罪的立案标准或者入罪标准一般是3 000元，即假如行为人有诈骗行为但诈骗金额不足3 000元的话则可能不会成立刑事犯罪，而只会追究其民事或行政责任。犯罪数额还决定究竟成立此罪还是彼罪。比如行为人若在缴纳关税之后又骗取出口退税，但只骗取退回自己先前缴纳的税款，则只成立逃税罪；但若是超出原先缴纳的数额则还会成立骗取出口退税罪。此时，犯罪数额便会影响行为人究竟构成何罪。

通过以上论述可知，犯罪数额可以影响甚至决定行为人是否构成犯罪、构成何罪、应当适用何种层级的刑罚，因此如何认定一起案件中行为人的犯罪数额至关重要。那么，究竟该如何对此进行确定呢？《刑法》第一百七十六条规定，非法吸收公众存款罪是指违反国家金融管理法规非法吸收公众存款或变相吸收公众存款，扰乱金融秩序的行为。实务中，对非法吸收公众存款数额的认定，往往是影响该行为是否构成非法吸收公众存款罪以及最终量刑轻重的关键因素。然而我国现阶段的法律规定对于非法吸收公众存款罪犯罪数额的界定还比较模糊，对如何认定“犯罪数额”尚无全面的阐释，这也往往导致实务操作中存在较大的分歧和争议。当然认定非法吸收公众存款罪的具体数额不可能仅依据法条，还需要根据涉及的不同案情、不同罪名进行具体问题具体分析，但仍有一些共性或者说有共识的因素可供遵循的。接下来，笔者将结合之前经办过的多起有关非法吸收公众存款罪的案件，具体阐释如何在经济犯罪的实务中确定犯罪数额。

二、关于非法吸收公众存款罪中犯罪数额之“业绩”的界定

非法吸收公众存款案件往往具有案件关系错综复杂、涉案金额巨大、涉及人员众多、法律程序手续繁杂等特点，这也大大增加了调查取证并在此基础上确定犯罪嫌疑人具体真实有效犯罪数额的难度。笔者代理过的宋某案就曾面临这样的难题，具体体现在审计报告等案卷材料中，对宋某的具体犯罪数额即

“业绩”的界定存在异议，即对此类案件中挂名业绩和续改签合同虚增业绩的扣除问题。

（一）挂名业绩应予扣除

《最高人民检察院关于办理涉互联网金融犯罪案件有关问题座谈会纪要》第十一条的规定：“负责或从事吸收资金行为的犯罪嫌疑人非法吸收公众存款金额，根据其实际参与吸收的全部金额认定……（2）记录在犯罪嫌疑人名下，但其未实际参与吸收且未从中吸取任何形式好处的资金。吸收金额经过司法会计鉴定的，可以将前述不计入部分直接扣除……”而笔者的委托人宋某虽然存在为应付考核而将大量其他理财顾问的业绩匀到自己名下的行为，但其本人实际并未接触过挂名到其名下的客户，也未领取过相应的佣金，但本案出具的司法会计鉴定意见却将此类挂名金额统计到宋某的吸收额中，无疑会导致实际吸收客户资金并领取佣金的理财顾问与该部分吸收金额脱离了关系的荒唐结果，这显然有悖常理，更与法律规定不符。有鉴于此，笔者认为司法会计出具的鉴定意见应对挂名业绩的界定与扣除足够重视和小心，这既是司法会计科学严谨的要求，也是对犯罪嫌疑人认真负责态度的体现。

（二）续改签合同虚增业绩应予扣除

《最高人民法院、最高人民检察院、公安部关于办理非法集资刑事案件若干问题的意见》第五条规定：“关于犯罪数额的认定问题……非法吸收或者变相吸收公众存款的数额，以行为人所吸收的资金全额计算。集资参与人收回本金或者获得回报后又重复投资的数额不予扣除，但可以作为量刑情节酌情考虑。”在宋某案中，客户对“千叶众筹”定期合同进行续签，或者在“千叶众筹”和“活期宝”之间互相更改签合同形式但并非取回资金再投资，未实际增加吸收金额，不属于“收回本金或者获得回报后又重复投资”的情形。但在该案鉴定意见中甚至将同一笔款项经对续改签合同进行统计之后又重复认定了损失，这显然会造成对其他集资参与人的不公，不利于平等保护集资参与人的权益。当被害人存在续签合同的情况时，即在合同到期后未拿回投资本金而另外签订一份合同，因实际上仍系一笔投资，数额不应重复计算。对因续改签合同虚增业绩的界定和扣除也是司法会计出具鉴定意见时应当格外注意之处。

这样单纯强调应在鉴定意见中扣除挂名业绩和续改签合同虚增业绩也许缺乏直观性。回到笔者办理过的宋某案，若按照最初出具的司法会计鉴定意见，宋某非法吸收数额为1 111.3万元，个人业绩为971.6万元，但根据上述规定扣除宋某的挂名业绩825万元（其中因续改签合同而虚增的业绩应扣除数额为344.66万元）后，最终宋某实际的直接业绩和主管业绩为133.7万元，客户实际损失合计为 112.722 8 万元。这两者可以说有天壤之别，对宋某最终的定罪量刑有着巨大的影响，司法会计鉴定对犯罪嫌疑人“业绩”中对挂名业绩和因续改签而虚增业绩的扣除至关重要。

三、关于非法吸收公众存款罪犯罪数额之环节的界定

接下来笔者经办过的另一起有关非法吸收公众存款罪的张某案中，关于犯罪嫌疑人在案件中所处环节或“端口”的界定，同样有着重大意义。

笔者在经办张某案时发现，虽然被告人张某确系非法吸收公众存款罪无疑，但张某在本案中所处的环节应当属于使用端，而非是吸收端，这点很重要。因为出于非法吸收公众存款吸收端的犯罪分子主观上具有欺诈因素，这里的欺诈有别于集资诈骗中的“欺诈”，并不要求主观上具有非法占有目的。司法实践中往往由于无法证明行为人是否对集资款具有非法占有目的而让非法吸收公众存款罪沦为“口袋罪名”，但案件究竟应当定性为集资诈骗罪还是定性为非法吸收公众存款罪，实务操作中争议很大。在上述的张某案中，处于吸收端的行为人比使用端的行为人危害更大，对这种处于吸收端的欺诈型非法吸收公众存款进行更严格的界定，才能构建出一条介于非法吸收公众存款罪和集资诈骗罪之间的缓冲带，真正做到罪刑责相对应。张某所在公司并非是吸收资金的主体，而只是众多使用资金的主体之一。张某个人并未直接参与吸收公众存款，并且主观上并没有单独或与其他人合意吸收公众存款的共同故意。2010 年《最高人民法院关于审理非法集资刑事案件具体应用法律若干问题的解释》规定“非法吸收或者变相吸收公众存款，主要用于正常的生产经营活动，能够及时清退所吸收资金，可以免予刑事处罚；情节显著轻微，不作为犯罪处理。”根据该项规定，张某在本案中所处端口是主观恶性相对较小、所起作用相当有限的使用端，而非主观恶性更大且起主要作用的吸收端，故对张某量刑时应主要根据经其使用所造成的资金损失，而不应根据平台吸收的金额对其量刑。

对非法吸收公众存款案件中行为人在犯罪中所处“端口”的判断至关重要，对处于吸收端、主观恶性更大的犯罪分子从重处罚，对处于使用端、主观恶性较小且将非法吸收的公众存款用于正常生产经营的犯罪分子则从轻处罚，这样的判断评价符合刑法本身谦抑性的价值和意义。对于像张某一样将吸收的资金主要用于正常营业活动、主观恶性不大且并未实质性参与非法吸收公众存款合谋的犯罪嫌疑人，司法机关最终的量刑处罚相对比处于“吸收端”的犯罪嫌疑人更轻是符合刑法精神的。

再回到犯罪数额本身，张某案中面临的另一难题是有关犯罪嫌疑人犯罪数

额认定的问题，即关于司法会计鉴定意见认定的犯罪数额不实。在本案中，首先是认定的损失金额不实，有近 4 000 万元的金额未能被正确地认定为转回平台的金额，从而将实际损失 2 000 多万元放大为 6 000 多万元，这显然是司法会计鉴定中的重大失误，这一巨大差额将会对犯罪嫌疑人的量刑产生重大影响。其次是本案中对于涉案银行卡流入净额的实际使用者未予以区分、对于涉案银行卡中资金流水是否系合法经营产生也未予以区分。这些都是司法会计鉴定意见中应注意的细节问题，但实务中往往由于各种原因未能做好。这就要求代理律师在执业过程中要及时发现错误并向司法机关提出，以纠正司法会计鉴定意见中的差错。

四、涉案人员身份对犯罪数额和处理结果的影响

《刑法》第一百七十六条规定：非法吸收公众存款或者变相吸收公众存款，扰乱金融秩序的，处三年以下有期徒刑或者拘役，并处或者单处二万元以上二十万元以下罚金；数额巨大或者有其他严重情节的，处三年以上十年以下有期徒刑，并处五万元以上五十万元以下罚金。单位犯前款罪的，对单位判处罚金，并对其直接负责的主管人员和其他直接责任人员，依照前款的规定处罚。可见，若是单位涉嫌非法吸收公众存款罪，那么对于相关犯罪嫌疑人的身份性质的定性，对认定犯罪嫌疑人非法吸收公众存款数额的意义重大，因此也很有可能成为争议的焦点所在。笔者承办的甘某案，正是如此。

单位非法吸收公众存款案件中，单位负责人需要对单位的全部吸收金额负责。笔者的当事人甘某是一个涉嫌非法吸收公众存款罪的分公司的后勤辅助工作人员，从未参与过该公司开会、业务推广等管理活动，但却被认定为该分公司的负责人，继而要对该分公司涉嫌的所有非法吸收公众存款金额负责，具有被判处实刑的巨大风险。这显然与案件实情不符，也对甘某本人不公。所以笔者在接手本案后，先后向公安机关和检察院提出了关于甘某单位负责人身份的质疑，最终检察院认可甘某不是分公司负责人，对其作出了不起诉决定。

五、以鉴定之矛，攻鉴定之盾

司法会计鉴定是指依照法律规定获取了会计鉴定资格的相关机构或者个人，在经过司法机关或者是当事人委托之后，在会计学相关规定和原理基础上，对会计凭证、账簿等会计资料进行检查、计算和验证等行为，从而为诉讼提供鉴定意见。在当前公安经济案件侦查中，司法会计鉴定通过提供司法会计鉴定意见书，最终实现查清楚财务会计事实的目的。和其他的司法鉴定相同，司法会计鉴定要通过检验的办法来判断一些专业度较高的问题，通常情况下需要提供

的材料主要为诉讼过程中所涉及的一些财务会计的资料，尤其是基础数据。而在大多数 P2P 案件的司法鉴定中，由于案件时间跨度长、涉及范围广、利益纠结复杂等诸多原因，这些案件的司法会计鉴定基础数据是缺失的，而基础数据的缺失往往导致对当事人行为甚至是对案件性质难以准确定性。

在沈某集资诈骗一案中，相关的司法会计鉴定意见就因基础数据缺失而存在诸多问题：如未以被害人的实际损失为资金总缺口，对相关运营费用认定标准不一，未真实反映沈某实际运营期间的运营费用，未明确流向个人的大额款项中是否存在因票据贴现、冲量投资致线下付息而产生的款项等情况，且对沈某涉案公司资金流向的分析亦存在差错。对上述由于司法鉴定差错所导致的诸多问题，笔者在此不作赘述，但该案司法会计鉴定意见对沈某与另一同案犯罪嫌疑人程某在前后运营期间内运营费用认定标准不一的问题值得探讨。程某是沈某涉嫌犯罪公司的前任负责人，涉案公司在程某运营期间规模尚小，只有 10 亿左右的规模，运营 3 个月花费了大概 3 000 万元，也就是月均 1 000 万元左右；沈某接手运营后，迅速将涉案公司吸收资金的规模扩大到 30 多亿，用了大概 15 个月的时间，但运营费用却只花了 2 900 万元，月均只有 200 万元不到。对比可见，这与前手月均 1 000 万元的运营费用相比显著偏低，明显不合理，故笔者合理推测司法会计鉴定意见并未真实反映沈某实际运营期间的运营费用。

六、律师运用法务会计专业知识进行质证的路径

（一）纠正失真的犯罪数额

律师应当始终从实现当事人权益最大化的角度出发考虑问题，实务也不断对律师的职业素养和专业能力提出更多更高的要求，律师不仅要具备法律专业方面的能力，更涉及其他专业能力。比如说，律师办理房地产案件时必须通晓房地产的相关常识，办理证券股票案件自然需要了解金融常识。对于律师实务中可能会触及的众多其他领域知识技能，笔者始终认为法务会计专业知识是最为必要的，同时也是联系最为紧密的。笔者办理上述的宋某案、张某案涉及大金额犯罪和司法会计鉴定时，既要从专业律师的角度给案件准确分析定性，从法律的角度找到案件破解思路，同时也要从法务会计的角度，快速有效准确地对涉案的数额加以审查，以取得更好的辩护效果。

（二）查明案件的事实真相

刑事案件对定罪量刑的证据有着严格的标准，而经济犯罪案件因其涉案人员众多、案情错综复杂、涉案金额巨大、银行卡及流水数量类别繁多、资金走向杂乱等，辩护律师在调查取证过程中往往面临重重挑战。近年来，在经济犯

罪案件办理中运用到法务会计的频率越来越高，尤其是司法会计鉴定意见在非法吸收公众存款罪庭审中运用较多，这种情况同我国近年来非法吸收公众存款犯罪案件日趋复杂有关。律师在调查涉案事实时应当勇于通过司法鉴定追求真相。西南财经大学的黎仁华教授指出，随着我国司法改革的不断深化，特别是强有力的审判方式的改革，极大地推动了司法鉴定制度的发展。在现代司法鉴证行为中，司法鉴定是查明案件事实的基本手段，在证据采信中居于核心地位，具有特殊的意义。侦查机关根据办案需要会全面搜集相关的涉案公司及人员的财务资料，包括涉案公司会计凭证、涉案公司及个人银行账户流水、协议、报案人资金流水及其他资金证明等，司法会计鉴定人员通过对财务资料全面的整理和分析才能得出结果。辩护律师要通过阅卷全面掌握资料，运用法务会计专业知识模拟司法会计鉴定的过程，得出结论，在与司法会计鉴定意见的对比中查明真相。

七、结语

具备法务会计专业知识的律师具有这样一种能力，即从各种数据报表中挑拣出最客观有利的案件事实，再将这些案件事实投射到浩如烟海的法律条文中，从而折射出最有利于当事人、最能体现司法公正的一面。这是一种业务能力，更是一门值得潜心研究的艺术。

参考文献

[1] 陈勋，陈兴联．非法吸收公众存款案件中犯罪数额的认定问题［J］．法制博览，2019（26）：138－139.

[2] 李鹏．浅谈行政事业单位财务会计管理中存在的问题与对策［J］．科技信息，2009（2）：596－597.

[3] 李瑞，王红．司法会计在非法集资犯罪中的应用研究［J］．法制博览，2019（36）：24－26.

[4] 黎仁华．论我国会计司法鉴定体制的发展模式［J］．会计之友，2011（5）：13－17.

[5] 黎仁华，包琦，林慧敏．中国法务会计的职业趋势与专业教育规划研究：基于第11届中国法务（司法）会计学术研讨会的思考［J］．商业会计，2020（1）：127－129.

[6] 卢山．对欺诈型非法吸收公众存款宜从重处罚［N］．检察日报，2019－08－03.

[7] 李小海．律师诉讼业务中的会计运用［J］．中国律师，2003（12）：90－91.

[8] 彭勇．非法吸收公众存款罪的成因和社会危害［J］．法治与社会，2019，（17）：226－227.

[9] 田美玲．司法会计在非法吸收公众存款案中的应用探究［J］．中国乡镇企业会计，2019（9）：132－133.

[10] 张苏彤．法务会计［M］．北京：首都经济贸易大学出版社，2019.

股权评估值不等于净资产评估值

王　军　石晨起

【摘　要】资产评估方法有市场法、收益法和成本法三种基本方法，但股权因为其价值的特殊性，只能采用市场法和收益法评估其价值，不能采用成本法。本文对此进行了分析，并试图解析一些评估机构采用成本法评估股权的原因。

【关键词】股权，评估，成本法，收益法，市场法

股权是财产权，可以转让和抵押；公司持有其他企业的股权，是公司的一项资产，即资产负债表中的长期股权投资。长期股权投资的账面价值，就是股权的账面价值。

长期股权投资的后续计量有成本法和权益法两种计量模式。股权（也就是长期股权投资）的账面价值和被投资单位的所有者权益或净资产并没有固定的联系。

一项股权交易在确定交易价格之前常常要评估其价值，但通常不会以股权（长期股权投资）的账面价值作为交易价格。

评估就是评定估算，股权的评估值会成为交易双方谈判的基础。在一些规定中，也常常出现“股权交易价格不得低于被投资单位净资产评估值”的表述。那么，投资方的股权的评估值是否等于被投资方的净资产的评估值呢？

一、资产价值和企业价值的差别

影响股权价格的因素很多，所以净资产是股权的价格基础，或者股权价格围绕着净资产上下波动的说法不太容易得到认同。

净资产或所有者权益是股权的账面价值，又叫作资本净值。

净资产的评估值等于资产的评估值减负债的评估值，实际上就是对资产的价值评估；而股权的评估值却是对企业整体价值的评估，是对企业的资产组合

作者简介：王军，北京市国首律师事务所律师、注册会计师、注册税务师、注册资产评估师。
石晨起，大信会计师事务所（普通合伙）合伙人、中国注册会计师。

和经营管理能力的总体评估，绝不是对各项资产的评估值的汇总。或者说，一个是评估资产，另一个是评估企业。

二、不能用成本法评估股权的原因

上市公司的股份有其市场价格，但有限公司的股权往往没有活跃的交易市场，难以找到合适的市场价格，因此常常要对有限公司的股权进行评估，把评估值作为股权交易的基础。

《资产评估执业准则——资产评估方法》规定了市场法、收益法和成本法三种基本评估方法及衍生方法。

市场法也称比较法、市场比较法，是按可比参照物的市场价格作为确定股权价值的基础，例如企业价值评估中的交易案例比较法和上市公司比较法。

收益法是通过将股权的预期收益资本化或者折现，来确定股权价值，例如现金流量折现法、股利折现法等。

市场法和收益法都可以用于股权评估。

“成本法是按照重建或重置被评估对象的思路，将重建或重置成本作为确定评估对象价值的基础，扣除相关贬值，以此确定评估对象价值的评估方法的总称。”成本法包括多种具体的方法，例如复原重置成本法、更新重置成本法、成本加和法（也称资产基础法）等。

实践中有一种做法是把净资产的评估值作为企业的评估值，这种做法执行的是成本加和法（也称资产基础法，是成本法的衍生方法）。

成本加和法是把资产拆开，一项一项评估其组成零件，再把零件的价值加总得到资产的评估值。成本加和法用于股权评估，可以解释为将企业的资产评估值扣除负债评估值后的余额（也就是净资产的评估值）作为企业价值，并作为股权的评估值。

如果用成本加和法评估股权是准确的，那么以律师事务所为例，其资产一般就是房产、办公设备、办公软件系统、车辆等，通常没有负债，每家律师事务所的评估值将差不多，无非是房产面积大小和办公设备及车辆多少的区别。另外，如果企业的净资产评估值是负数，你要购买这家企业的股权，卖家是否还要倒贴股权转让款？企业自身持有的长期股权投资、其他权益工具投资等股权资产，如果被投资单位净资产评估值是负数，那么企业持有的股权资产是否成了负资产？

上市公司股价即使等于净资产，也是偶然的；上市公司的净资产为负数，股价也不会是负数；上市公司退市了，投资者持有的股份的价值也不会是负数，最低也是一个正数。

有关国有资产交易监督管理的一些规定，常常有国有企业转让所持股权的价格不得低于被投资单位的净资产评估值的条款，于是净资产评估值就被一些评估机构当作股权评估值了。

一项股权的评估值可能高于净资产评估值，也可能低于净资产评估值。如果把被评估单位的资产一项一项地按其评估值出售，就可以得到等于净资产评估值的款项。这就是国有股权的转让价格不得低于被投资单位净资产评估值的理论依据。其实，有限公司把资产拆开出售的办法并不现实，因为零售将产生巨大的交易费用。而将净资产评估值等同于股权评估值是可以的，因为股权是一项不可分拆的资产，是无法重置的资产。

三、股权评估中的重要影响因素

企业价值受多种因素的影响。如果把净资产评估值作为企业价值，就完全忽视了管理、科研、营销团队以及所处行业、未来发展前景等因素对企业价值的重要影响。

在非同一控制下的企业合并交易过程中，股权评估值和净资产评估值的差额就是合并方所取得的商誉。2015 年末我国 A 股上市公司商誉规模为 6 511 亿元，2017 年末达到 1. 31 万亿元，即使在 2019 年和 2020 年并购重组持续下滑的情况下，2020 年三季度末的 A 股商誉仍达 1. 28 万亿元。但 2015—2017 年，A 股商誉减值总额为 605 亿元，而 2018 年的 A 股商誉减值增至1 635 亿元，2019 年的减值也高达1 569 亿元。

收益法是通过估算股权的未来预期收益并折算成现值来确定股权的价值。收益法的假设条件是预测的股权未来收益能 100% 实现。由于被投资单位通常难以满足该假设条件，就出现了大幅计提商誉减值的现象。评估股权的目的就是希望获得市场价格，所以还是市场法更加可靠。

企业合规管理与反舞弊探讨

法务会计能防范“中概股”企业做空风险吗？
——以瑞幸咖啡为例

甘肃政法大学经济学院　杜永奎　刘瑞泽

【摘　要】近年来，随着做空产业链的日益完善，“中概股”企业在境外遭遇做空频频发生。大部分被做空的目标企业被指控存在财务舞弊行为，对此类事件的分析涉及法学、会计学、审计学等多学科领域。法务会计作为具备财务和法律知识的复合型人才，其从业领域已从舞弊调查、诉讼服务延伸到事前的舞弊风险管理和防范。梳理瑞幸咖啡遭遇做空一案可知，法务会计在治理财务舞弊、提高会计信息质量、防范做空风险等方面发挥着独立审计、内部审计、律师、做空机构等其他组织不可替代的作用。结合我国法务会计发展现状，本文提出拓展从业领域，加强理论研究、人才培养，规范从业行为等对策，以维护我国资本市场的健康有序发展。

【关键词】做空风险，法务会计，瑞幸咖啡，财务造假

2020年以来，瑞幸咖啡、好未来等企业频频遭遇做空，引发第二次“中概股”企业信任危机，美股市场对“中概股”企业监管更为严格，“中概股”企业被做空风险增加。遭遇做空的部分企业大多都被指控存在财务欺诈行为。上市公司舞弊事件不断，经济纠纷与诉讼案件层出不穷，大数据、区块链等信息技术使得企业内部舞弊行为更加复杂隐蔽，表现形式也更加多样，所涉及的专业已拓展到法学、侦查学、审计学、犯罪学等领域。研究表明，2010—2019年期间，我国上市公司财务舞弊案件绝大部分都不是由注册会计师发现的，这就迫切需要同时具备会计和法律专业知识的复合型法务会计人才有效抑制企业舞弊行为，进而帮助企业防范做空风险。随着我国法治建设的不断完善，2016年10月8日财政部发布《会计改革与发展“十三五”规划纲要》，明确指出要大力

作者简介：杜永奎，甘肃镇原人，甘肃政法大学教授，会计学硕士生导师，研究方向：法务会计与审计。

刘瑞泽，河南焦作人，甘肃政法大学硕士研究生，研究方向：法务会计。

发展会计服务市场，拓展法务会计服务；2020 年《中华人民共和国民法典》正式颁布。法务会计基于市场的需求，在防范、调查舞弊上理应大有可为。瑞幸咖啡有限公司（以下简称“瑞幸咖啡”）遭遇做空一案，在中美市场均引起了不小震动，并加剧了后续“中概股”企业的信任危机和诉讼风险。分析瑞幸咖啡此次遭遇做空过程，探究法务会计的特殊优势，可以帮助企业更好防范做空风险，发挥法务会计应有功能，促进资本市场健康稳定发展。

一、“中概股”企业遭遇做空现状分析

（一）做空机制

做空（又称“卖空”）作为股票期货市场的一种常见操作方式，与做多相反，指先借入标的资产，按目前市场价格卖出，等股价下跌后买入，赚取中间差价。流程如下：①选取对象。做空往往从公开披露出的信息寻找目标，与同行业同水平企业对比，先假设目标企业存在问题，然后据此进行调查和分析，实质上只需要证伪，而非证实。②卖出标的物，发布做空报告。③目标企业股价大幅波动，做空机构平仓获利。不管被做空的目标企业最终是停牌退市还是转危为安，只要建立平仓、股价下跌，就达到了盈利的目的。做空机制是一把双刃剑。有研究表明，在市场方面，做空有利于改善市场流动性，促进价格发现；在企业方面，可以降低信息不对称程度、弥补企业内部治理缺陷；在高管行为方面，做空的事前威慑作用能有效地抑制高管隐性腐败、减少其短视行为。尽管做空是一种市场交易机制，但其逐利的本质，导致存在恶意做空的可能。此外，鉴于能力水平和信息披露的限制，做空报告难免夸大其词，存在误导性陈述，容易引发投资者的“羊群效应”。资本市场上，并非所有决策都基于理性，做空机制不是非黑即白的，也不能简单地评价其好坏。本文通过分析遭遇做空的目标企业，深入探究法务会计作用机理，以充分发挥其防范舞弊风险作用，进而提高“中概股”企业防范做空风险的能力。

（二）“中概股”企业遭遇做空原因及后果分析

任何公司在经营活动中都不可能一帆风顺，或多或少都会出现问题，大部分遭遇做空的企业都存在以下共性：其一，相较同行而言，业绩多次超过预期；其二，存在隐瞒的复杂关联交易；其三，公司治理结构不完善。著名做空机构浑水公司的官网显示，其主要有三种研究产品：商业欺诈、会计欺诈和基本问题。梳理部分遭遇做空的“中概股”企业可以发现，财务造假、虚构收入和利润是做空机构攻击目标企业的焦点（见表 1）。近年来，“中概股”企业中，绿诺国际、中国高速传媒、东南融通、多元环球水务等多家公司遭遇做空后停牌

退市；新东方、奇虎360等公司经受住质疑，股价得以回升；泰富电气、展讯通信、分众传媒则以高于做空之前的股价私有化退市。不论做空报告真实与否，由于信息的不对称性，做空消息会使投资者出现羊群效应，对企业产生信任危机，导致股价在短期内波动剧烈，其自身形象受到质疑，遭遇做空，影响“中概股”板块后续发展前景。“中概股”企业为何频频成为做空目标？上市公司在维持自身经营外，如何合理应对被做空风险？本文通过分析瑞幸咖啡遭遇做空一案，探究遭遇做空的原因及法务会计在其中的具体应用，并进一步为“中概股”企业防范做空风险提供借鉴和参考。

表1 部分“中概股”企业遭遇做空情况一览表

被做空公司	做空指控	结果
东方纸业	夸大资产、虚构收入等	股价下跌50%、退市
绿诺科技	虚构收入、夸大客户、会计师事务所非正常变动等	摘牌退市
多元环球水务	虚构收入、隐瞒关联交易、公司结构复杂等	停牌、退市
展讯通信	财务造假、高层变动等	私有化退市
嘉汉林业	虚构资产和收入、伪造销售数据、公司结构复杂	摘牌退市
中国高速频道	夸大收入和利润等	退市
泰富电气	编造客户、夸大收入等	私有化退市
分众传媒	内部交易、虚报业绩、虚构部分收购等	私有化退市
新东方	隐瞒加盟店和利润、税收造假等	股价回升
网秦	夸大资产、虚构收入、隐瞒关联交易等	退市
恒大地产	夸大资产、经营风险、董事长学历造假等	私有化退市
东南融通	虚增利润、隐瞒关联交易、现金造假等	公司解散
辉山乳业	夸大利润、夸大资本支出、隐瞒关联交易等	退市
奇虎360	虚构收入等	股价回升
瑞幸咖啡	财务造假、商业模式缺陷等	停牌退市

数据来源：根据公开资料整理

二、瑞幸咖啡遭遇做空过程

（一）案例背景

瑞幸咖啡（LK. US）总部位于厦门市，公司以中国存在咖啡需求为主张，利用互联网技术开拓流量池的模式发展传统零售行业，试营业四个月后于2018年5月8日起开始正式经营。通过两次融资，瑞幸咖啡估值高达22亿美元，历时18个月于2019年5月17日挂牌上市，刷新世界最快IPO纪录。截至2019年末，其门店数量超过 4 500 家，并快速扩张以抢占市场，已成为我国最大的咖啡连锁品牌。

（二）做空经过

随着做空产业链的不断完备，投资银行、做空机构、会计师事务所、律师事务所等多方参与其中（见图 1）。投资银行作为完全的利益追逐者，为做空机构做空“中概股”企业留下了铺垫。在瑞幸咖啡一案中，中金公司等投资者作为产业链的开端，为瑞幸咖啡提供服务以求达到上市标准；同时对企业的融资金额按比例收取相应佣金。做空机构为产业链的关键环节。瑞幸咖啡成功上市后，快速扩张的商业模式以及多次巨额融资引起做空机构关注。2020 年 2 月 1 日凌晨，浑水机构发布做空报告，该报告以实地跟踪，收集收据等穷举的方法，以调研出的瑞幸第一手经营数据为证，指出瑞幸咖啡存在欺诈行为。投资者用脚投票导致企业股价下跌，相关利益者损失惨重。2020 年 4 月 2 日，瑞幸咖啡自爆财务造假后股价跌至停牌，做空者获取巨额利润。律师事务所为该产业链的最后一环。美国市场上的胜诉酬金制使得律师事务所会积极联系受害者进行集体诉讼，要求瑞幸咖啡进行巨额赔偿。企业遭遇做空时，安永作为一家独立审计鉴证的会计师事务所备受关注，对年度报告迟迟未签字，进一步促使瑞幸咖啡自爆财务造假。

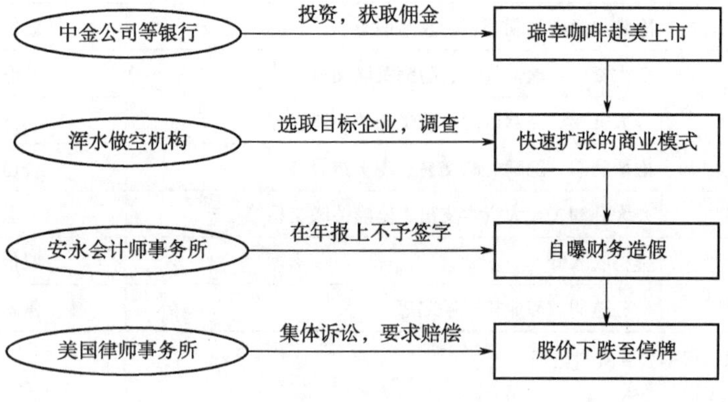

图 1　瑞幸咖啡被做空过程

（三）法务会计介入

1. 舞弊识别

2020 年 2 月 1 日，浑水发布的做空报告引起了多方利益相关者关注，安永会计师事务所作为外部审计是否承担连带责任引发热议。在对瑞幸咖啡进行2019年财务报告审计时，其发现年初突增十几家B端大客户及供应商，迅速增长的代理业务及相关的代理商引起安永高度重视和怀疑。此后，安永派反舞弊法务会计团队介入，通过获取的内部资料与公开渠道相关信息进行查证，发现瑞幸咖啡在2019年通过虚增收入、成本及费用的手段进行财务造假，上下游业务均存在复杂的关联交易。该法务会计团队收走全部高管电脑，发现了造假交易付款申请、关联公司设立筹划安排等批复邮件，对此发现及时向瑞幸咖啡审计委员会汇报，督促公司尽快公布调查结果。随着信息技术的发展，财务舞弊行为变得更加复杂隐蔽，从发生到被发现通常需要3年以上的时间。而安永在短短几个月的审计过程中就发现了舞弊行为，一方面是因为做空所带来的可能存在舞弊的信号，另一方面反舞弊法务会计团队的及时介入也至关重要。

2. 损失计量

2020年3月中旬，瑞幸咖啡成立特别调查委员会，聘请独立法律顾问Kirkland&Ellis International LLP律师事务所和FTI Consulting独立法务会计专家展开独立内部调查。该调查委员会除了核实财务数据，查找虚假交易之外，还分析是否存在违法行为，以及如何纠正并尽可能降低其潜在责任的行动方案，如“董事及高管责任险”能否理赔问题。在调查过程中，特别委员会及其顾问审查了多达55万份相关文件，采访了60多名证人，并进行了广泛的数据分析测试。2020年7月1日，瑞幸咖啡发布97页调查报告，分为“背景”“调查过程”“发现”“补救建议”四部分，证实了瑞幸咖啡的财务造假行为，投资者黎辉和刘二海对此次造假均不知情，没有任何证据证明现任董事会及高管成员知晓或参与财务造假（见图2）。此次调查之所以没有由会计师事务所主导展开，是因为财务只是基础，乃企业舞弊的表象，其最终会牵扯到具体业务、具体部门，涉及证据有效性及责任归结，仅由会计人员无法完成。

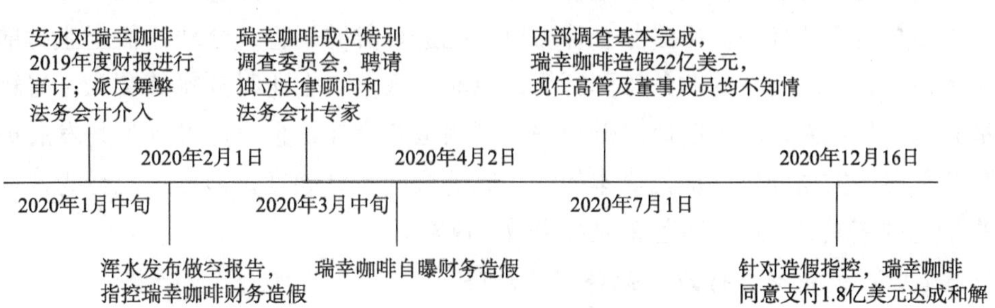

图2　法务会计介入瑞幸咖啡事件过程

三、法务会计防范做空风险的特殊优势

（一）预防舞弊发生，避免遭遇做空

瑞幸咖啡之所以遭遇做空，归根结底因为自身存在财务舞弊、复杂关联交易等问题，法务会计对于治理舞弊具有全面、持续、多样等多重优势，能从根源上预防舞弊行为发生，防范做空风险。法务会计和做空在调查方法上具有一定相似之处，都首先假设企业存在问题，然后根据蛛丝马迹进行求证，不局限于传统的审计方法。一般投资者只能依赖管理层提供的报表及业绩等数据，信息不对称程度较大。一旦企业将数据加工整理，投资者容易受到蒙蔽。而法务会计能有效弥补会计信息披露漏洞，通过跟踪电子文档等资料、保存和恢复数据，探究企业内部控制所存在的需求及压力，分析行为主体动机，对于企业经济活动业务始终保持高度怀疑态度，对于可能存在的舞弊行为全面开展调查。瑞幸咖啡遭遇做空一案，法务会计可以事前对聘用和在职的高管进行身份背景评估，及早发现“神州系铁三角”复杂的高管关系网，高管刘剑不诚信的过往；全面评估瑞幸咖啡快速扩张的弊端，有效解决企业高管舞弊动机，从根源上防范企业遭遇做空风险。

（二）识别舞弊风险，完善内部控制

遭遇做空的企业绝大多数企业都存在治理结构缺陷等问题，内部审计作为企业内部治理舞弊的最后一环，若存在“内部人控制”现象，很容易导致监督失效。在财务造假方面，企业通常都采用关联方交易等方式操控利润，当所有者和经营者利益趋向一致时，会产生抱团行为，合谋现象严重，进而损害中小股东权益，导致舞弊风险产生。内部审计虽然具有一定知情权，可以及时了解企业的相关运行情况，发现内部控制的不合理之处，但企业发生财务舞弊行为时，因缺乏相关证据、机构的支持，内部审计难以开展调查工作并制止违规行为。舞弊行为发生后，只能通过诉讼等法律手段来维护自身权益，但此时损失已经造成且无法挽回。而法务会计可以受托进行舞弊调查，合理评估企业内部舞弊风险，判断潜在的财务舞弊行为，及时发现上市企业财务舞弊苗头，将舞弊行为及早遏制，尽可能地降低损失。利用法务会计，企业也可以为其发展提供相关财务数据分析，加强成本控制，完善合同签订制度，抑制违规行为，提高信息披露质量，进而防范企业遭遇做空风险。

（三）调查舞弊行为，弥补审计缺陷

独立审计作为外部治理的最后一环，往往在短期内难以发现企业造假行为。一方面，企业一般都是在年末结账后，委托会计师事务所进行年度财务报表审

计，但此时企业的舞弊行为往往已经发生，所造成的损失无法挽回。此外，会计师事务所本质上也是营利性机构，在保证自身利益的同时需满足客户要求，专业性不强的注册会计师难以中立开展工作，在开展工作时会提前告知企业所涉时间、范围、人员。而法务会计则是接受委托后立即开展调查，并不会提前告知，不定期调查使企业舞弊行为被发现可能性增加，可充分发挥法务会计威慑作用。另一方面，注册会计师作为第三方，在审计过程中主要以风险为导向，并非以发现舞弊现象为最终目标，评估具有一定主观性。工作重点在于发表审计意见，依照标准的审计流程，评估财务报告在重要性水平上是否公允，是否存在重大错报，进而出具审计报告，确保财务报告的可信度，以满足多方使用者要求。而识别企业财务舞弊行为及确定其严重程度是法务会计所应具备的基础工作能力，法务会计在进行舞弊调查时，不局限于法律和会计方法，旨在提供实情，所有的信息都要搜集并验证，找出企业可能出现财务舞弊的任何疑点，不提供任何主观看法，所出具的报告以事实为依据确定其责任和后果。

（四）提供咨询服务，防范恶意做空

浑水公司、香橼公司等著名的做空机构都是从企业所披露出的财务信息入手，挖掘可能存在的虚假业绩或关联信息，对问题经过处理加工后形成做空报告。在美国资本市场，做空已形成完整的产业链，作为逐利的一方，其有足够的动机去挖掘企业违规行为，但是受人员专业素养有限、业务能力欠缺等因素影响，部分做空报告并未以事实为依据，仅利用部分数据进行逻辑推理，存在夸大其词甚至无中生有，引起投资者恐慌，恶意做空的现象。虽然法务会计和做空机构在调查方法上相似，都假设可能存在问题，进而寻找证据，但是法务会计旨在提供实情，在精通法律和财会相关专业知识的基础上，快速识别侦查点，对企业经济纠纷进行分析判断，帮助侦查者快速收集相关证据，更倾向于咨询服务。法务会计报告全部基于事实，具备一定的权威性和公信度，向办案者、法官、律师等信息使用者进行解释说明。企业遭遇做空危机时，可以委托独立第三方法务会计来展开调查，搜集相关证据，以事实为基础自证清白，有效防范恶意做空。

（五）计量经济损失，降低诉讼成本

跟成熟的资本市场相比，我国的刑事诉讼及处罚力度相对较轻，与企业通过财务造假等手段所获取的收益金额相比如九牛一毛。此外，大部分中小投资者缺乏相关会计和法律的知识，在自身利益受损时，很难通过法律手段有效保障自身权益。在经济纠纷案件中，大部分需要合理判定虚假的会计信息所带来的损失，包括实际成本和机会成本，量化数额，计量损害赔偿和判定其违法行为。由于财务报表的专业性和关联交易的复杂程度，一旦涉及财务领域，律师、法官在界定损失上存在困难，在评估计量损失时存在障碍，这加大了沟通成本，降低了处理案件的效率。相反，法务会计主要服务于经济诉讼，会计和法律相关专业知识丰富，在调查中，通过审核稽查企业各项财务数据，敏锐获取相关法律证据，基于事实证据来界定其损失的数额和范围；在开展庭审时，可以作为具有专业知识的人员出庭，提供专家证人证言，帮助法官厘清事实，公平裁决。在诉讼过程中，法务会计所出具的报告可作为证据提供诉讼支持，解决专家证据采信难问题，进而保护中小投资者及债权人的合法权益。企业遭遇做空时，法务会计可提供相关证据提供诉讼服务，减少做空风险所带来的损失。

四、我国法务会计现状反思及建议

（一）拓展法务会计工作领域

法务会计的产生基于市场需求和实践需要，我国在建设法治经济的过程中，应大力发展法务会计。一方面，可结合时代背景，促进法务会计在“财法税融合”中的作用。随着大数据时代的到来，信息传播更加快捷，法庭、企业、律所事务所、会计师事务所等面临的会计法律诉讼越来越多，律师在法律业务上虽然具备极高的专业素质，但是对于企业的经济运行状况并不十分清楚，很难理解其复杂业务的经济实质，这使得市场对于法务会计的需求更加迫切。另一方面，结合企业实际业务需要，充分发挥法务会计职能。企业运营过程中，遇到合同纠纷、投资争议等问题，单单依靠会计和法务两方面的合作，会增加沟通成本，双方理解上也可能存在偏差，而法务会计正好可以弥补这一缺陷；同时，法务会计作为外部治理的一方，有助于完善企业治理结构。如果企业内部控制健全、治理结构完善，企业财务造假的行为就会减少，遭遇做空的风险也随之降低。对于企业来说，法务会计既可以在发展上出谋划策，也可以揭穿、调查所存在的问题，促进企业规范自身、健康发展。

（二）加强法务会计理论研究

虽然我国法务会计理论研究已经有十余年，但现有研究大多都集中于法务会计职能拓展和人才培养等领域，偏于单一，一定程度上影响其在实践中的运用。在大力推进依法治国进程中，应积极借鉴国外经验，结合我国经济环境，制定整体规划，推进理论研究。首先，可与相关期刊或出版社合作，建立专门的法务会计刊物、开设关于法务会计的栏目等，扩大法务会计的影响力，帮助专家学者了解现状，不断拓展理论研究。其次，在各高校及科研机构推动有关

“法务会计”的课题项目，大力创新研究方法和研究角度，不仅仅停留在理论规范上，可逐步尝试实证研究，增加研究的说服力，建立符合国情的法务会计理论体系。最后，理论结合实践，针对现实难题开展理论研究。随着经济环境的日益复杂，法务会计实务面临的问题更加复杂化，相关学者、专家和实务部门人员可成立法务会计协会，掌握法务会计最新动态，充分发挥引领作用，不断吸收新鲜血液，扩大法务会计研究团队，以学术带动实务发展，两者相互促进，为我国法务会计实践提供理论支撑。

（三）加大法务会计人才培养力度

法务会计职能的交叉性和专业性，使之需要较高的理论知识水平与丰富的实操经验。在培养法务会计人才时，首先，应着重培养其职业素养和职业道德，使从业人员保持高度的怀疑精神，以事实为依据，以法律为准绳，以中立的立场开展工作。其次，增强师资力量，审计技巧是法务会计的基础，任何信息都要进行重要性测试，确保证据的完整可靠。教师应具备会计、审计、法学等方面的相关专业知识，加强师生相关专业技能培训，以构建完善的法务会计教育和人才培养体系。最后，培养法务会计人才，要与实践相结合，在掌握理论的基础上学以致用。法务会计所涉及的领域较广，具备较强的专业性，全球四大会计师事务所早已大量雇佣法务会计师，且与许多律师事务所都有合作，各中小型会计师事务所也在积极拓展该项业务。各高校可以与会计师事务所、律师事务所等开展产学合作项目，在实操中培养学生专业的判断能力和舞弊识别能力，使其跳出财务会计的固有思维，挖掘背后存在的逻辑缺陷，充分运用会计与法律知识解决现实问题。

（四）健全法务会计从业规范

近年来，我国依法治国进程不断发展，但是法务会计发展相对较为缓慢，这可能是因为我国尚未形成统一的法务会计相关的法律法规，尚未颁布有关法务会计的专业要求及道德规范标准。本文认为应健全法务会计从业规范：①建立法务会计人员的从业准入机制。法务会计因其专业的特殊性，并非简单的会计与法律知识相加，更需要敏锐的洞察力及严谨的逻辑推理能力。规范人员准入机制，进而提高其专业能力，可推动行业发展。②明晰法务会计业务范围及效力。为提高我国法务会计的认知度，树立法务会计人员的权威性和公信度，可专门成立法务会计相关机构或组织，使得委托人能通过相关的渠道或者手段去寻求帮助，维护自身权益。③出台相关配套措施和细则。比如，“鉴定人出庭”等制度尚未出台实质性规定，相关咨询服务、专家辅助人制度等尚未形成统一的标准，导致法务会计的部分功能未完全发挥出应有的作用。我国新诉讼法、民法典的颁布给法务会计的发展营造出更好的法律环境，对于法务会计准则也应同步推进，使之有法可依、有章可循，促进法务会计更好更快发展。

参考文献

［1］王玉兰．法务会计的前世今生：兼论法务会计职业前景［J］．会计之友，2019（5）．

［2］黄世忠，叶钦华，徐珊，等．2010—2019年中国上市公司财务舞弊分析［J］．财会月刊，2020（14）．

［3］李若山，谭菊芳，叶奕明，等．论国际法务会计的需求与供给：兼论法务会计与新《会计法》的关系［J］．会计研究，2000（11）．

［4］李志生，陈晨，林秉旋．卖空机制提高了中国股票市场的定价效率吗？——基于自然实验的证据［J］．经济研究，2015，50（4）．

［5］孟庆斌，邹洋，侯德帅．卖空机制能抑制上市公司违规吗？［J］．经济研究，2019，54（6）．

［6］顾乃康，周艳利．卖空的事前威慑、公司治理与企业融资行为：基于融资融券制度的准自然实验检验［J］．管理世界，2017（2）．

［7］田利辉，王可第．“罪魁祸首”还是“替罪羊”？——中国式融资融券与管理层短视［J］．经济评论，2019（1）．

［8］苏欣．公司舞弊预防的趋向选择与机制创新：基于法务会计的视角［J］．会计之友，2014（18）．

［9］裴丽．法务会计概念与功能的探讨［J］．西南民族大学学报（人文社科版），2005（2）：119－122.

［10］胡明霞．后安然时代法务会计发展关键因素分析与建议［J］．财会月刊，2011（23）．

［11］张硕星．法务会计与财务会计、司法会计和舞弊审计比较［J］．财会通讯，2009（30）．

［12］韩洪灵，刘思义，鲁威朝，等．基于瑞幸事件的做空产业链分析：以信息披露为视角［J］．财会月刊，2020（8）：3－8.

［13］张苏彤．论法务会计的目标、假设与对象［J］．会计之友（下旬刊），2006（1）．

侦查思维在企业内部反舞弊调查中的指导作用
——以某跨国公司收购境内民营企业案为例分析

济南控险咨询有限公司　邓　莹
中国政法大学商学院　姜汝川

【摘　要】本文着眼于侦查思维对反舞弊调查的指导作用，通过分析实践中出现的个案，总结侦查思维在案件调查中的指导作用。本文认为，在反舞弊调查中，可以运用侦查思维的特定性、逆向性、多维性、对抗性以及模糊性等指导原则，帮助调查人员合理分析案情，选择侦查方向，制定适当的侦查策略，有效地寻找到突破口，摧毁舞弊嫌疑人的心理防线，从而达到侦破案件之目的。侦查思维可为反舞弊调查提供有效的侦查思路。

【关键词】侦查思维，特定性，逆向性，多维性，对抗性，模糊性

一、引言

近年来，公司财务丑闻逐渐增多，引起了社会关注。仅2019年公布的相关案件就多达百起，涵盖科技、医药、零售、互联网等诸多行业。百度、小米、360、大疆无人机、滴滴打车等诸多知名企业先后爆出腐败丑闻。这不仅给企业及投资者造成了巨大损失，也对企业的社会形象产生了负面影响。上述案件中涉及的违法行为主要包括员工及高管收受贿赂、虚假报销、虚报奖金等。因此，如何及时发现并调查公司高管的舞弊行为成为社会和学界共同关注的热点问题。

所谓侦查思维，是指侦查人员通过案件所涉及的信息来认识案件的本质与规律，由侦查思维主体、侦查思维对象和侦查思维工具等三个基本条件构成，具有特定性、逆向性、多维性、对抗性以及模糊性等特征。侦查思维在刑事案件侦查中的作用明显，但在公司内部反舞弊调查中的运用，现有文献鲜有提及。为此，本文通过分析一个反舞弊调查案例，来总结侦查思维在反舞弊调查中的重要作用。

作者简介：邓莹，济南控险咨询有限公司总经理，工商管理硕士，注册高级企业风险管理师（CSERM），注册舞弊审查师（CFE），原警察学校刑侦教官。

姜汝川，通讯作者，中国政法大学商学院讲师，从事法务会计研究多年。

二、有关文献分析

（一）侦查思维

马克思认为，思维是一种物质运动，即思维不过是观念的东西移入人脑并经过人脑改造后的物质而已。人们都是通过感性认识取得信息，而后进行思维加工，达到对事物（信息）认识的目的。具体到侦查领域，侦查思维的运用就是通过对侦查实践的分析与研究来引领指导侦查实践活动。现有文献从不同角度对侦查思维进行了论述。例如：李锡海（1995）对侦查思维的本质进行研究，认为侦查思维是侦查主体的大脑对客体的内在本质和规律性关系的概括和间接反映；刘黎明等（2007）从实践角度出发，认为侦查思维是侦查人员在侦查活动中对侦查客体内在本质和规律性的反映；马忠红（2006）从犯罪学角度出发，认为侦查思维是犯罪行为通过侦查活动在人们头脑中的反映。近些年来，随着我国法治化及信息化的推进，不少学者从法治与大数据角度重新阐释了侦查思维。例如：揭萍与方镇杰（2018）认为在大数据时代，侦查思维要求侦查人员应当对侦查对象具有宏观、大局、逻辑性的认识，形成一张全面的思维网络；蒋丽华与蒋南飞（2015）从法治角度认为，侦查思维应当建立在法治基础上，通过对法律规范、原则、精神等理念的运用，对侦查活动进行分析、综合、判断以及推理，从而形成对案件处理结论的思想认识活动和过程。从不同角度对侦查思维的定义，反映了时代背景、技术条件以及不同认识角度下学者们对侦查思维内涵的认识。

综上所述，分析和理解反舞弊调查的实际情况，本文认为在反舞弊调查过程中运用的侦查思维是调查人员针对调查过程中所涉及的人、事、物、时、空等多维关系，运用特定的思维工具进行具体分析，通过理清复杂的线索，从而认识案件本质与规律的一种认识过程，其具有特定性、逆向性、多维性、对抗性、模糊性等特征。在反舞弊调查的实践过程中，侦查思维具有重要的指导意义。

（二）运用侦查思维的指导原则

1. 特定性

特定性原则是运用侦查思维的首要原则，要求调查人员的整个思维过程都向着特定的方向开展。根据特定性原则的要求，调查人员要明确调查对象、调查过程以及调查目的。特定性指导原则可以使调查人员在调查过程中明确自己的调查对象与目的，从而更准确地理清调查对象之间的关系，确定调查步骤与调查手段。

2. 逆向性

侦查思维的逆向性就是要求调查人员从收到的线索出发，去推导案件发生的原因与过程。调查人员根据收到的举报材料收集证据，并运用逆向思维来推导案件发生的真实过程，从而最终达到侦查破案的目的。逆向性原则的运用，能够使调查人员以证据为依据，还原整件事情的真相，从而实现调查目的。

3. 多维性

调查活动面对的信息不是单一维度的，而是包含了人、事、物、时、空在内的多种维度及因果关系，如人与人、人与事、人与物、物与物、物与事以及事与事等之间的关系。这些关系错综复杂，多维性原则要求调查人员开拓思维空间，从各种角度考虑每种关系的可能性，从而对案件建立立体思维。

4. 对抗性

对抗性原则要求调查人员在与舞弊嫌疑人之间的对抗中，不仅要保证自己思维方向正确，还要考虑舞弊嫌疑人的思维方向，了解其对抗心理的特点和规律，掌握主动权，来更好地制定调查策略。

5. 模糊性

模糊性原则要求调查人员在调查过程中，有意识地对一些尚把握不准的调查对象的某些特点进行相对模糊的概括，以确保认识结论的可靠性。例如，调查过程中调查到的事实与线索不一致时，可以通过模糊舞弊嫌疑人特征、作案时间以及侦查范围等，扩大侦查范围，从而找到正确的方向，并避免一些认识错误。

三、案例背景

本文案例取自实践中真实发生的案件。为了保护当事人隐私，以字母来代替案件中所涉及的具体人物与公司。

某跨国公司（K 公司）成功收购了一家境内民营企业（M 公司），为保持 M 公司经营的稳定性和连续性，K 公司决定 M 公司仍由原管理层经营。收购后，K 公司曾多次收到对于 M 公司多名高层管理人员舞弊的举报信，其中较为重要的有三封。

第一封举报信是检举 M 公司人力资源经理 Y 女士，反映她涉及舞弊的内容是：Y 使用没有培训资质的 WG 劳务中介公司作为其公司下属某工厂的培训机构；Y 利用自己的职权，私自决定 WG 劳务中介公司作为培训服务提供商的薪酬；Y 和 WG 劳务中介之间很多合作都是私下进行的；公司总经理兼下属某工厂的法定代表人 L 放任 Y 的舞弊行为。

第二封举报信内容则是针对M公司分管行政后勤的资深副总经理W，举报其不但纵容Y的舞弊行为，其自身也收受回扣。举报信说，W不是直接从销售和供应商手里收受回扣，而是通过其妹夫J和属下D等。J和D每个月在固定时间代替W收受回扣。W每年收受的回扣达到数百万元。

第三封举报信直接指向了总经理L。举报内容称：L和W、Y，还有公司一些重要岗位的负责人都是老乡，形成了腐败利益团伙，他们的贪腐数额达到了数亿元之多。举报信称，L通过其情人X的公司和相关供应商，控制大部分采购来源，X的公司为M公司提供商品的利润达到30%～60%。X一直做M公司的采购服务，她和自己的家人成立了多家公司用于参与竞价，并避免因一家公司业务量太大而被关注。举报人同时称，本来可以由供应商直接向M公司供货，但为了便于利益输送，L指使下属安排X的贸易公司转手获取利益，在L掌管公司的5年时间里，他和X的公司获取了至少5亿元的不当利益。

三封举报信所涉及的内容如图1所示：

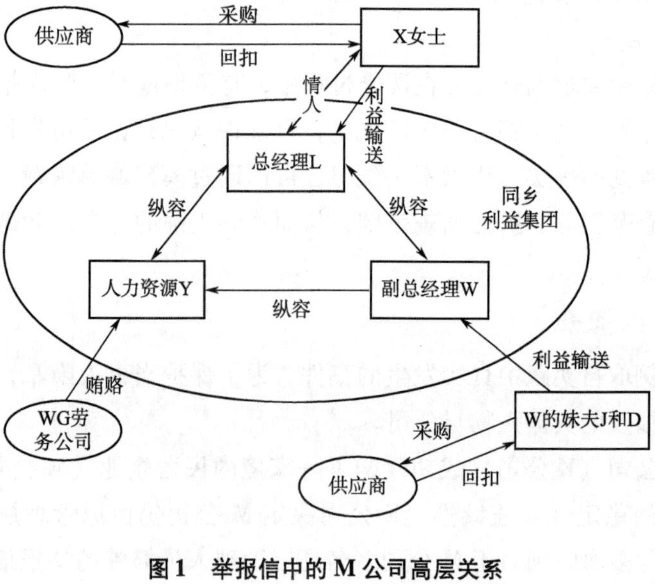

图1　举报信中的M公司高层关系

四、案例分析

（一）前期调查与案情讨论

考虑到M公司存在管理层集体舞弊的可能性，K公司决定成立调查组。调查组成员由外聘的调查、审计专家和K公司人力资源、法务、合规、会计等部门负责人组成。根据收到的线索，专案组进行了前期调查，结果如表1所示。

表1　针对举报线索的前期调查

对象	职务	举报线索	调查结果
Y	人力资源经理	使用没有培训资质的WG劳务公司，为M公司下属多家工厂进行培训业务 给WG公司明显不合理的高薪酬 WG公司按M公司用工人数给Y按比例提成	WG劳务公司没有劳务培训资质 Y给WG公司的培训费比当地平均价格高15% 调查的15家劳务公司（包括8家M公司合作商）都会给用工单位主管回扣
W	副总经理（行政/后勤）	副总W分管劳务、餐饮、交通等业务，他的妹夫J和下属D每个月固定时间代替W副总收受回扣 W每年收受的回扣达到五六百万元	被访谈的公司都表示设有专人联系W的妹夫J或D，且每个月都和他们喝茶或吃饭 多家给M公司提供劳务、餐饮、汽车租赁等服务的公司业务负责人表示，要想成为M公司供应商必须经过W同意，必须给他回扣；10多家餐饮公司每天给M公司（3个厂）提供的快餐盒饭6万多盒，每天回扣约3万元（每盒回扣0.5~1元）；M公司（3个厂区）每天用大巴车约200辆，往返400趟，价格150元/趟，按15%/辆提成。一天9 000元。但这些回扣不是W一人所得
L	总经理兼多家下属工厂法人	L通过X（其情人）的多家关联企业控制M公司下属工厂大部分采购渠道 X的企业为M公司提供的产品利润达到30%~60%	多家提供易耗品的供应商反馈，他们通过X的贸易公司给M公司提供材料，这些易耗品数量大、利润高；X自己的直系家人交叉作为股东成立了8家公司，有6家公司是M公司的供货贸易商。没有发现X女士与L存在不正当男女关系 经对X名下的多家公司废弃物搜集，发现大量对账单、货品规格、数量、价格等明细单，证明X公司赚取差价达20%~50%

续表

对象	职务	举报线索	调查结果
L	总经理兼多家下属工厂法人	L还通过下属收受其他供应商3%～20%不等的回扣 L和W、Y等一些重要岗位负责人是老乡，形成了腐败利益团伙	大部分供应商接触不到L，L从不直接收取客户的财物 L、W和Y都是老乡，私交甚好

面对M公司错综复杂的利益关系以及盘根错节的关系网络，调查组按照侦查思维中的特定性与多维性的指导原则，对案件中特定的人以及他们之间的因果关系展开分析，发现M公司管理层中，L是案件的核心人物，并且前期调查过程中并没有收集到与L违法相关的证据。而针对W与Y举报内容进行的调查中，均收集到Y与W收受回扣与违规行为的证据。从多维性原则的角度来分析Y与W的因果关系，W是Y的上级，并且显然有包庇Y的行为，同时，Y违规雇佣没有培训资质的WG公司，违法行为更为明显，因此调查组决定将Y视为案件突破口，与Y进行面谈。

（二）与Y面谈

调查组以对抗性原则为指导，制定与Y面谈的策略。考虑到Y的心理状态，调查组决定向其明确指出违规使用WG公司培训并私自决定培训费用的违法事实，采取政策攻心策略，打掉其侥幸心理，迫使Y交代了受贿事实。同时，Y还提供了与W的受贿行为相关的线索，为下一步开展调查工作提供了线索。

（三）与D及J面谈

调查组根据多维性原则来分析W与D及J之间的因果关系，认为W通过下属D与J收受回扣，因此D与J是调查工作的突破口。在制定相应的面谈策略时，调查组充分运用对抗性原则指导思想，摸清D的心理状态，以分管部门发生舞弊行为为由，安排W带薪休假，使D和J在心理上感觉失去靠山。同时，将D约到其不熟悉的K公司在上海的办公室面谈。D为了减轻自身责任，交代自己单独或与J共同多次收受回扣的行为。开始面谈时，J百般抵赖，拒不承认其收受回扣问题；在证据面前，又把责任推给W，但最终在法律威慑下，J交代了参与W受贿的事实，从而为落实W舞弊提供了有力证据。

（四）与W面谈

与副总W正式接触前，调查组已经通过Y、D及J掌握了充分的W受贿的证据。调查组运用逆向性指导原则，以证据为基础，运用逆向思维来合理推断W的受贿方式和行为。在与W正式接触的过程中，以此来瓦解其心理防线，使之辩无可辩，交代了受贿事实。W 表示愿意退赔非法所得以换取从轻处理，同时 W 还交代了 L 对其及 Y 的包庇与纵容，从而为面谈 L 提供了依据。

（五）与 L 正式面谈

在约谈 L 过程中，其始终强调和 X 的公司合作是正常的业务关系，没有接受 X 和供应商的任何宴请和贿赂；并坚称与 X 女士之间没有不正当关系。在前期的调查过程中，调查组确实没有发现 L 与 X 之间存在不正当男女关系，这使得案件调查一度陷入僵局。调查组转换思路，根据模糊性的指导原则，对于 L 与 X 之间的关系进行模糊概括，加强对 X 周围利益相关者的调查。经过深入调查，在 X 家乡发现了 X 的妹妹与 L 还有一个男孩的合影，并了解到这个男孩就是 L 的非婚生子。在证据面前，L 交代了通过利益输送方式进行舞弊的行为。表 2 为调查过程。

表 2　调查过程

步骤	采取的措施	指导性原则	结论	进一步的线索
1	初步调查与案情分析	特定性与多维性	L 是核心， Y 是突破口	违规使用 WG 公司
2	与 Y 面谈	对抗性	Y 承认受贿	揭发 W 受贿
3	与 D 以及 J 面谈	多维性与对抗性	D 与 J 承认受贿	坐实 W 受贿的方法
4	与 W 面谈	逆向性	W 承认受贿	L 对 W 及 Y 进行包庇
5	与 L 面谈	模糊性	X 的妹妹是 L 的情人	L 承认利益输送

五、结论与展望

在经济犯罪日益复杂的今天，企业内部舞弊方式越来越隐蔽，舞弊手段越来越高明。由于涉及企业高管，仅仅依靠内部审计往往很难取得有效的证据。因此，由第三方参与主导的企业内部反舞弊调查，对于发现企业职务腐败、遏制企业职务犯罪以及挽回企业损失与声誉具有重要的作用。反舞弊调查往往涉及多部门、多领域以及多学科，在实践中运用侦查思维，对于指导舞弊案件侦破具有十分重要的意义。

运用侦查思维，就是调查人员利用侦查思维的指导原则来具体分析侦查活动中所涉及的多维度信息，抽丝剥茧，从而达到侦破案件、还原真相、揭露舞弊的目的。在本文案例中，调查人员以特定性与多维性原则为指导，逐步理清企业舞弊利益集团内部错综复杂的因果关系，从而准确地找到案件的突破口，对推动案件侦破起到重要作用。在与舞弊嫌疑人接触的过程中，对抗性原则被广泛运用。调查人员通过摸清舞弊嫌疑人的心理，使用不同的面谈手段，从而击破舞弊嫌疑人的心理防线，进一步获得案件的线索和相关的证据。运用逆向性指导原则，以获得的证据为基础，逐步还原事实真相，从而落实舞弊嫌疑人的犯罪事实。在案件的难点问题上，调查人员通过运用模糊性原则，从舞弊嫌疑人外围展开调查，逐步获得更多证据，通过压缩模糊现象，整理抽象出相对明晰的界限，从而找出事实真相，落实舞弊嫌疑人的舞弊行为。可见，在反舞弊调查的实践过程中，侦查思维具有重要的指导意义。

通过对反舞弊调查实践过程中的案例进行分析，本文总结了侦查思维在反舞弊调查中的作用，填补了相关研究的空白，并对实践具有一定的指导意义。在未来的研究中，我们还将对侦查思维的运用进一步细化与量化，从而取得侦查思维在反舞弊调查中具体作用的实证证据；我们还会对其他案例进行比较分析，从而推广侦查思维在反舞弊调查中的普遍应用。

参考文献

[1] 马克思，恩格斯．马克思恩格斯选集（第二卷）[M]．北京：人民出版社，1972.

[2] 李锡海．侦查思维学 [M]．济南：济南出版社，1995.

[3] 刘黎明．侦查思维 [M]．北京：群众出版社，2007.

[4] 马忠红．侦查学基础理论 [M]．北京：中国人民公安大学出版社，2006.

[5] 揭萍，方镇杰．大数据时代侦查思维的转型与优化：基于 SWOT 的分析 [J]．山东警察学院学报，2018（5）：56－63.

[6] 蒋丽华，蒋南飞．侦查法治思维培养问题初探：以公安院校侦查学专业本科学生为侧重 [J]．山东警察学院学报，2015（3）：86－90.

[7] 何家弘．从相似到同一：犯罪侦查研究 [M]．北京：中国法制出版社，2008.

案例分析

挪用资金案件司法会计鉴定案例探析
——以江西 SY 快运公司案件为例

江西理工大学经济管理学院　唐立新
赣州恒诚联合会计师事务所　钟兆泉　郭俊良

【摘　要】随着企业信息化的发展，不少大型企业均开发了自己的信息管理系统，这类信息管理系统大都有各自的财务系统及收付系统。本文以江西 SY 快运某分拨中心挪用资金案为例，对此类鉴定进行分析，并进而总结反思。

【关键词】复杂收费，挪用资金，会计鉴定

一、研究背景

挪用资金现象在我国企业中屡见不鲜。随着企业管理软件的广泛运用和支付手段的多元化，此类案件的司法会计鉴定也出现不少的变化，本文以江西 SY 快运 GZ 分拨中心（以下简称 GZ 分拨中心）挪用资金案为例进行分析研究。

司法会计鉴定是指鉴定机构和鉴定人接受委托，通过检查、计算、验证和鉴证，对会计资料等财务状况进行检验、鉴别和判断并提供鉴定意见的活动。案例研究是结合实际，以典型案例为素材，并通过具体分析、解剖，促使司法会计鉴定人进入特定的鉴定情景和过程，便于鉴定人寻求解决此类问题的方案。

二、案情分析

（一）基本案情

基本案情：2016 年 4 月 15 日至 2017 年 1 月 20 日，GZ 分拨中心负责人 A 挪用、占有资金用于赌博，资金数额较大。根据 GZ 公安局开发区分局的委托，需对 A 任职期间挪用资金具体数额进行司法会计鉴定。

作者简介：唐立新，江西安远人，高级会计师、注册会计师、注册资产评估师，中国会计学会会员，中国司法（法务）会计研究会学术委员，赣州市人大常委会财政预算审查咨询专家，赣州市会计学会常务理事，江西理工大学经济管理学院副教授，技术经济学、MBA、项目管理、会计学及 MPACC 硕导。

钟兆泉，江西安远人，赣州恒诚联合会计师事务所主任会计师，中国注册会计师、高级管理会计师。

郭俊良，江西于都人，赣州恒诚联合会计师事务所司法鉴定部项目助理。

（二）初步分析

第一，江西SY快运公司的实际控制人YC集团是地处上海的一家集物流、商流、资金流、信息流服务为一体的大型现代综合物流服务企业集团，拥有物流、快运、供应链、物流城、冷链五大业务板块。集团下设基地，基地设转运中心、分拨中心、营业部等运作单位。

江西SY快运公司主要的运输方式是汽车运输和航空运输，其中汽车运输为主体。汽车运输模式又分为自有班车、合同车及外聘车辆三种模式。

江西SY快运公司有自己的财务系统，而且营业款项收支系统复杂。

第二，本案中负责人A管理不善，又涉及个人挪用（A同时扮演了多个不相容角色）、占有资金用于赌博，因而委托目的是查明江西SY快运GZ分拨中心负责人A任职期间挪用资金的具体数额和涉及人员 。

第三，由于江西SY快运公司使用的是专用管理软件，鉴定人无法判断该信息系统及其运行的安全有效性，不便直接使用软件中的财务信息，因而鉴定人根据案情要求进一步评价。

（三）进一步评价

这一步通常包括评价独立性、专业胜任能力，分析和评估涉案的财务会计资料的数量及质量，即检材的综合评价。本次鉴定主要评价后二项：

1. 专业胜任能力是相关人员具备从事某一领域的工作或者可以处理好特定事项的一种能力

专业胜任能力是相关人员具备从事某一领域的工作或者可以处理好特定事项的一种能力。由于鉴定人所在机构具备司法会计鉴定资质，承担本案的二位鉴定人均有高级会计师专业技术资格和注册会计师资质，并从事审计相关工作20余年，鉴定了多起非法占有案件，有相对丰富的企业内部非法占有案件的相关鉴定经验，且本案标的较小、业务相对简单，因此鉴定人对本次鉴定具备专业胜任能力，能够很好地完成鉴定任务。

2. 分析和评估涉案财务会计资料的数量及质量

初步沟通发现，笔录和侦察员收集的检材存在不少瑕疵，鉴定人要求补充和完善。笔录方面的瑕疵主要是GZ分拨中心的管理及收付款流程，财务会计资料方面的瑕疵主要是密切相关资料的完整性。

3. GZ分拨中心相关内部控制的评价

YC集团是一家大型快运企业，对其核心业务制定有《YC快运运营管理大纲》，大纲共20多万字，含图表约100个，结合《YC快运子分公司及门店营业部财务操作规范》《YC集团应收账款考核方案》等制度，总体上讲，集团对主要业务具有较强的控制力。但从财务管理视角分析，YC 集团制度设计至少存在以下缺陷：

（1）设计缺陷：关键控制点存在瑕疵。例如制度规定财务部门稽核、结算时需要以下文件：本部签订的运输合同扫描文件，由本部财务部提供；要有发站调度、到站调度、合同车司机三人签字的正配清单；双方签字确认的对账明细表；供应商提供的增值税专用发票；已签批同意的运费结算签批报告。但在基层（如分拨中心），存在经理一个人说了算的现象，加之快运业务零碎，人员流动快，财务监督往往难以到位。诸如此类的制度还有不少，制度设计存在盲点。例如，临时外聘车的管理制度不完善，财务操作规程不明确、难操作。又如不相容业务分工设计也存在不少盲点。

（2）执行缺陷。首先是 YC 集团内部股份情况复杂，治理结构松散。其次是快运行业点多面广，难于控制执行。

（3）人员素质参差不齐，且流动性大，自然影响执行一贯性，在执行上打折扣。例如制度规定：①运费的对账：每月 5 日前，合同车司机将上月正配清单交由当地分公司对账负责人进行对账。每月 10 日前分公司对账负责人须完成对账，并将支付证明单、正配清单、对账明细表整理后交由财务部稽核会计。另电子版对账明细表须交由本部车辆管理中心合同车管理专员备份。②运费稽核：财务稽核会计每月 20 日前完成稽核，并通知对账负责人按照签批流程提交费用支付签批报告，同时对账负责人通知供应商开具发票。对账负责人将签批同意后的费用支付报告及发票交财务稽核会计，财务部支付运费。但实践中，这些显然未执行好。

三、接受委托、收集检材

经初步评价后，鉴定人认为可以接受委托，除了考虑鉴定人及其项目成员的时间安排和资源、本次鉴定收费情况、可能存在的风险，是否需要出庭等情况外，也有一些特殊考虑。

（一）委托事项和要求的特殊考虑

本次司法会计鉴定的主要原因是 GZ 分拨中心负责人 A 挪用了资金，而且不配合司法调查。因此，初次确定司法会计鉴定委托事项和要求是“对江西 SY 公司 GZ 分拨中心负责人 A 挪用资金的具体数额进行鉴定”。但是，与委托人沟通后鉴定人认为，一方面 GZ 分拨中心负责人 A 应当对整个单位的工作负责，自然也要对整个单位的资金安全负责，另一方面，江西 SY 是 YC 集团的分支机构，采用通用的财务软件，有多人可以操作相关系统，因而对于能否完全获取负责人A挪用资金的证据没有把握。因此，双方经过沟通，确认本次司法会计鉴定委托事项和要求为“对江西SY公司GZ分拨中心2016年4月15日至2017年1月20日期间挪用资金的具体数额进行鉴定”。

（二）风险提示

考虑到YC集团的财务收费系统的内部控制系统存在缺陷和不确定性，鉴定人给委托人及相关关系人提出了风险提示：由于YC集团的财务收费系统内部控制原因导致的财务信息真实性问题均由相关关系人即江西SY公司负责，与本鉴定机构和鉴定人无关。

（三）汇总申报

由于本次鉴定主要涉及两个问题：一是江西SY公司GZ分拨中心财务收费系统表明已收到多少钱；二是江西SY公司财务实际收到GZ分拨中心多少钱。对于江西SY公司GZ分拨中心来说，由于快运业务模式多样，实际业务零碎分散，每笔金额小数量多，GZ分拨中心财务收费系统内部控制执行不到位，内部稽核及事后审计执行力也不够等，要获取GZ分拨中心上述两方面数据并非易事。因此，鉴定人要求江西SY公司提供盖有印章的江西SY公司GZ分拨中心的可能被挪用资金的汇总申报表，详见表1。

表1　GZ分拨中心案责任人挪用资金汇总申报表

起止时间：2016-04-15至2017-01-20　　（单位：元）

序号	分公司	所属分拨	责任人	应交款金额
1	NC分公司	GZ分拨	A1	103.00
2	NC分公司	GZ分拨	A2	18 313.88
3	NC分公司	GZ分拨	A3	4 604.00
4	NC分公司	GZ分拨	A4	4 787.00
5	NC分公司	GZ分拨	A5	90.00
6	NC分公司	GZ分拨	A6	2 316.50
7	NC分公司	GZ分拨	A7	123.00
8	NC分公司	GZ分拨	A8	937.00
9	NC分公司	GZ分拨	A9	2 800.00
10	NC分公司	GZ分拨	A10	697.00
11	NC分公司	GZ分拨	A11	98 803.10
12	NC分公司	GZ分拨	A12	102 515.30
13	NC分公司	GZ分拨	A13	9 167.00

续表

序号	分公司	所属分拨	责任人	应交款金额
14	NC 分公司	GZ 分拨	A14	3 652.00
15	NC 分公司	GZ 分拨	A15	59 547.20
16	NC 分公司	GZ 分拨	A16	12 548.00
17	NC 分公司	GZ 分拨	A17	11 665.00
合计				332 668.98

本次鉴定主要送检检材有：GZ 分拨中心 2016 年 4 月 15 日至 2017 年 1 月 20 日应收账款明细表、应收账款的财务核销情况表、应收账款的按责任人明细表、应收账款的按时间外聘司机挂账明细表、应收账款的外线供应商挂账明细表、A 缴交江西 SY 快运公司相关款项明细表、A 上交江西 SY 快运公司抵扣单据汇总表、2017 年 4 月 14 日鉴定机构发出的询证函原件、江西 SY 快运公司提供的有关 A 任职等文件、江西 SY 快运公司提供的有关管理制度。

四、制订鉴定计划

所谓司法会计鉴定计划是指司法会计鉴定为了完成各项鉴定业务，达到预期的鉴定目标，在具体执行鉴定程序之前编制的工作计划。鉴定人认为，尽管本次司法会计鉴定标的较小且属于鉴定人熟悉的鉴定领域，并向案件当事人及相关人员提出风险提示。但是本鉴定项目属于刑事案件，且江西 SY 公司情况复杂，因此本次司法会计鉴定不仅需要制订鉴定计划，而且对重点领域有必要制订具体计划，对此有以下几个考虑。

（一）GZ 分拨中心内部控制有效性评价

本次鉴定核心是 GZ 分拨中心财务收费系统，其内部控制设计是否合理、是否得到一贯执行，可能影响鉴定人的鉴定工作。鉴定人认为，对 YC 集团江西 SY 公司 GZ 分拨中心内部控制的有效性进行评估，是本次鉴定的关键和重点。通过对江西 SY 公司 GZ 分拨中心内部控制进行测试，可为本次鉴定提供线索，并快速确定鉴定重点领域。本次鉴定评价结果如表 2 所示：

表 2　YC 集团江西 SY 公司 GZ 分拨中心内部控制评价汇总表

要素	内容	设计分	鉴定人分析过程汇总	实际分	备注
1. 控制环境	略	15	总体较好，部分员工内控意识不够强，基层人员素质参差不齐，且流动性强，存在一定缺陷	90.30	详见二级指标表

续表

要素	内容	设计分	鉴定人分析过程汇总	实际分	备注
2. 风险评估	略	10	业务风险辨别、评估良好，财务风险辨别、评估系统良好，但没有对所有的风险进行归类，且基层执行管控略差	87.60	二级指标表略
3. 控制活动	略	30	已具备不相容职务分离控制、授权审批控制、会计系统控制、财产保护控制、运营分析控制等措施，但执行力度不够，效果打折扣	88.00	二级指标表略
4. 信息与沟通	略	30	管理层对员工职责和控制责任没有建立完善的沟通渠道；信息系统与业务流程的衔接及系统安全性不够；提供的信息不够充分及时、流畅、具体	82.50	二级指标表略
5. 监控	略	15	获取内部控制运行是否有效的证据意识尚有欠缺；对部分内部控制执行是否到位敏锐性不够；稽核和内审未在纠正控制运行方法及时性发挥应有作用	73.50	二级指标表略
合计				84.50	

从表2中可以发现，内部控制评价总分84.5分，达到了良好水平，如果扣除得分最低的监控项目73.5分，得到加权总分 $=15\times0.903+10\times0.876+30\times0.88+30\times0.825=73.455$ 分，占余下85%部分权重的86.42%，说明除监控项目得分较低外，其余项目平均得分较高。YC集团江西SY公司GZ分拨中心制度控制有效性较强，江西SY公司提供的与计算机系统相关的检材总体证明力较强，具有一定证明力。因此，鉴定人有理由相信，从整体上看，本次司法会计鉴定对内部控制评价的结果可以作为证据链的一环，能起到一定的补强作用。

（二）函证的运用

本次司法会计鉴定关键之一是有关当事人（如司机等）是否已经把钱交给GZ分拨中心（特别是负责人A）。因此，为了从第三方获取强有力的证据，司法会计鉴定可以考虑实施函证程序，以证明资金是否被挪用，还是只是没有及时上交入库。

1. 对拟函证对象进行分析、分类，确定函证具体对象

对自有司机、原自有司机、外聘司机、外线及金额大的其他人员进行函证，

而对其他人员分散且流动性强，不易函证的未予函证，未函证金额 6 219.5 元，占比 1.84%，即计划函证率 98.16%。

2. 设计询证函

通过鉴定人分析，设计询证函，并按规定发函。详见图 1：

询证函

A13：

江西 GZ 司法鉴定中心接受×××的委托，正在对江西 SY 公司有关情况进行司法会计鉴定。在鉴定过程中，司法会计鉴定人发现江西 SY 有限公司“应收账款”账户记录如下：

江西 SY 有限公司“应收账款——A13”账户记录

截止日期	客户名称	欠款金额（元）	备注
2017 年 1 月 20 日	A13	9 167.00	
合计		9 167. 00	

截止到 2017 年 1 月 20 日，上述款项仍未进行清理，就此特发函询证，请你尽快函复。本函仅为复核账目之用，并非催款结算。若款项在上述日期之后已经付清，仍请及时函复为盼。

江西 GZ 司法鉴定中心

2017 年 4 月 14 日

图 1　江西 SY 公司及 GZ 分拨中心应收账款函证示例

五、鉴定过程

（一）函证的实施与运用

1. 函证的实施及初步分析

考虑到拟函证对象多数在 GZ 分拨中心，以集中询证方式为主，同时结合其他方式。函证结果初步分析如下：

第一类，应收账款已上交 GZ 分拨中心（负责人 A），如 A13 回函如下：“2016 年 4 月 15 日至 2017 年 1 月 20 日，在赣州以现金方式交给原赣州分拨中心负责人 A 运输款及代收款，具体参见其本人签字确认的单据，详见附件。”

第二类，无法联系、函证未果。

第三类，分析外线供应商、外聘司机函证结果。GZ 分拨中心外线供应商已经 YC 集团筛选采购，应为资信良好的供应商，采购合同载明了付款方式（90 日），函证或调查结果证明应收款项均已支付。结论为 GZ 分拨中心外线供应商应收款项 102 515.3 元均已交（转）GZ 分拨中心（负责人 A）。

2. 函证结果分析及运用

（1）对江西SY公司及GZ分拨中心应收账款函证结果进行分析，分析结果：①应函证325 602.48元，未函证9 391.00元，实际函证316 211.48元；②实际函证316 211.48元中，已付共计217 408.38元，占实际函证的68.75%；③实际函证316 211.48元中虽未说明全数已付，但已经测试数额核符98 803.10元，占实际函证的31.25%。

（2）函证结果运用。鉴定人基于以下几点认为已经测试数额复核外聘司机应收款项98 803.10元，以及未联系的应收账款9 391.00元均可信：第一，回函结果认定全额已付GZ分拨中心（负责人A）频率高、数额大。第二，YC集团江西SY公司及GZ分拨中心的内部控制良好。第三，YC集团江西SY公司及GZ分拨中心财务收费系统的内部控制在所有关键环节均不存在重大瑕疵。第四，外聘司机应收款项98 803.10元，以及未函证的应收款项9 391.00元均已经鉴定人进行初步测试，且江西SY公司及GZ分拨中心已提供纸质证据。第五，YC公司文件快运总管字〔2015〕××号《YC快运子分公司及门店营业部财务操作规范》“结算与日报表编制”之“资金结算要求”规定：①营业部不允许坐支现金，保证收支两条线；②司机、销售人员或其他人员收款后必须24小时内上交，如果被发现未及时上交将给予未上交人员200元/天的处罚；③营业员收款后当日必须上交款项，最长不超过24小时。

本次鉴定目的是YC集团江西SY公司及GZ分拨中心挪用资金，因而可以判定SY公司及GZ分拨中心应收账款（挂账数）即被挪用金额，但对于被谁挪用要进一步鉴定，这也是本次鉴定最关键的一环。

（二）分析笔录及其他检材

（1）根据GZ分拨中心2016年4月15日至2017年1月20日应收账款明细表（以下简化）分析得出GZ分拨中心A在职期间应收账款总额。

（2）根据应收账款的财务核销情况表分析计算A在职期间GZ分拨中心应收账款仍未核销金额。

（3）根据A缴交江西SY快运公司相关款项明细表、A上交江西SY快运公司抵扣单据汇总表分析计算A在职期间GZ分拨中心应收账款仍未收回金额。

（4）根据应收账款的按责任人明细表、应收账款的按时间外聘司机挂账明细表，应收账款的外线供应商挂账明细表等分析计算GZ分拨中心A在职期间应收账款被挪用具体金额。

另外，考虑被挪用时间不长，分析法条，鉴定人还对GZ分拨中心被挪用具体金额进行了序时分析。

（三）综合考虑

第一，函证分析形成的证据链和笔录及其他检材的分析结论基本能相互印证。

第二，由于不便直接接触专用管理软件，所有检材需由江西SY快运公司提供，且盖章确认。为了进一步规避鉴定风险，鉴定人要求江西SY快运公司提供专用管理软件性能说明和运行情况说明。

第三，根据YC公司文件快运总管字〔2015〕××号《YC快运子分公司及门店营业部财务操作规范》“结算与日报表编制”之“函证结果分析及运用”，考虑GZ分拨中心2016年4月15日至2017年1月20日的具体情况，因主要针对犯罪嫌疑人A在职期间被挪用金额，应剔除以下金额：①专用管理软件中加盟商挂账的，因无法判断，根据谨慎性原则，就低不就高。②属于原线内自有在职且鉴定日已离职司机挂账。

第四，由于鉴定日至2017年1月20日时间较短，对属于A挪用的具体金额进行了按月序时分析。

六、鉴定意见与重要事项说明

（一）初步意见

江西SY公司GZ分拨中心在2016年4月15日至2017年1月20日被挪用资金具体数额为228 887.14元。其中：2016年4月被挪用13 398.00元，被挪用时间自2016年4月底至2017年4月11日，共计11个月又11天（其余省略）。

另外，鉴定人对重要事项说明如下：江西S公司GZ分拨中心与相关当事人的工资往来情况（负责人A未发放工资：2016年11月工资4 170.16元，2016年12月工资3 762.32元，2017年1月工资2 346.93元，2017年1月20日后工资未计入，共计工资10 279.41元），考虑当事人在公司借支备用金4 000元，抵扣之后还有6 279.41元可向公司追偿。

（二）补充意见

1. 原因及过程

补充的原因是：初次鉴定意见的司法会计鉴定意见书出具后，公诉机关认为GZ分拨中心被挪用资金具体数额不一定均由负责人A承担，应分清负责人A具体承担金额。鉴定人要求江西SY公司补充送检物证，并重新委托司法会计补充鉴定。主要补充送检物证分析结果为：GZ分拨中心负责人A在职期间在应收账款仍未核销金额中，包含司机应收款26 514.00元、应收加盟商款

65 544.00 元，即这部分不应由负责人 A 承担，但原鉴定结论并无错误。

新检材分析后增加鉴定过程：①在剩余未收到付款及代收货款 408 879.98 元中包含应收司机款 26 514.00 元、应收加盟商 65 544.00 元，GZ 分拨中心负责人 A 在职期间应收账款中剩余仍未核销金额 316 621.98 元。②分析计算 GZ 分拨中心负责人 A 在职期间应收账款其他仍未收回金额 136 829.14 元(316 621.98 - 159 992.84 - 20 000.00)。

2. 补充鉴定意见

截至 2017 年 3 月 17 日，江西 SY 公司 GZ 分拨中心在 2016 年 4 月 15 日至 2017 年 1 月 20 日被挪用资金具体数额为 136 829.14 元（人民币大写壹拾叁万陆仟捌佰贰拾玖元壹角肆分）。

其中：

2016 年 4 月被挪用 60 元（人民币大写陆拾元），被挪用时间自 2016 年 4 月底至 2017 年 3 月 17 日，共计 10 个月又 17 天。

2016 年 5 月被挪用 21 603.60 元（人民币大写贰万壹仟陆佰零叁元陆角整），被挪用时间自 2016 年 5 月底至 2017 年 3 月 17 日，共计 9 个月又 17 天。

以下各月详见表 3，文字结论省略。

表 3　江西 SY 公司及 GZ 分拨中心被挪用资金序时分析表

（单位：元）

序号	项目	2016 年 4 月	2016 年 5 月	2016 年 6 月	2016 年 7 月	2016 年 8 月	2016 年 9 月
1	应收账款	72 728.00	95 807.00	101 307.60	86 061.60	109 369.40	157 097.00
2	财务核销	44 676.00	11 638.00	13 064.00	33 348.60	80 975.50	147 262.00
3	负责人 A 上交现金			20 000.00			
4	单据核销	14 654.00	31 220.40	46 178.71	15 080.00	7 034.80	—
5	扣司机到付款				1 589.00	10 120.00	2 449.00
6	扣除加盟商	13 338.00	31 345.00	1 475.00	2 405.00	292.00	340.00
7	本月未上交款	60.00	21 603.60	20 589.87	33 639.00	10 947.10	7 046.00
8	累计未上交款	60.00	21 663.60	42 253.47	75 892.47	86 839.57	93 885.57

序号	项目	2017 年 10 月	2017 年 11 月	2017 年 12 月	2017 年 1 月	小计
1	应收账款	109 951.40	253 142.00	140 173.90	27 360.00	1 152 997.88
2	财务核销	92 855.80	211 732.00	82 246.90	26 319.00	744 117.90
3	负责人 A 上交现金					20 000.00

续表

序号	项目	2017 年 10 月	2017 年 11 月	2017 年 12 月	2017 年 1 月	小计
4	单据核销	—	28 340.00	17 484.93	—	159 992.84
5	扣司机到付款	4 791.00	4 677.00	2 888.00		26 514.00
6	扣除加盟商	871.00	2 943.00	12 527.00	8.00	65 544.00
7	本月未上交款	11 433.60	5 449.90	25 027.07	1 033.00	136 829.14
8	累计未上交款	105 319.20	110 769.00	135 796.14	136 829.14	809 308.16

注：①本月未上交款 = 应收账款 − 财务核销 − 负责人 A 上交现金 − 单据核销 − 扣除司机到付款 − 扣除加盟商；累计未上交款 = 本月未上交款 + 累计上月未上交。②司机的到付款数据 26 514 元有待核查。③加盟商数据 65 544 元为负责人 A 在职期间，系统录入了加盟商信息或者按照货物的收件地址为加盟商区域，但是加盟商没有确认，属于无法核实数据。④负责人 A 上交的 20 000 元现金，当时没有提供具体单号，财务无法核销。

重要事项说明则增加以下内容：江西 SY 公司 GZ 分拨中心 2016 年 4 月 15 日至 2017 年 1 月 20 日应收账款仍未核销金额中包含应收司机款 26 514.00 元、应收加盟商款 65 544.00 元，提请相关利益方关注。

七、案例研究的结论及政策建议

（一）案例研究的结论

1. 具体明确的委托目的是做好司法会计鉴定的关键

司法会计鉴定的委托鉴定事项是鉴定人进行鉴定的总任务、总要求和总纲领，所以鉴定人的一切工作均应以委托书（或聘请书等）中约定的委托鉴定事项为指针。司法会计鉴定的委托事项至少应做到以下几点：

（1）委托鉴定事项要与案件密切相关。只有与诉讼案件密切相关的（财务会计方面）的事实，经司法会计鉴定后取得的成果才能成为有力证据，缺乏相关性的事实，即使再充分、再可靠，对于诉讼案件来说也是无用的。实务中，存在不少由于委托鉴定事项不清楚而导致诉讼案件在法庭审判时无法采信的例子。

（2）委托目的要与充分适当的检材相适应。在很多诉讼案件审判（侦察等）过程中，由于没有其他有力证据可以证明某些法律事实时，相关委托人往往希望通过司法会计鉴定收集可行证据，实现诉讼目的。但这还要根据所提供检材的质量——充分适当性来判断。所谓充分，就是委托人（或其他关系人）提供的司法会计检材在数量上是足够的，所谓适当，就是委托人提供的司法会计检材在质量上是相关且可靠的。因此，在接受委托时，司法会计鉴定人就要对已有的检材进行初步评价，并实施相应鉴定程序，确定委托目的和委托鉴定事项，或者拒绝委托或聘请。

（3）委托鉴定事项要具有可操作性。司法会计鉴定委托鉴定事项应当表述得明确且具体，这样司法会计鉴定才可能有针对性和可操作性。诸如“对××公司××年××月至××年××月的财务状况进行鉴定”“对××公司××年××月的经营成果进行鉴定”的委托鉴定事项，无论是从司法会计鉴定人角度还是从法庭审判角度，都不具有解决法律问题的针对性，且缺乏可操作性。

2. 风险管控应当贯穿于司法会计鉴定的全过程

目前，表面上看司法会计鉴定显性风险较小，但作为专业人士和法律工作者，司法会计鉴定人要以慎重的态度看待司法会计鉴定风险。事实上，随着相关人员专业水平的普遍提升和专家辅助人的普及，司法会计鉴定显性风险正在增大。对此，司法会计鉴定人应当做到以下几点：

（1）在考虑是否接受委托的初始，就要初步评价司法会计鉴定风险并考虑相应鉴定对策；制订鉴定计划（分析测试）时，要关注重点风险领域。

（2）在实施鉴定过程中，要动态评价证据的证明力，以评价可能存在的司法会计鉴定风险的大小和种类（错报风险和审查风险），并实施必要的鉴定程序（细节测试和分析测试），使风险降低至可以接受的程度。

（3）在出具鉴定意见阶段，重点考虑检材对委托鉴定事项的证明力与出具的鉴定意见的匹配程度。

（4）在出庭质证阶段，司法会计鉴定人要评估质证过程中可能存在风险的种类和大小。

3. 司法会计鉴定既要考虑共性也要考虑个性

司法会计鉴定人在接受委托（或聘请等）某个案件后，首先会考虑这个案件属于哪一类案件。比如江西SY快运GZ分拨中心挪用资金案，鉴定人一般会马上归到挪用资金罪中，并对这种罪的立案标准、构成要件（行为主体、行为、行为对象、结果、主观方面）、认定、法律条文、司法解释、相关法律及量刑标准进行分析，比照同类案件的方法，确定犯罪嫌疑人“实际收到的款项”是否大于“实际上交的款项”，且时间超三个月，并有一定金额。这些是鉴定人对于这类案件相关共性的考虑。

但是，犯罪嫌疑人“实际收到的款项”“实际上交的款项”模式很多，情况复杂。在上述案件中，负责人A“实际上交的款项”是由江西SY快运控制的，有完善的财务系统，较容易获得充分适当的证据。而负责人A“实际收到的款项”方面，则因管理模式复杂、涉及人员多、运营程序繁琐尤其是财务收费控制和运行缺陷的影响，面临“特殊考虑”。这些是鉴定人对于这类案件相关个性的考虑。

综上所述，司法会计鉴定尽管可以按违法犯罪类别进行分类，且每类案件都有其共性，但鉴定人面对不尽相同的检材，司法会计鉴定意见绝不可完全“套公式”，而是应根据职业判断，运用专业技术，分析概括的结果，而不是简单的“固化证据”。

4. 发表的鉴定意见要着重考虑“以审判为中心”

司法会计鉴定人发表的鉴定意见是鉴定人的成果，也是回答委托鉴定事项的事实与法律规定符合程度的法律性证据。因此，凡是涉及须审判的，均要重点考虑审判人员是否可以采信，怎么采信。事实上，司法会计鉴定人发表的鉴定意见可以是肯定性意见，也可以是限定性意见，也可以是无法发表意见。

在上述案件中，司法会计鉴定人考虑到挪用资金罪中“时间超三个月”是重要要件，因而鉴定意见中的具体金额是专门针对犯罪嫌疑人A的，而且是按月分期挪用款项的具体金额，便于法院判决。又在“重要事项说明”中，利用“还有6 279.41元可向公司追偿”的表述，说明尽管负责人A挪用了款项，但还有部分追偿权，两者性质不同。这样既有利于主审法官考虑刑事部分是否有从轻（减轻）情节，又有利于确定江西SY公司对负责人A的实际追偿权（民事部分）。

（二）相关政策建议

1. 加强后续教育

司法会计鉴定是专业性很强的工作，职业道德及专业胜任能力的培训十分重要。而教材是教育的基础，目前笔者尚未发现很适于司法会计鉴定人职业道德及专业胜任能力培训的教材，解决这个问题迫在眉睫。职业道德水准及专业胜任能力不仅要具备，而且还要不断保持乃至提升。当然，司法会计鉴定人的后续教育可以形式多样，如通过运用网络、提交调研报告或者司法会计鉴定项目执业审查等方式进行，应讲求实效。

2. 支持司法鉴定理论研究

目前，我国司法会计鉴定理论研究相对于实践已落后了许多，阻碍了司法会计鉴定行业的发展。为此，司法会计鉴定理论研究不仅要争取国家社科基金的支持，其他部门的科研项目也应适当向司法会计鉴定理论研究倾斜，对司法会计鉴定的内涵、功能、原则、方法体系、风险管控、执业准则、职业道德规范和后续教育等基础性重大问题进行深入研究，推进司法会计鉴定理论进步，推动司法会计鉴定工作全面发展。

3. 制定一整套的执业准则

（1）司法会计鉴定基本准则。司法会计鉴定基本准则层面应该包括司法会计鉴定基本准则、司法会计鉴定职业道德准则及司法会计鉴定质量控制准则。司法会计鉴定基本准则是最重要的，从某种角度看，统驭着具体准则及操作指南，主要由总则、定义与目标、业务承接、司法会计鉴定的关系人、鉴定对象、标准、证据、鉴定意见及附则构成。其中，司法会计鉴定证据是核心，建议引入重要性、鉴定风险评估、内部控制测试、函证程序、证据证明力评价、证据的相关性、关联性等概念、程序、技术方法。司法会计鉴定鉴定意见方面也要规范意见类型、各种意见类型的具体条件及基本要求。

司法会计鉴定职业道德准则可以比照专业审计准则，对独立性原则、中立性原则、公正性原则、客观性原则、法律监督原则、鉴定时限原则及保密原则进行归整规范。

司法会计鉴定质量控制准则主要规范以人力资源为基础的具体鉴定过程前（指导）、中（监督）及后（控制）的方法，不仅要明确出具报告程序，尤其是司法会计鉴定工作底稿复核程序，还要规范司法会计鉴定业务档案的保管和传递。

（2）司法会计鉴定具体准则。司法会计鉴定具体准则是司法会计鉴定人的具体操作规范，包括业务类型与一般规则，对财务会计问题及其判定依据、证据评价与识别、风险及防范、方法、程序、意见、工作记录以及各类事项的鉴定规程、意见书、出庭作证等司法会计鉴定主体业务进行设计，还对诉讼咨询业务等进行设计。基于中介视角，司法会计鉴定具体准则设计至少应当考虑以下因素：

第一，参照专业审计的风险理念，以鉴定风险评估为起点判断某项司法会计鉴定是否接受委托，有些涉及企业的相关案件，接受委托后应当以鉴定风险评估推至重要性水平，再由重要性水平判断并实施相应的鉴定程序，以获取充分、适当鉴定证据，支撑司法会计鉴定人的鉴定意见。

第二，应当以不同的罪（或业务种类）为主线设计具体的鉴定规程，司法会计鉴定通常就是为了审判收集各类证据，而不同的罪的作案（产生）方法、程序具有很多相似性，因此，司法会计鉴定的方法和程序具有可比性。这样设计的司法会计鉴定具体准则的可操作性才强。

第三，其他业务（如非诉业务、咨询业务）应当具体、明确。目前这类业务发展迅猛，市场需求很大。例如，当前大量出现的企业内部舞弊事项就应该设计单独的内部舞弊事项的具体准则，规范具体鉴定操作程序。又如内部舞弊事项司法会计鉴定后往往还有如何完善企业内部控制的咨询业务，也应该设计单独的具体准则，规范具体操作程序。

第四，要规范关系人沟通处理程序。司法会计鉴定人与委托人，相关当事人、公检法人员、律师、专家证人的关系如何沟通，需要规范，特别是关键事项的沟通处理程序。还有鉴定人、其助理工作人员、其他专家工作的规范。

第五，要设计司法会计鉴定人自我保护条款。自我保护条款应当从接受委托开始到出庭质证各个阶段均有所体现。

第六，要规范司法会计鉴定人主要业务范围及收费行为。作为司法会计鉴定人，应明确他们是否有业务边界，边界在哪里；司法会计鉴定收费依据是工作成果还是工作量；以及如何操作，等等。

（3）司法会计鉴定应用指南。司法会计鉴定应用指南是对司法会计鉴定执业准则重要条款的进一步解释、说明和举例，旨在为鉴定人更好地理解和运用执业准则提供指引。司法会计鉴定人应当掌握执业准则及应用指南的全部内容，以理解每项准则的目标并恰当地遵守其要求。

司法会计鉴定应用指南内容很多，以鉴定意见为例，首先可以分成标准的司法会计鉴定意见和非标准的司法会计鉴定意见（如司法会计分析、司法会计咨询、司法会计鉴定复核意见等）。标准的司法会计鉴定意见在设计鉴定意见的形成条件和程序后，还要对司法会计鉴定意见书的基本内容和格式进行规范，明确司法会计鉴定意见书表述的内容与要求。

参考文献

[1] 杨爽．法务会计研究综述［J］．财会通讯（综合），2012（4上）：26－28.

[2] 于朝．司法会计鉴定实务［M］．北京：中国检察出版社，2014：11.

[3] 郑谊英，等．我国司法会计鉴定功能定位及证明机理探究［J］．湘潭大学学报（哲学社会科学版），2014，38（2）：56－59.

[4] 唐立新，杨华华．浅议签订司法会计鉴定业务委托书的策略［J］．中国司法鉴定，2012（6）：105－106.

[5] 黎仁华．中国会计鉴定市场的执业效率与发展趋势研究：基于法务会计发展视角［J］．湖南财政经济学院学报，2016，32（6）：65－74.

[6] 杨为忠．公司负责人职务侵占案件司法会计鉴定结论文书评析［J］．会计之友，2011（9）：25－28.

[7] 黎仁华．论法务会计的行为边界及其职业领域［J］．南京审计学院学报，2010，7（1）：51－58.

[8] 杨为忠. 会计资料的或然性及其排除探析：兼谈法务会计与审计、司法会计鉴定之比较的一个拐点［J］. 中国司法鉴定，2008（3）：60－61.

[9] 于朝. 司法会计鉴定风险及其防范［J］. 中国司法鉴定，2006（1）：34－39.

[10] 张苏彤. 美国法务会计简介及其启示［J］. 会计研究，2004（7）：89－92.

[11] 于朝. 财务会计资料证据的证明力问题［J］. 证据学论坛，2001，3（2）：397－416.

法务会计在创业板上市公司财务舞弊治理中的应用
——以金亚科技股份有限公司为例

沈阳建筑大学管理学院　曾灵心　金晓玲

【摘　要】近年来我国经济高速发展，但创业板上市公司在利益驱动之下，屡有财务舞弊事件发生。这类财务舞弊通常有这样的特点：持续时间较长；存在创始人一股独大，侵占公司资金的情况；公司的技术创新能力被夸大；舞弊手段多为虚构业务、操纵利润等。金亚科技舞弊案涉及科目多、范围广，是一件典型案例。本文分析了金亚科技财务舞弊的动因，运用奔福德定律对其主要财务数据进行了测试，发现2011年和2014年公司存在操纵利润和数据造假的可能。金亚科技财务舞弊的手段包括设置两套账目虚增业务往来、虚构预付工程款、大股东通过收购转移资金与利益、虚增分期付款中融资性费用和过度冲销长期应收款等。最后，从上市公司、会计师事务所和监管机构三方面提出创业板上市公司财务舞弊防范与治理的对策。

【关键词】法务会计，创业板上市公司，财务舞弊

一、引言

近年来我国经济高速发展，但企业财务舞弊事件也屡有发生，如紫光古汉、金亚科技、昆明机床等案。这些舞弊案件误导利益相关者错误决策的同时，也严重损害其自身利益，影响我国经济环境的稳定性和安全性。2013年至2019年10月，中国证监会共处罚了121家上市公司信息披露违法违规事件，其中涉及财务造假的多达64家，占比52.89%，影响重大。

为了杜绝上市公司财务舞弊案件的发生，我国通过强化企业内部控制、内部审计以及社会监督与专项执法等方式，不断规范企业经济行为，减少财务舞弊事件。但由于财务舞弊行为日趋复杂隐蔽，涉及的财务会计问题专业性日渐增强，承办人员收集证据难度不断加大，创业板上市公司财务舞弊问题一时难

作者简介：曾灵心，沈阳建筑大学管理学院MPAcc（法务会计方向）研究生。
金晓玲，沈阳建筑大学管理学院会计系副教授。

以彻底解决。2016年，我国在《会计改革与发展“十三五”规划纲要》中明确提出把法务会计列入会计师事务所开展的新业务之一。在这种情况下，探讨运用法务会计治理财务舞弊就具有十分重要的研究意义。

二、创业板上市公司财务舞弊的特征

（一）舞弊持续时间长

创业板市场具有上市门槛低、经营风险高、审批程序简便的特点，很多中小高新企业都渴望在创业板市场上市融资。对于很多业绩难以达标的公司，创业板上市对于连续两年盈利的条件要求，很大程度上决定了它们的舞弊过程常常需要两年及两年以上。同时，公司上市后面临企业连续亏损三年直接退市的巨大压力，没有ST制度的过渡期。如果企业的业绩不尽如人意，可能出现连续两年亏损时，通常会选择在第二年采用非法手段造成盈利假象，若等到第三年再进行舞弊，不仅容易引起各方关注，增大被暴露的风险，还会造成自己经营压力变大，处境更加艰难。因此，创业板上市公司舞弊过程通常持续时间较久。

（二）创始人一股独大

由于创业板上市公司大多为中小高新企业，股权结构简单，创始人一股独大是其典型舞弊特征。创始人作为控股股东，会选择收买其他公司股东，从而侵占公司资金，收获额外利益。欣泰电气和金亚科技就是如此，创始人也是公司实际控制人，收买了所有相关人员配合其舞弊，占用公司资金购买其他公司股权，通过并购实现自身利益最大化，获得巨额的现金对价和股份支付。

（三）技术创新能力名不符实

创业板上市公司为获得募集资金，会夸大自身能力，以此获得投资者的关注，从而扩展资金规模等。创业板市场本身就是为了给中小高新技术企业提供发展空间和融资渠道的，创业板公司大多是有技术创新能力的，对创新和发展能力进行宣传在创业板上市公司中十分常见，而过分夸大自身能力的也不在少数。但名不符实也是一种舞弊手段，对投资者是一种欺骗。宝德股份就是这种情况的典型案例，上市前宣传自己的技术获得过专利，在国内外处于领先地位，有着极大的发展前景。而经查证，有些自主知识产权的专利超过时效，技术也并没有所宣传的那么有前景，因此上市后业绩低迷，利润大幅度下降，投资者大跌眼镜。

（四）虚构业务，操纵利润

采用虚构业务的方式操纵利润是创业板上市公司财务舞弊的惯用手段。单从报表中是看不出舞弊行为的，虚构的业务记录、单据以及银行回单都有，甚至还有扮演顾客的，不认真排查，很难发现问题。主板的要求更严格，审批程序复杂，发现此类行为相对容易一些。而创业板上市公司就存在采用虚构业务方式操纵利润的可乘之机。万福生科和金亚科技等都是伪造了整个购销过程，从而实现虚增利润的舞弊目的。

三、金亚科技财务舞弊案例分析

（一）金亚科技基本情况

成都金亚高科技有限公司（简称金亚科技），成立于 1999 年 11 月 18 日，2007 年 8 月改制并更名为金亚科技股份有限公司，是创业板首批挂牌的 28 家上市公司之一，获得过“四川省实施卓越绩效模式先进企业”“四川省大中型工业公司 500 强”等荣誉称号，主要服务业务为数字电视系统硬件和前后端软的研发、管理、生产与销售，以及有线数字电视系统端到端整体的技术方案。

企业 2009 年于创业板上市后，逐渐形成传统服务为基础、“一圈两链”为发展的产业布局。金亚科技致力于形成泛家庭互联网生态圈和军工通信与信息化产业链、文化游戏产业链“一圈两链”的发展趋势，走多元化发展道路。但是“三网融合”的市场风险和“一省一网”的政策导向风险也给金亚科技带来一定的影响。

金亚科技财务舞弊事件的暴露，源于收购天象互动科技有限公司。经过媒体曝光与广大投资者的讨论分析，发现金亚科技存有利益输送的嫌疑，证监会开始进一步调查。2020 年 5 月 14 日，金亚科技收到深圳证券交易所关于公司股票终止上市的决定，退市后不能重新上市。

（二）金亚科技财务舞弊动因

1. 上市圈钱和避免退市

金亚科技不仅 2014 年财务数据造假，还在 2008 年和 2009 年虚增利润以谋取 IPO 上市，从而在资本市场融资，从中受益。创业板 4. 18 亿元的融资金额是营业收入仅 1 亿多元的金亚科技所向往的。这样的诱惑促使金亚科技为满足 IPO 标准，通过财务造假达到连续三个年度盈利且盈利总额不小于3 000 万元的条件，成功上市。而上市后，公司利润 2010—2012 年持续递减，2013 年公司甚至亏损 1. 21 亿元，整体情况不容乐观。2014 年行业无回暖现象，正常经营很难扭亏为盈，应为亏损状态，公司高管也不敢把希望押在 2015 年，面对连续亏损导致退市的压力，公司铤而走险，2014 年进行了 9 个科目的财务造假。

2. 降低三重竞争风险

金亚科技主营业务是数字电视系统端到端整体的解决方案设计。国家推出的“三网融合”促进了数字电视业务飞速发展，但同时竞争加剧，也削弱了金亚科技的业务竞争优势。国家宏观调控对金亚科技也产生了重大影响，客户由原来的二三级运营商转变为省级运营商，市场向大客户归结从而出现产品区域优势，致使金亚科技客户总体上变少，国内竞争风险增高。2013年互联网电视服务的全面迅速发展对金亚科技来说是致命冲击，一下子亏损1.21亿元，重创公司。以高创新性为特点的金亚科技，主要产品有很大的技术风险，赶不上时代的发展就只能被淘汰。总之，降低三网融合的市场风险、政策导向风险以及技术风险的需求也是公司财务造假的诱因。

3. 并购失利

金亚科技自上市以来，其盈利能力持续下降，这与其并购失败有着必然联系。金亚科技对英国哈佛国际有着很高的期望，希望通过并购一举达到跨越式发展，不惜花费巨额资金与时间成本。但收购哈佛国际后的情况不容乐观，哈佛国际发展已呈疲软趋势，业绩持续下滑，对金亚科技的盈利能力产生了消极影响。并购的失利直接影响金亚科技的持续经营，外部市场竞争加剧对金亚科技来说更是雪上加霜。盈利能力的持续下降带来的市值降低等不利影响更使内忧外患的金亚科技举步维艰，金亚科技想要短时间内减小压力，只能选择财务造假。

4. 不正当关联交易

金亚科技受多方因素影响，已从单一传统业务转向多元化经营，子公司涉及业务较广。同时金亚科技的负责人与高管们名下还有许多其他公司，这就形成一个关联交易结构，给舞弊创造了机会。而且金亚科技通过这个关联交易结构，可在上下游公司设置相关业务，以此调整利润或是资金转移，从而达到各方满意的经营效果。金亚科技这个关联交易机构中上市较多，不管银行贷款还是担保都更容易，这给关联机构提供了更多可用资金，资金在内部的循环利用也就更难被发现，这种不正当的关联交易给财务舞弊提供了有利条件。

5. 内部治理机构失衡

金亚科技大股东周旭辉在公司持股比例达到27.80%，一股独大，其一人股份比第二至第五股东的股份之和还多，是金亚科技的实控人，在公司决策上有绝对话语权，其权力很难被制衡。便利的条件促使周旭辉产生追求个人利益最大化的贪欲。他非法占用公司资金2.17亿元，并试图通过虚增资金的方式掩盖这一事实。周旭辉及部分公司高管都是身兼数职，监事会形同虚设，内部三名监事中有两名是受公司高管直接领导，根本无法发挥其监管职能。独立董事也没有起到应有的作用。内部控制报告与立信审计出具的报告如出一辙，没有发现任何异常问题，内控制度完全失效。

四、奔福德定律在金亚科技舞弊识别中的应用

张苏彤、王大江等学者根据对奔福德定律的应用研究，发现我国上市公司主要财务数据基本上都符合这一定律，因此下文运用奔福德定律对金亚科技2010—2014 年的主要财务数据进行测试（见表1）。

表1　金亚科技主要财务数据的测试结果

金亚科技	首位数									
	1	2	3	4	5	6	7	8	9	
2010 年	0.359 0	0.179 5	0.115 4	0.064 1	0.115 4	0.051 3	0.025 6	0.051 3	0.038 5	0.977 4
2011 年	0.298 7	0.194 8	0.077 9	0.181 8	0.051 9	0.064 9	0.026 0	0.064 9	0.039 0	0.910 2
2012 年	0.337 0	0.152 2	0.141 3	0.119 6	0.076 1	0.076 1	0.054 3	0.010 9	0.032 6	0.978 1
2013 年	0.278 8	0.134 6	0.125 0	0.096 2	0.105 8	0.086 5	0.067 3	0.057 7	0.048 1	0.977 3
2014 年	0.234 2	0.207 2	0.108 1	0.090 1	0.144 1	0.108 1	0.045 0	0.054 1	0.009 0	0.870 6
2014 年（更正后）	0.243 2	0.189 2	0.108 1	0.126 1	0.117 1	0.090 1	0.063 1	0.036 0	0.027 0	0.935 0
信息技术行业平均值	0.312 4	0.182 9	0.129 5	0.106 7	0.083 8	0.053 3	0.047 6	0.047 6	0.036 2	0.997 2
Benford's Law	0.301 0	0.176 1	0.124 9	0.096 9	0.079 2	0.067 0	0.058 0	0.051 2	0.045 8	1.000 0

注：基础数据来源于巨潮资讯网、同花顺、金亚科技官网

相关系数是奔福德定律验证财务数据的重要指标，依据奔福德定律相关系数的分级标准，0.970 是一个主要分界点，若相关系数低于 0.970，财务数据就存在舞弊的重大可能性。

从表 1 中可以看出，金亚科技的相关系数整体上低于行业水平。但与分界点相关系数 0.970 相比，2010 年的 0.977 4、2012 年的 0.9781 以及 2013 年的 0.977 3 是均高于 0.970 的，说明这三个年份的财务数据相对地真实正常，而 2011 年虽未出现舞弊的处罚决定，但该年份的相关系数 0.910 2 比正常相关系数 0.970 低 0.059 8，低于行业水平 0.087 0，数据可能不正常，对比保持怀疑态度。

2014 年，我们分别把舞弊的和更正后的数据进行了测试，首先发现舞弊的财务数据比正常数据低 0.099 4，比行业水平相关系数低 0.126 6，可明显看出财务数据不正常，造假的可能性极大。而更正后的数据的相关系数已明显高于造假数据，高出 0.064 4，真实度增大。但是更正后的数据还是低于正常相关系

数以及行业水平，还是有操纵利润和数据的可能。

五、金亚科技案件财务舞弊手段分析

金亚科技在自查报告中对货币资金、其他应收款、营业收入等多达9项重大财务数据进行了调整，营业利润直接由盈变亏，可见造假金额巨大。货币资金直接缩水2.2亿元，其他非流动资产凭空消失3.1亿元，净利润只剩2014年其首次披露的26.64%，未分配利润降幅高达1 213.85%（详见表2）。金亚科技还曾在2008年、2009年半年报分别虚增利润3 736万元、2 287万元，涉嫌欺诈发行。金亚科技屡次进行财务舞弊，舞弊时间跨度长，究其原因与其舞弊手段隐蔽密切相关。

表2　财报部分调整项目

（单位：元）

合并报表项目	更正前	更正后	更正数	调整幅度
货币资金	345 233 917.30	124 288 468.20	−22 094 945 449	−64.00%
应收账款	227 734 095.00	195 601 420.60	−32 132 674.44	−14.11%
其他应收款	17 528 397.41	252 657 298.80	235 128 901.4	1341.42%
其他非流动资产	310 481 575.40	481 575.39	−310 000 000.00	−99.84%
营业收入	558 229 470.50	527 897 748.20	−30 331 722.31	−5.43%
营业成本	422 349 036.50	406 062 705.80	−16 286 330.70	−3.86%
营业利润	8 527 577.63	−5 627 144.47	−14 154 722.10	−165.99%
净利润	26 325 454.73	7 014 339.84	−19 311 114.89	−73.36%
未分配利润	25 342 172.20	−282 272 713.80	−307 614 886.00	−1213.85%

资料来源：金亚科技2016年度自查报告

（一）设置两套账目虚增业务往来

金亚科技财务舞弊涉及人员较多，不仅有监事、高管以及内部财务人员，还有独立董事和部分真实客户，是一起典型的是窝案式造假。如此一来，金亚科技虚构业务往来就容易多了。金亚科技在盈利能力持续下降和2013年巨额亏损的双重打压下，2014年的业绩尤为重要。但是根据公司的情况，2014年盈利的可能性不大，实际控制人周旭辉便带领内部人员采取了虚构业务往来以达到虚增利润的目的。

控股股东周旭辉根据公司情况设定了3 000万元的期望盈利值，财务负责人分解到各个季度，由周旭辉再次确定，然后由财务部门继续分解，直到落实每笔业务上。其中很多业务都是无中生有，材料产品收发单据、银行单据甚至客户都是虚构的。而这个账目是对外公开的，用粉饰过的财务数据营造自身盈利的假象，以便继续享受创业板市场的融资渠道等。而另一套账目用于记录公司的真实数据，以便公司正常经营。金亚科技用此手段虚增营业收入3 000多万元，虚构净利润1 900多万元。

由于设置两套账目虚增业务往来的隐蔽性强，操作方便，已成为创业板上市公司一种常用舞弊手段。

（二）虚构预付工程款

金亚科技于2014年对其他非流动资产调减高达3.1亿元，调整幅度为99.84%。同时，净资产受此影响，调减幅度为50.08%，占公司净资产的一半，说明公司有一半的净资产是虚构的，令人震惊。数据详见表3。

表3　财报其他非流动资产调整项目

（单位：元）

合并报表项目	更正前	更正后	更正数	调整幅度
其他非流动资产	310 481 575.40	481 575.39	-310 000 000.00	-99.84%
净资产	627 614 147.00	313 282 830.67	-314 331 316.33	-50.08%

资料来源：金亚科技2016年度自查调整报告

经进一步调查发现，金亚科技调减的3.1亿元是预付给四川宏山建设公司成都第五分公司的物联网产业园基地项目工程款，但是后期没有支付。资金流水记录以及四川宏山公司的回函都是伪造的。虽说金亚科技这次是整体流程造假，资料齐全，发现难度较高，但还是存在几个疑点的。

一是在企业平台上可发现四川宏山公司因未按规定年检已被吊销营业执照，这个信息十分重要。2015年1月泸州市工商管理局对四川宏山进行处罚（详见四川工商局处字2015第3号），这个时间在年审时间范围之内，注册会计师应该是可以发现的。公司都被吊销营业执照，项目很可能是子虚乌有。

二是金亚科技2014年末只有6.28亿元的净资产，而该项目总金额达到7.75亿元，不太符合常理。更让人不解的是，这么大的一个项目却查询不到公开招标信息，存在较大的舞弊风险。

三是项目结算方式较特殊。一般情况下，常规的施工合同主要有三种付款方式，分别是按阶段支付、按时间支付和竣工后一次性付清。而金亚科技采用的是预付40%的项目工程款，与常规方式不同，应引起注意。

四是金亚科技自身规模较小，属创业创新型公司，预付3.1亿元的项目工程款是比较少见的行为。公司自身资金不足，还拿出巨额预付款，很容易因资金链断裂而衰败，这个行为存在较大风险，不合常理。

（三）大股东通过收购方式转移资金与利益

金亚科技的大股东周旭辉先占用公司资金购买天象互动 10% 的股权，7 天后再操纵公司并购天象互动，不仅有公司兜底保障自己，还利用此消息带来市值的增长，从而成功获取其中的利益。周旭辉占用公司资金进行圈钱，一毛不出，赚取增值收益。金亚科技收购天象互动的消息一出，公司的股票涨了 53 元，是原先股票市值的 4. 53 倍，而成功并购后，周旭辉不仅可以获得 1. 21 亿元的股份支付，还可获得一笔巨额现金支付，便宜占尽。

天象互动创立于 2014 年 5 月，而金亚科技于 2016 年 2 月就要拟用 22 亿元收购天象互动的全部股权，怎么看也不是一个明智之举（详见表 4）。天象互动在被收购时还是一个刚成立不久的公司，也没有比较出名的代表游戏，资产总额才 1. 5 亿元，而金亚科技却用 22 亿元去收购，不太合理。这项交易的价格高出公司资产的 13. 87 倍，增值率为 1 905. 03%，让人不禁怀疑两家公司是否存在其他特殊内部交易。

表 4　拟收购天象互动的交易相关信息表

（单位：万元）

项目	天象互动标的公司		金亚科技
	2014 年度		2014 年度
	账面价值	成交金额	
资产总额	14 967. 13	220 000. 00	132 379. 02
净资产	11 002. 74	220 000. 00	64 708. 83

资料来源：2015 年《国金证券股份有限公司关于金亚科技股份有限公司发行股份及支付现金购买资产并募集配套资金暨关联交易之独立财务顾问报告》

金亚科技的其他应收款在自查报告中调增 2. 35 亿元（详见表 2），以及日后披露的受让决定，基本可以确定周旭辉挪用资金、输送利益的行为了。受让决定是将周旭辉所持有的 10% 天象互动公司股权作价 2. 2 亿元受让给金亚科技，也就是让周旭辉把侵占的资金归还给公司。周旭辉左手转右手的舞弊手段也是上市公司大股东常见的圈钱行为。

（四）虚增分期付款中融资性费用

根据金亚科技的自查报告可知，金亚科技 2014 年虚增营业收入 1 628. 63 万元。金亚科技除了采用虚增业务往来的手段，还在南充和阳谷项目中采用虚增分期付款中融资性费用的造假途径。

2009 年，金亚科技签订南充项目，约定向四川南充鸿业广播电视公司提供数字电视转换设备、产品和后续升级服务。项目价值 1. 084 亿元，年折现率根据发货时间分别计算，为23.802 3%、24.577 5%、25.190 6%以及27.505 9%，在2009—2012年收回设备产品款1.084亿元，且在2013—2020年收回分成约1.401亿元（详见表5）。而阳谷项目是与阳谷有线电视台合作的，金亚科技需提供一批价值1 250万元的机顶盒，折现率为29.215 8%。

表5　分期付款销售情况

<table>
<tr><th>项目</th><th colspan="2">项目可回收现金流总额</th><th rowspan="2">项目含税价款（万元）</th><th rowspan="2">融资性收益（万元）</th><th rowspan="2" colspan="2">年折现率（%）</th><th rowspan="2">项目融资性收益率（%）</th></tr>
<tr><th>单位</th><th>先期已收取款项（万元）</th><th>分期收款部分（万元）</th></tr>
<tr><td rowspan="2">南充鸿业广电公司</td><td rowspan="2">—</td><td rowspan="2">24 848.32</td><td rowspan="2">10 840.00</td><td rowspan="2">14 008.32</td><td>23.802 3</td><td>24.577 5</td><td rowspan="2">17.34</td></tr>
<tr><td>25.190 6</td><td>27.505 9</td></tr>
<tr><td>阳谷有线电视台</td><td>—</td><td>2 784.60</td><td>1 250.00</td><td>1 534.00</td><td colspan="2">29.215 8</td><td>25.71</td></tr>
</table>

资料来源：金亚科技招股说明书

由表5可知，南充项目与阳谷项目的折现率均高于23%，是同期银行利率的三倍之多，且销售收益计入未确认融资收益，已经不单单是简单的销售行为了。同时金亚科技的南充项目融资收益率为17.34%，比同期的银行利率也要高出约10个百分点，而阳谷项目的项目融资性收益率更是达到25.71%，高出近20个百分点，太不符合常理。而且通过分期收款所获得的融资性收益远高于合同价款，存在收益率过高的情况，有重大收入造假行为的嫌疑。

（五）过度冲销长期应收款

南充项目在2011年底前都属正常业务运行，但当年购买方出现重大变更，被整合并入四川省有线广播电视网络股份有限公司，并由其经营，因此金亚科技于2014年4月与其约定终止服务协议。但此时公司仍有约10 506万元款项未收回，并在长期应收款中核销。在2013年时，金亚科技就已核销南充项目未收回金额的60%，说明早就有所准备。南充项目是金亚科技创业板上市的重要盈利项目，占收入的45%，而后过度冲销长期应收款，涉嫌欺诈发行上市。

六、创业板上市公司财务舞弊防范与治理对策

（一）上市公司内部建立舞弊风险预防机制

1. 营造诚实守信的公司文化环境

从金亚科技财务舞弊案例中可以看出，公司整体的道德品质是有所缺失的，这种大规模的舞弊案件与其不良的公司文化环境密切相关。党的十九大报告重点提出树立正确道德观和价值观能更有效推动企业可持续发展。在营造良好公

司文化环境过程中，一方面应该定时、定点地进行企业管理层和员工的道德教育，对其设立赏罚分明的道德考核机制，对职业道德表现优秀的人员公开表扬并给予奖励。另一方面，公司可以引入法务会计并进行普遍宣传，让基层人员形成只要舞弊就会被法律处罚的认定。另外，定时进行询问也是一个有效措施，不仅可以及时打消员工意图舞弊的想法，还可及早收集已舞弊人员的证据，保护公司合法权益。

2. 优化公司治理机构

创业板上市公司舞弊的共同特征是大都存在股权结构不够合理这一现象，独立董事制度和监事会制度以及内部控制无法有效发挥应有的作用已是常态。为此，应减少这些财务舞弊的负面激励，创业板上市公司治理结构的优化可遵循以下思路：

（1）优化股权结构，设立单人持股最高值、有亲属关系不可同时持股超过合理值等规定，适当分散股权，杜绝一股独大的可能性。

（2）在独立董事方面，应选取可代表中小投资者利益的独立董事1～2名，对提名独立董事的选取条件与持股数量也应有所限制。目前，创业板上市公司的独立董事大多都持有公司股份或者由大股东推荐，这样保证不了其独立性。限制独立董事持股数量，并采取公开投票方式，让中小股东参与进来，可以有效保障其公正中立的立场。

（3）在监事会制度方面，确保监事会成员不能与控股股东、高管有任何利益关系，适当加入外部监管专业人士，避免监督失衡。此外对监事会人员严格追责并实行连坐制度也是一个有效措施。

3. 监事会下增设法务会计部门

本文认为可在企业组织框架结构中增加法务会计部门，隶属监事会，由其直接领导并发放工资。

法务会计人员应有权自由接触所有员工和随时审阅所有会计资料以便对其进行突击检查，增大舞弊的难度与暴露的可能性，警醒意图舞弊的内部人员，高效发挥监督作用。

法务会计部门应每年对控股股东、高管和重要岗位的职员实行舞弊专项审计，避免高管占用企业资金和合谋串通舞弊等现象的发生。

法务会计人员可对雇员的个人账户实行不定期抽查，查看是否有资金的异常流入或流出。很多个人舞弊案件都是公司职员经济情况出现问题或突然染上不良嗜好所导致，对账户不定期检查可发现舞弊苗头和及时止损。法务会计人员在实行相关任务的同时应进行详细记录，并运用自身的法律知识形成相关证据，日后诉讼时可形成有力支撑。

法务会计部门对公司间业务也有着非比寻常的作用，法务会计人员可对公司大型项目进行考察和取证，防止未来被其他参与舞弊的企业所连累。

（二）会计师事务所扩展法务会计业务

1. 定期对上市公司进行舞弊风险评估

法务会计师在舞弊的风险评估也能起到显著的作用，会计师事务所可以引荐法务会计师，通过相关会计信息查询和收集，评估出舞弊风险的等级，并给公司提出相对应的解决措施。

法务会计师可以从以下方面检测舞弊风险的重要性水平：确定已存在或潜在的舞弊风险；评估识别舞弊风险的重要性与可能性；评估识别最可能实施舞弊行为的人员和部门；评估可能采用的舞弊手段；将已存在的预防和检测手法和其控制的舞弊风险相互对应；评估这些措施能否有效运作以及残存的舞弊风险；提出残存舞弊风险的应对改进措施。

法务会计师可以采用 ACEE 舞弊风险评估工具，对相关员工进行询问或调查，模板主要包含员工考核、监控员工盗窃和舞弊控制制度、撇脂揩油计划、财务报告舞弊等。在此基础上，法务会计师可以进一步开发适用于具体企业的风险评估指标体系，帮助企业把内部舞弊风险控制在可接受的水平，这也可以为会计师事务所拓展新的业务范围。

2. 为中小股东提供诉讼支持服务

在金亚科技财务舞弊案例中，创业板上市公司舞弊暴露后，中小股东是直接利益受损者，向法院提起诉讼是其维权的必要手段。国内会计师事务所可以效仿“四大”，为中小股东提供诉讼支持服务。首先，评估当事人的诉讼风险、成本以及能获取的利益，进行精准定位的策略制订。其次，接受其委托，在法律许可范围内调查舞弊案件，收集证据证词，并进行损失确认与计量。最后，对调查和证据进行系统分析，出具法务会计工作报告，提出专业性意见。

（三）证监会强化对创业板市场的监管

1. 制定更严格的监管政策

从金亚科技财务舞弊案例中能够看出，创业板上市公司进行舞弊的动机有很多，主要为上市圈钱和避免退市、减小竞争风险和经营压力等。基于法务会计视角，想要杜绝舞弊案件的发生，打消财务舞弊动机刻不容缓，改善监管制度非常必要。

（1）由于创业板上市的公司多为高新技术企业，适当增加发审委委员中行业专家的数量，可以更好地发现其技术水平和未来发展能力是否属实，使审核把关更加专业化。

（2）针对竞争风险和经营压力，证监会可每年定期评估公司的经营风险并公开披露，以此给予股民有力的保障。

（3）加大对财务舞弊的处罚力度并问责和处罚财务舞弊的人员，增大舞弊成本，使其与处罚对等，对屡教不改者采取递增式处罚，从严惩治。

（4）建立创业板上市公司诚信档案，根据诚信级别给予不同程度的政策帮助和经济支持。

2. 在双随机审查中引入法务会计数据分析方法

目前，证监会在日常审查时主要运用双随机上市公司现场检查方法。双随机审查是由证监会的监管部门随机抽取检查人员与被检查单位，旨在公平公正地审核各上市公司，提高监管透明度。但是由于上市公司数量太多以及现场检查复杂程度不一，而检查人员较少，每年只能选取少量的被检查单位，导致总有公司怀有侥幸心理实施舞弊。

对此，证监会可以引入信息技术控制，增加数据分析检查，采用奔福德定律实证测试、贝奈施盈余操纵检验模型等财务数据分析方法批量寻找舞弊征兆。这样不仅可以减少时间、人力成本，还可以增加检查单位基数，大大提升审查效率。

参考文献

[1] 陈佳声．上市公司、审计师与监管机构的财务舞弊博弈研究［J］．审计研究，2014（4）：89－96.

[2] 丁琳．法务会计对财务舞弊的控制［J］．财会研究，2013（10）：216.

[3] 董仁周．论法务跨级的本质与目标［J］．学术论坛，2012（1）：116－119.

[4] 黎仁华．论法务会计的理论要素［J］．会计之友，2008（5下）：9－13.

[5] 李清，任朝阳．基于案例推理的财务报告舞弊识别研究［J］．财经理论与实践，2015（3）：84－89.

[6] 李冬雪．法务会计在我国财务舞弊案件中的应用［J］．商业经济，2013（3）：126－128.

[7] 刘鹏．我国法务会计理论体系探讨［J］．商业会计，2012（5）：100－101.

[8] 卢馨，李慧敏，陈烁辉．高管背景特征与财务舞弊行为的研究：基于中国上市公司的经验数据［J］．审计与经济研究，2015（5）：58－68.

[9] 毛艳羚．基于注册会计师的审计失败原因与对策分析：以莲花味精案

为例［J］. 财会通讯，2016（16）：80－82.

［10］牟彩艳，张露. 财务报表舞弊和审计程序浅析［J］. 商业会计，2012（21）：43－45.

［11］魏慧杰. 法务会计在上市公司财务舞弊案件中的应用［J］. 知识经济，2016（2）：98.

［12］肖晓. 创业板上市公司审计风险控制研究［J］. 经济论坛，2018（1）：78－80.

［13］张苏彤. 法务会计［M］. 北京：首都经济贸易大学出版社，2019.

［14］张彤. 中国上市公司财务报告舞弊手段、成因及对策研究［J］. 财会学习，2019（12）：80－81.

［15］张志涛，毛加昌. 造假－监督博弈模型视角下的财务舞弊动因及对策分析：以绿大地为例［J］. 会计师，2017（6）：38－41.